イラストで見る 体育

全単元・全時間の授業のすべて

小学校 **4** 年

藤﨑 敬・山田修司 編著

東洋館出版社

はじめに

●体育の学習を楽しく、子供が達成感のもてる授業にする

　体育の授業研究会の指導案の「児童の実態」を見ると、クラスの多くの子供が体育を「好き」と答えているが、高学年になるにしたがい、体育が「嫌い」と答える子供が増える。この原因は学習する運動内容の技能の上でのつまずきや、子供同士の人間関係によるものではないかと思われる。このような現状を改善するために、授業において子供一人一人が能力に応じた課題をもって学び、「できた」という達成感をもつことが大切である。また、学習がより楽しくなるために協力し合えるペアやトリオ、チーム等、学ぶ組織を生かして、認め合い・励まし合い・協力し学び合う授業にしたい。

●学習指導要領の解説に示されている目標・内容

　今回の改訂において、体育科の目標・学年の目標・内容は「知識及び技能」「思考力、判断力、表現力等」「学びに向かう力、人間性等」の資質・能力で示されている。「学びに向かう力、人間性等」の解説の内容では、今までの「態度」と同じように示されている。目標・内容・例示から、子供自身が学習課題をもてる授業となるよう、本書では具体的に書かれている。

●年間計画から単元の展開までを具体化

　本書の年間指導計画は各学校に活用しやすいように示しているが、単元計画では学校・子供の実態に応じ、時数の増減に対応できるように考えた。例えば、第一段落で時数を増減したり、第二段落で増減してもよく、何よりも子供の学習課題が解決しやすいように二段階で示し、子供が学びの過程で課題を解決できるようにした。

●主体的・対話的で深い学びの実現に向けて

　これからの時代に求められる資質・能力を身に付け、生涯にわたって能動的に学び続けることができるようにするため、主体的・対話的で深い学びの実現に向けた授業改善が求められている。そこで、授業改善に役立つ具体策や事例を示し、主体的・対話的で深い学びの学習が展開することに役立つようにした。

●子供への配慮「運動の苦手な子供」「意欲的でない子供」への対応

　解説では知識及び技能に「運動の苦手な子供」、学びに向かう力、人間性等に「意欲的でない子供」の配慮が示されている。配慮を要する子供に教師が寄り添うヒントを提供した。その積み重ねが豊かなスポーツライフにつながることを期待した。

●体育指導の情報源としての活用を期待して

　週案の記入例、本時の目標やポイント、展開例、評価の具体化など指示上で欠かせない内容が、見やすく、簡潔に示してある。指導する子供の実態に合わせてご活用いただき、子供が進んで学び、子供が学習を通して自信をもち、子供一人一人が自己肯定感のもてる授業となることを願っている。

令和2年2月　　藤﨑　敬

本書活用のポイント

　各単元のはじめに新学習指導要領に基づく指導・学習の見通しを示し、それ以降の頁は、1時間毎の授業の展開、学習活動の進め方、指導上の留意点がひと目で分かるように構成している。

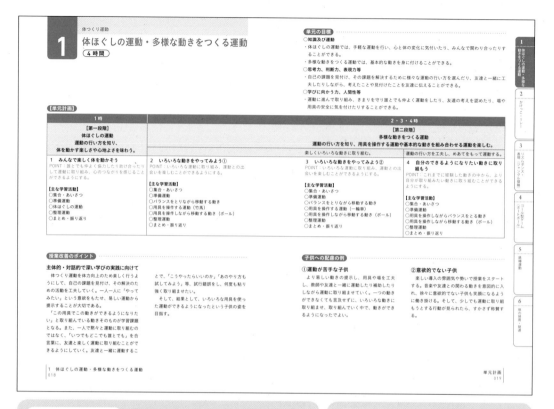

単元・指導時間

　年間計画をベースに、単元の領域・単元・指導時間が示されている。

単元の目標

　単元の目標は学習指導要領に基づき、単元に合った「知識及び技能」「思考力、判断力、表現力等」「学びに向かう力、人間性等」の内容で示している。

単元の計画

　単元の指導時間・段階・段階の内容・具体的な学習内容や活動が書いてある。また、この単元の学習過程も示しているものであり、子供の学びの過程との関連もあるようにした。

子供への配慮の例

①運動が苦手な子供

　子供の個々の運動経験や技能の程度に応じた、指導を工夫する手立て等が示されている。運動学習の場合、子供一人一人の能力に応じた内容で取り組むことが、運動嫌いにならないと考えた。その子供に応じた取組の具体的な例等が紹介されている。

②意欲的でない子供

　運動を楽しむ経験が足りなかったり、運動での失敗を恐れての積極的な行動をとれない等、運動を楽しく行うことや友達と一体感がもてる経験ができるような工夫例が紹介されている。

主体的・対話的で深い学びの実現に向けて

　主体的な学びとは運動学習や保健学習で興味・関心を高め、学習課題の解決に自ら粘り強く取り組む、また、学習を振り返り課題の修正や新しい課題に取り組む学習とする。運動学習では、自己の能力に適した学習課題をもち、達成感がもてる学習の仕方のヒントが書かれている。対話的な学びでは、子供同士や他の資料からの情報で対話し、思考を深め、判断したことを、伝えることができる例などが書かれている。

本時案

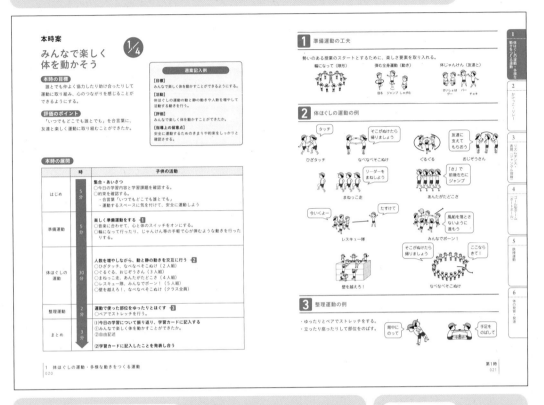

イラストで見る全単元・全時間の授業のすべて
小学校体育 4年
もくじ

1

第4学年における
指導のポイント

学習過程を明確に設定し、「子供の実態」「子供の学び」を踏まえた単元づくりを！

1 内容について

第4学年の内容としては、第3学年同様以下のように構成されている。

> A 体つくり運動：「体ほぐしの運動」「多様な動きをつくる運動」
> B 器械運動：「マット運動」「鉄棒運動」「跳び箱運動」
> C 走・跳の運動：「かけっこ・リレー」「小型ハードル走」「幅跳び」「高跳び」
> D 水泳運動：「浮いて進む運動」「もぐる・浮く運動」
> E ゲーム：「ゴール型ゲーム」「ネット型ゲーム」「ベースボール型ゲーム」
> F 表現運動：「表現」「リズムダンス」
> G 保健：「体の発育・発達」（第3学年は「健康な生活」）

2 単元づくり

　4年生の単元づくりに当たっては、子供の実態に基づいた計画の作成・実施・評価・改善のサイクルが大切であり、年間指導計画で配当した単元ごとの指導計画を作成する際、「知識及び技能」「思考力、判断力、表現力等」「学びに向かう力、人間性等」の具体的な指導内容を計画的に配当し、学習指導要領の趣旨を踏まえた指導を充実することが重要である。また、学習効果を高めるためにも、子供の関心や意欲の状況等を踏まえ、学習内容の確実な定着のため、毎時間意欲をもって学習に取り組み、自らの課題の解決に向けて主体的な活動ができるような単元構成を目指す。なお、年間指導計画や単元計画作成等に当たっては、以下の点に留意することが必要である。

○体つくり運動は、3・4年生それぞれの学年で指導する。
○走・跳の運動では、子供の実態に応じて投の運動を加えて指導することができる。
○ゴール型ゲームでは、味方チームと相手チームが入り交じって得点を取り合うゲーム及び陣地を取り合うゲームを取り扱うものとする。
○表現運動では、学校や地域の実態に応じてフォークダンスを加えて指導することができる。
○保健については、「健康な生活」を第3学年、「体の発育・発達」を第4学年で指導するものとする。また、「健康な生活」では、学校でも健康診断や学校給食など様々な活動が行われていることについて触れるものとする。「体の発育・発達」については、自分と他の人では発育・発達などに違いがあることに気付き、それらを肯定的に受け止めることが大切であることについて触れるものとする。
○各領域の各内容については、運動と健康が密接に関連していることについての具体的な考えがもてるよう指導する。

体育科で目指す資質・能力を
子供たちに育てる授業を目指して！

1 資質・能力の捉え方

　生涯にわたって心身の健康を保持増進し豊かなスポーツライフを実現するための資質・能力とは、以下の3つを指している。
　①知識及び技能（体つくり運動系は知識及び運動）
　②思考力、判断力、表現力等
　③学びに向かう力、人間性等
　これらの資質・能力を育成するためには、子供の発達の段階、能力や適性、興味や関心等に応じて、運動の楽しさや喜びを味わい、自ら考えたり工夫したりしながら運動の課題を解決するなどの学習が重要である。さらに、健康に関する課題を解決するなどの学習を取り入れ、知識を身に付ける指導に偏ることなく、資質・能力の3つの柱をバランスよく育むことができる学習過程を工夫し、充実を図ることが大切である。

2 授業づくりのポイント

　4年生の体育学習では、3年生で学んだことを生かした視点での指導が必要となってくる。集団での学習の中で、仲間とのかかわりを意識し、楽しく学習を進めるためにも、他者に対してどのように対応していけばよいのかを考えながら進めていけるようになる。運動の面では、基本的な運動の多くをこれまでの3年間で経験しており、必要とされる基本的な技能も身に付いてきている。
　学習面においては、自分やグループの学習課題に向かって取り組むこともできてくる。自分の力に合った学習課題、この時間に達成したいことを見据えて取り組んでいくようにする。また、自己評価能力も身に付く時期であり、運動についての自己評価や相互評価を取り入れていくことが求められる。4年生の授業を進めるに当たってのポイントは次の3点が挙げられる。

①学習課題達成のための意欲を高め、指導の工夫をする
　学習課題の達成に取り組んでいけるような挑戦する場や指導の工夫を考えるとともに、技能の評価や仲間同士の教え合いなどの姿を適切に評価していくことが大切である。
②グループでの学習の学び合いを積極的に取り入れる
　仲間との学び合いのすばらしさを体感し、内容や方法についても理解をして学習に取り組むようにする。集団の中での適切な自己主張や主体的な行動を促すような配慮も指導者には必要である。
③運動の楽しさを実感できるようにする
　低学年時の遊びの要素を取り入れた運動の楽しさだけでなく、学習課題をもって取り組み、挑戦することでの楽しさを実感し、主体的・対話的で深い学びの場を設定していけるようにする。

単元を見通して、主体的・対話的で 深い学びの視点から授業を改善する！

　学習指導要領の改訂で主体的・対話的で深い学びの実現に向けた授業改善が示された。体育科における主体的な学びは、発達の段階に応じた内容から子供たちが自己に適した学習課題をもち、学習過程を通して解決していくことである。対話的な学びは学習する仲間と協力し合って課題解決のための学び合いをすることであり、その結果が深い学びとなり豊かなスポーツライフへとつながる活動と考える。

1　第4学年における主体的、対話的で深い学び

　子供が学習した内容を人生や社会の在り方と結び付けて深く理解し、これからの時代に求められる資質・能力を身に付け、生涯にわたって能動的に学び続けることができるようにするために、主体的・対話的で深い学びの実現に向けた授業改善を推進することが求められる。

①主体的な学び

○運動の楽しさや健康の意義等に気付く

　3年生までの基礎的な学習経験をもとに、子供が運動の特性に応じた楽しさや喜びに触れることができるようにすることにより、運動に意欲的に取り組み、知識及び技能を身に付け、体力の向上につなげていく。保健領域の「体の発育・発達」の学習では、健康の意義に気付くようにする。

○運動や健康についての興味や関心を高める

　子供が運動に対する自己の取組を通して、興味や関心を高め、運動の楽しさだけでなく、友達と協力して得られる達成感や学習課題を解決した成就感などの喜びに触れることができる。

○学習課題の解決に向けて自ら粘り強く取り組み、考察するとともに学習を振り返り、学習課題を修正したり新たな学習課題を設定したりする

　子供が運動に関わり解決すべき学習課題を見付けるために、教師は子供の能力に適した運動の課題を見付けることができるように支援することが大切になる。そのためには各種の運動において見付けた自己の運動や身近な生活における健康の学習課題の解決に向けた方法や活動を工夫していくが必要である。自己の運動の学習課題であれば、各種の運動の楽しさや喜びに触れることができるようにするために、運動をする場や練習の仕方などを発達の段階に即して、自ら適切に工夫したり選択したりし楽しみ方を工夫したり、提案された楽しみ方から自己に合った楽しみ方を選択していく。

②対話的な学び

○運動や健康についての学習課題の解決に向けて、子供が他者との対話を通して、自己の思考を広げたり深めたりする

　運動についての学習課題とその解決方法を仲間と共有し、学習課題の解決に向けて、助け合ったり教え合ったりしながら運動に取り組む。学習カードなどをもとに言語活動の充実やICTの活用等を通し、自己や仲間の学びを理解すること、他者との違いに配慮し、ルールの工夫などを通して学ぶことが重要である。保健学習においても健康に関する考えや提案を相手の立場を考えて伝え合い、話し合いを通して仲間の学びや取組に対するよさを認め、自己の健康の保持増進や回復に生かすことが重要である。

③深い学び

○上記の学びの過程を通して自己の運動や健康についての課題を見付け、解決に向けて試行錯誤を重ねながら思考を深め、よりよく解決するなどの深い学びを促す

　深い学びの過程は、自己の運動や健康についての課題に気付き、解決に向けて試行錯誤を繰り返しながら考えを深め、よりよく解決していこうとする学びの過程である。各種の運動の行い方を理解し自己の能力に応じた学習課題を見付け、学習課題の解決に向けて習得した知識を活用して運動の行い方を工夫することやICTの活用等により、学習課題の到達度を確認し、必要な知識を収集するとともに実践すること、自己やチームの能力に応じた運動の楽しみ方を見付けるなどの学習で深い学びを実現していく。

　保健学習においても、健康に関する情報を収集、批判的に吟味し、健康課題の解決に役立つ情報を選択すること、選択した健康情報や習得した知識や技能を活用して、健康課題の解決方法を考え解決方法を自他の生活と比較したり、関連付けたりし、適切な意思決定・行動選択に役立てる。

2 ICTを活用した体育授業の在り方

　教科指導におけるICT活用とは、教科の学習目標を達成するために教師や子供がICTを活用することである。学習指導要領では、①学習指導の準備と評価のための教師によるICT活用、②授業での教師によるICT活用、③子供生徒によるICT活用の3つに分けられている。

【授業で使う教材や資料等を収集し、資料作成や提示を行うためのICT活用】

　授業で使う教材や指導事例といった資料を収集するためにインターネットやCD-ROMなどが活用できる。また、授業で活用するための映像等を記録するために、デジタルカメラやビデオカメラ等を用いることもできる。また、授業に必要なプリントや提示資料を作成するために、ワープロソフトやプレゼンテーションソフトなどを活用することができ、教師の創意工夫にあふれた提示資料を作成することで教育効果がより高まることが期待できる。

　　○参考になる学習指導案や資料などを、インターネットを活用して収集する。
　　○授業で活用するコンテンツや学習ソフトをインターネットやCD-ROM・DVDなどから収集する。
　　○授業で活用する画像や映像をデジタルカメラやビデオカメラで記録する。
　　○収集した資料を加工・編集して提示用プレゼンテーションを作成する。
　　○収集した資料を用いて、ワープロソフトで配付用資料などを作成し、必要な部数を印刷する。
　　○デジタルカメラで撮影した画像などを利用して提示用の教材を作成する。

【評価を充実させるためのICT活用】

　子供の学習評価を充実させるために、学習活動の過程や成果などの記録や作品を計画的に集積したポートフォリオによる評価のために、コンピュータやデジタルカメラ等を用いて子供の運動を記録したり集積したりすることができる。

　　○子供の運動の様子や技の達成度などをデジタルカメラなどで撮影して記録する。
　　○評価規準や評価の総括に必要な資料をインターネットなどで収集して評価に役立てる。

【子供によるICT活用】

　　①遅延再生機能（撮影10秒後に再生させる機能）：撮影した動きが遅れて再生され、すぐに自身の動きを確認し改善点を知り、再度挑戦できる。
　　②スローモーション再生機能：器械運動等で一瞬の動きを捉えるために再生する機能。
　　③連続再生機能：手本となる動きや自身の前時の動きを繰り返し再生する機能。

　映像で確認しすぐに改善につなげるために①～③の機能を生かし、自分自身の動きを視覚的・客観的に確認することで、自分自身の状況を把握できる。また、教え合い学習が活性化するよう、友達の運動を直接見た後、映像を再生させながら、よかった点や工夫するところなどの意見交換ができる。

子供たち一人一人に適切な支援を行い「楽しい」体育を実現する！

　4年生は明るく元気いっぱい活動しルールやきまりのしっかりとした集団でのゲームを好み、仲間とのかかわりを楽しく進めるためには、他者に対してどのように対応したらよいかをも理解できるようになってくる。運動面では基本的な運動の多くがすでに体験済みとなっており、必要とされる技能も基本的部分については身に付いてきている。

　学習に当たっても自分のめあてやグループのめあてをしっかりと理解でき、それに向かって取り組んでいくことも可能になっている。自己評価能力が芽生え始める時期であることを踏まえ、運動を相互評価させたり、自己評価させる機会を与えたりする必要がある。4年生の体育を進める上での留意点には次のようなものが挙げられる。

　運動をより楽しいものと感じることができるようにする。遊びとしての運動の楽しさばかりでなく真剣に取り組むもの、挑戦するものとしての楽しさも徐々に理解できるようにしていく。また、集団での学習活動を適切に行えるようにする。仲間との学び合いのすばらしさやその方法について理解し、実践できるようにする。さらに、技能の向上や作戦づくりなどに積極的に挑戦する姿勢を評価し、めあての達成に向けて自分なりの工夫ができる機会を与えるようにする。運動技能の幅が広がったこと、洗練されたことに対しても積極的な評価を行うようにする。

1　運動が苦手な子供への指導

①用具の大きさや重さ、長さ、柔らかさなどを変えて動きを易しくしたり易しい行い方にしたりする。
②広い場所で前や後ろに移動したり物や用具の間をゆっくりと移動したりするなど易しい条件で行う。
③基本的な動きの習熟を図りながら組み合わせた動きに高めていけるようにする。
④進む距離を友達と競争したり自己の記録を伸ばしたりする場を設定したりする。
⑤ボールを保持する条件を易しくするとともに、ボールを保持した際に周囲の状況が確認できるように言葉かけを工夫する。

2　意欲的でない子供への指導

①友達の様子を見て、友達の真似をして体を動かし徐々に運動に加わることができるようにする。
②意欲的に取り組む子供とペアやグループを組み、友達の動きに刺激を受けて様々な運動に挑戦する。
③体を動かしたりみんなで運動をしたりすることのよさを個別に語ったり、易しい運動の行い方や場の設定、BGMなど環境の工夫をし、少しでも取り組もうとする行動を称賛したり励ましたりする。
④体の動かし方や運動感覚が身に付くように、低学年で学習した運動遊びに取り組む場を設定する。
⑤互いに見合い教え合いをする学習や振り返りの場面などで、友達同士で学習の成果を認め合う。
⑥学習への取組の手順を掲示物で確認できるようにしたり、文字やイラスト等を用いたりして掲示しながら説明したり、より易しい規則に変更したりする。

第4学年における年間指導計画

月	時	領域・内容	時間
4月 （9時間）	1 2 3 4	**体つくり運動** ○体ほぐしの運動 ○多様な動きをつくる運動	4時間
	5 6 7 8 9	**走・跳の運動** ○かけっこ・リレー	5時間
5月 （9時間）	10 11 12 13 14	**表現運動** ○リズムダンス ○表現	5時間
	15 16 17 18 19	**ゲーム** ○ゴール型ゲーム（ポートボール）	5時間
6月 （12時間）	20 21 22 23 24	**器械運動** ○鉄棒運動	5時間
	25 26 27 28	**保健** ○体の発育・発達	4時間
	29 30	**水泳運動** ○浮く・泳ぐ運動	
7月 （7時間）	31 32 33 34 35 36 37		9時間
9月 （12時間）	38 39 40 41	**体つくり運動** ○体ほぐしの運動 ○多様な動きをつくる運動	4時間
	42 43 44 45 46	**走・跳の運動** ○小型ハードル走	5時間
	47 48 49 50 51	**表現運動** ○表現（宇宙探検）	5時間
10月 （12時間）	52 53 54 55 56 57	**ゲーム** ○ゴール型ゲーム （ラインサッカー）	6時間

月	時	領域・内容	時間
	58 59 60 61 62	**器械運動** ○跳び箱運動	5時間
11月 （11時間）	63 64 65 66 67 68	**走・跳の運動** ○幅跳び ○高跳び	6時間
	69 70 71 72 73	**ゲーム** ○ゴール型ゲーム（ハンドボール）	5時間
12月 （7時間）	74 75 76 77 78 79	**ゲーム** ○ベースボール型ゲーム	6時間
1月 （8時間）	80 81 82 83	**体つくり運動** ○多様な動きをつくる運動	4時間
	84 85 86 87 88	**ゲーム** ○ネット型ゲーム （ソフトバレーボール）	5時間
2月 （11時間）	89 90 91 92 93 94	**器械運動** ○マット運動	6時間
	95 96 97 98	**表現運動** ○表現（海底探検隊　出発！）	5時間
3月 （7時間）	99 100 101 102 103 104 105	**ゲーム** ○ゴール型ゲーム （フラッグフットボール）	6時間

2

イラストで見る
全単元・全時間の授業のすべて
小学校体育 4 年

1 体ほぐしの運動・多様な動きをつくる運動

（4 時間）

【単元計画】

1時	
[第一段階] **体ほぐしの運動** **運動の行い方を知り、** **体を動かす楽しさや心地よさを味わう。**	
1　みんなで楽しく体を動かそう POINT：誰とでも仲よく協力したり助け合ったりして運動に取り組み、心のつながりを感じることができるようにする。 **【主な学習活動】** ○集合・あいさつ ○準備運動 ○体ほぐしの運動 ○整理運動 ○まとめ・振り返り	**2　いろいろな動きをやってみよう①** POINT：いろいろな運動に取り組み、運動との出会いを楽しむことができるようにする。 **【主な学習活動】** ○集合・あいさつ ○準備運動 ○バランスをとりながら移動する動き ○用具を操作する運動（竹馬） ○用具を操作しながら移動する動き（ボール） ○整理運動 ○まとめ・振り返り

授業改善のポイント

主体的・対話的で深い学びの実践に向けて

　体つくり運動を体力向上のため楽しく行うようにして、自己の課題を見付け、その解決のための活動を工夫していく。一人一人に「やってみたい」という意欲をもたせ、易しい運動から提示することが大切である。

　「この用具でこの動きができるようになりたい」と取り組んでいる動きそのものが学習課題となる。また、一人で黙々と運動に取り組むのではなく、「いつでもどこでも誰とでも」を合言葉に、友達と楽しく運動に取り組むことができるようにしていく。友達と一緒に運動することで、「こうやったらいいのか」「あのやり方も試してみよう」等、試行錯誤をし、何度も粘り強く取り組ませたい。

　そして、結果として、いろいろな用具を使った運動ができるようになったという子供の姿を目指す。

1 体ほぐしの運動・多様な動きをつくる運動

2 かけっこ・リレー

3 表現（リズムダンス・ジャングル探検）

4 ゴール型ゲーム（ポートボール）

5 鉄棒運動

6 体の発育・発達

単元の目標 ....

○知識及び運動
・体ほぐしの運動では、手軽な運動を行い、心と体の変化に気付いたり、みんなで関わり合ったりすることができる。
・多様な動きをつくる運動では、基本的な動きを身に付けることができる。

○思考力、判断力、表現力等
・自己の課題を見付け、その課題を解決するために様々な運動の行い方を選んだり、友達と一緒に工夫したりしながら、考えたことや見付けたことを友達に伝えることができる。

○学びに向かう力、人間性等
・運動に進んで取り組み、きまりを守り誰とでも仲よく運動をしたり、友達の考えを認めたり、場や用具の安全に気を付けたりすることができる。

2・3・4時
[第二段階] **多様な動きをつくる運動** **運動の行い方を知り、用具を操作する運動や基本的な動きを組み合わせる運動を楽しむ。**

楽しくいろいろな動きに取り組む。	運動の行い方を工夫し、めあてをもって運動する。
3　いろいろな動きをやってみよう② POINT：いろいろな運動に取り組み、運動との出会いを楽しむことができるようにする。 【主な学習活動】 ○集合・あいさつ ○準備運動 ○バランスをとりながら移動する動き ○用具を操作する運動（一輪車） ○用具を操作しながら移動する動き（ボール） ○整理運動 ○まとめ・振り返り	**4　自分のできるようになりたい動きに取り組もう** POINT：これまでに経験した動きの中から、より自分が取り組みたい動きに取り組むことができるようにする。 【主な学習活動】 ○集合・あいさつ ○準備運動 ○用具を操作しながらバランスをとる動き ○用具を操作しながら移動する動き（ボール） ○整理運動 ○まとめ・振り返り

子供への配慮の例 ....

①運動が苦手な子供

　より易しい動きの提示し、用具や場を工夫し、教師や友達と一緒に運動したり補助したりしながら運動に取り組ませていく。一つの動きができなくても言及せずに、いろいろな動きに取り組ませ、取り組んでいく中で、動きができるようになったでよい。

②意欲的でない子供

　楽しい導入の雰囲気や勢いで授業をスタートする。音楽や友達との関わる動きを意図的に入れ、徐々に意欲的でない子供も笑顔になるように働き掛ける。そして、少しでも運動に取り組もうとする行動が見られたら、すかさず称賛する。

本時案

みんなで楽しく
体を動かそう

本時の目標

　誰とでも仲よく協力したり助け合ったりして運動に取り組み、心のつながりを感じることができるようにする。

評価のポイント

　「いつでもどこでも誰とでも」を合言葉に、友達と楽しく運動に取り組むことができたか。

週案記入例

[目標]
みんなで楽しく体を動かすことができるようにする。

[活動]
体ほぐしの運動の動と静の動きや人数を増やして活動する動きを行う。

[評価]
みんなで楽しく体を動かすことができたか。

[指導上の留意点]
安全に運動するためのきまりや約束をしっかりと確認させる。

本時の展開

	時	子供の活動
はじめ	5分	**集合・あいさつ** ○今日の学習内容と学習課題を確認する。 ○約束を確認する。 　・合言葉「いつでもどこでも誰とでも」 　・運動するスペースに気を付けて、安全に運動しよう
準備運動	5分	**楽しく準備運動をする** 1 ○音楽に合わせて、心と体のスイッチをオンにする。 ○輪になって行ったり、じゃんけん等の手軽で心が弾むような動きを行ったりする。
体ほぐしの運動	30分	**人数を増やしながら、動と静の動きを交互に行う** 2 ○ひざタッチ、なべなべそこぬけ（2人組） ○ぐるぐる、おじぞうさん（3人組） ○まねっこ走、あんたがたどこさ（4人組） ○レスキュー隊、みんなでポーン！（5人組） ○壁を越えろ！、なべなべそこぬけ（クラス全員）
整理運動	2分	**運動で使った部位をゆったりとほぐす** 3 ○ペアでストレッチを行う。
まとめ	3分	**(1)今日の学習について振り返り、学習カードに記入する** ①みんなで楽しく体を動かすことができたか。 ②自由記述 **(2)学習カードに記入したことを発表し合う**

1 準備運動の工夫

勢いのある授業のスタートとするために、楽しさ要素を取り入れる。

輪になって（隊形）

弾む全身運動（動き）
回る　ジャンプ　しゃがむ

体じゃんけん（友達と）
さいしょは　　バー
グー　　　　　　　　チョキ

2 体ほぐしの運動の例

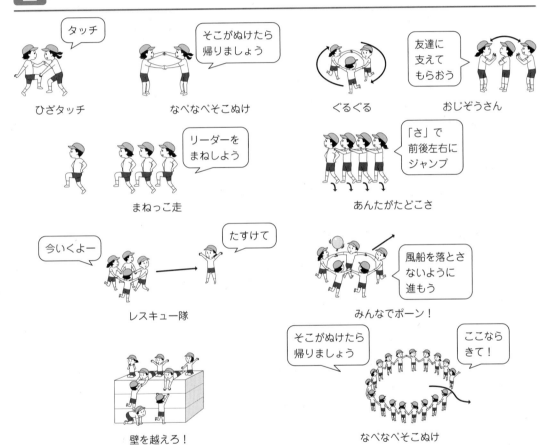

タッチ
ひざタッチ

そこがぬけたら帰りましょう
なべなべそこぬけ

ぐるぐる

友達に支えてもらおう
おじぞうさん

まねっこ走
リーダーをまねしよう

「さ」で前後左右にジャンプ
あんたがたどこさ

今いくよー
たすけて
レスキュー隊

風船を落とさないように進もう
みんなでポーン！

壁を越えろ！

そこがぬけたら帰りましょう
ここならきて！
なべなべそこぬけ

3 整理運動の例

・ゆったりとペアでストレッチをする。
・立ったり座ったりして部位をのばす。

背中にのって

手足をのばして

1 体ほぐしの運動・多様な動きをつくる運動

2 かけっこ・リレー

3 表現（リズムダンス・ジャングル探検）

4 ゴール型ゲーム（ポートボール）

5 鉄棒運動

6 体の発育・発達

本時案

いろいろな動きを やってみよう①

本時の目標

いろいろな運動に取り組み、運動との出会いを楽しむことができるようにする。

評価のポイント

いろいろな用具の楽しみ方を知り、進んで運動に取り組むことができたか。

<table>
<tr><td colspan="2" align="center">週案記入例</td></tr>
<tr><td colspan="2">

[目標]
いろいろな動きをやってみようとする。

[活動]
バランス＋移動や用具（竹馬、ボール）を用いた運動をする。

[評価]
いろいろな動きに親しむことができたか。

[指導上の留意点]
最初に安全な用具の扱い方について共通理解を図る。また、子供の実態に応じていろいろな用具を選択できるように準備しておく。
</td></tr>
</table>

本時の展開

	時	子供の活動
はじめ	2分	**集合・あいさつ** ○今日の学習内容と学習課題を確認する。
準備運動	3分	**楽しく本時の運動につながる準備運動をする** ○音楽に合わせて、心と体のスイッチをオンにする。 ○ケンケンやスキップ、ギャロップ等の「移動」の動きをする。
バランスをとりながら移動する動き	5分	**ものを持ったりかついだりして、バランスをとりながら歩いたり走ったりする** 1 ○やってみる。 →ものを落とさないように丁寧に歩いたり走ったりするよう声を掛ける。
用具を操作する運動（竹馬）	15分	**竹馬や缶ぽっくりに取り組む** 2 ○やってみる→上手に乗るこつを知る→友達と協力しながらもう一度やってみる、という流れで行う。
用具を操作しながら移動する動き（ボール）	15分	**ボールを操作しながら移動する動きに取り組む** 3 ○ボールを投げ上げて捕る。 →特に「捕る」ということを意識できるよう声を掛ける。 ○ボールを投げ上げてから○○して捕る。 →その場で何かしたり移動したりすることを価値付ける。 ※よい動きを共有する時間を設ける。
整理運動	2分	**運動で使った部位をゆったりとほぐす** ○手首、足首を中心にほぐす。
まとめ	3分	**(1)今日の学習について振り返り、学習カードに記入する** ○いろいろな運動を楽しんで取り組むことができたか。 ○自由記述 **(2)学習カードに記入したことを発表し合う**

1
体ほぐしの運動・多様な
動きをつくる運動

2
かけっこ・リレー

3
表現（リズムダンス・ジャングル探検）

4
ゴール型ゲーム（ポートボール）

5
鉄棒運動

6
体の発育・発達

1　バランスをとりながら移動する動きの工夫例

○もの

お手玉

ラケット＆ピンポン

段ボール

2　竹馬、缶ぽっくりのスモールステップ

ステップ1：友達に支えてもらって前のめりの姿勢を保つ。
ステップ2：友達に支えてもらって、竹馬に乗り、前から降りる。
　　　　　　（もち手がつま先よりも前にくるように体重をかける）
ステップ3：友達に支えてもらいながら、親指の付け根でしっかりと
　　　　　　竹馬を踏みしめて安定して立つ。（前のめりの姿勢で）
ステップ4：目標物まで進む。（手と足を一緒に動かして前に進む）
　　　　　　慣れてきたら支えなしにもチャレンジする。

※乗れるようになったら、竹馬の高さを変えたり、いろいろなコース
　をつくったり、距離に挑戦したりして楽しもう。

3　ボールを操作しながら移動する動きのこつ

　最初に「ボールを上に投げ上げて捕る」というこつをおさえる。
　その時に「落とさないで捕る」ということを価値付けると、移動を伴う動きに発展していった際に
も、無理のない上手な動きになる。
　その後、その場で姿勢を変える等の移動の動きをよい動きとして価値付けしていく。

てのひらを
上に向けて
ボールを
投げよう

ボールをよく見て
両手で捕るよ

本時案

いろいろな動きを やってみよう②

本時の目標

いろいろな運動に取り組み、運動との出会いを楽しむことができるようにする。

評価のポイント

いろいろな用具の楽しみ方を知り、進んで運動に取り組むことができたか。

本時の展開

	時	子供の活動
はじめ	2分	**集合・あいさつ** ○今日の学習内容と学習課題を確認する。
準備運動	3分	**楽しく本時の運動につながる準備運動をする** ○音楽に合わせて、心と体のスイッチをオンにする。 ○ケンケンやスキップ、ギャロップ等の「移動」の動きをする。
バランスをとりながら移動する動き	5分	**ものを持ったりかついだりして、バランスをとりながら歩いたり走ったりする** 1 ○やってみる。→移動の仕方を工夫する。 　→いろいろな用具やいろいろなコースを準備する。
用具を操作する運動（一輪車）	15分	**一輪車に取り組む** 2 ○やってみる→上手に乗るこつを知る→友達と協力しながらもう一度やってみる、という流れで行う。
用具を操作しながら移動する動き（ボール）	15分	**ボールを操作しながら移動する動きに取り組む** 3 ○ボールを投げ上げてから○○して捕る。 　→工夫の動きがたくさん出るように声掛けをする。 ※よい動きを共有する時間を設ける。
整理運動	2分	**運動で使った部位をゆったりとほぐす** ○手首、足首を中心にほぐす。
まとめ	3分	(1)**今日の学習について振り返り、学習カードに記入する** ○いろいろな運動を楽しんで取り組むことができたか。 ○自由記述 (2)**学習カードに記入したことを発表し合う**

1 バランスをとりながら移動する動きの工夫例

○いろいろなコース

まっすぐ

ジグザグ

平均台

2 一輪車のスモールステップ

ステップ1：友達や登り棒、鉄棒などにつかまりながら一輪車にまたがる。（背筋をピンと伸ばす）

ステップ2：サドルに腰かけ、地面をける。けった足はペダルにつけずそのまま前方へ降りる。

ステップ3：壁や鉄棒をつたって前に進む。目線は進みたい方向へ。（タイヤの真上に体がくるように座ってバランスをとる）

ステップ4：補助者につかまりながら移動する。慣れてきたら補助なしにもチャレンジする。

※乗れるようになったら、一輪車の高さを変えたり、いろいろなコースをつくったり、友達と手をつないで乗ったり、距離に挑戦したりして楽しもう！

3 ボールを操作しながら移動する動きのこつ

・ボール投げ上げてから移動して捕るときの動きの工夫とこつも広めていく。

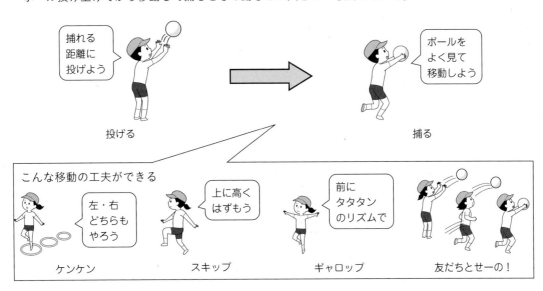

捕れる距離に投げよう

投げる

ボールをよく見て移動しよう

捕る

こんな移動の工夫ができる

左・右どちらもやろう

ケンケン

上に高くはずもう

スキップ

前にタタタンのリズムで

ギャロップ

友だちとせーの！

1 体ほぐしの運動・多様な動きをつくる運動

2 かけっこ・リレー

3 表現（リズムダンス・ジャングル探検）

4 ゴール型ゲーム（ポートボール）

5 鉄棒運動

6 体の発育・発達

本時案

自分のできるように なりたい動きに取り組もう ④/④

本時の目標

これまでに経験した動きの中から、より自分が取り組みたい動きに取り組むことができるようにする。

評価のポイント

より質の高い「移動」を伴う動きに取り組むことができたか。

本時の展開

	時	子供の活動
はじめ	2分	**集合・あいさつ** ○今日の学習内容と学習課題を知る。
準備運動	3分	**楽しく本時の運動につながる準備運動をする** ○音楽に合わせて、心と体のスイッチをオンにする。 ○ケンケンやスキップ、ギャロップ等の「移動」の動きをする。
用具を操作しながらバランスをとる動き	5分	**長なわを跳びながらボールを捕ったり投げたり、ついたりする。** ○やってみる。 　→グループごとにどんなことができるか自由に取り組ませる。
用具を操作しながら移動する動き（ボール）	30分	**ボールを操作しながら移動する動きに取り組む** 1 ○各コーナーの自分ができるようになりたい動きに取り組む。 　・遠く遠くコーナー 　・いろいろコースコーナー 　・みんなでコーナー 　→自分のめあての動きに取り組めるように促す。 　→各コーナーで、移動の仕方がなめらかな動きをしている子供を称賛して回る。 　※よい動きを共有する時間を設ける。
整理運動	2分	**運動で使った部位をゆったりとほぐす** ○手首、足首を中心にほぐす。
まとめ	3分	**(1)今日の学習やこの4時間について振り返り、学習カードに記入する** ①できるようになったこと ②どうやったらできるようになったのか **(2)学習カードに記入したことを発表し合う**

1 体ほぐしの運動・多様な動きをつくる運動

2 かけっこ・リレー

3 リズムダンス・表現（ジャングル探検）

4 ゴール型ゲーム（ポートボール）

5 鉄棒運動

6 体の発育・発達

1 コーナーの例

○遠く遠くコーナー

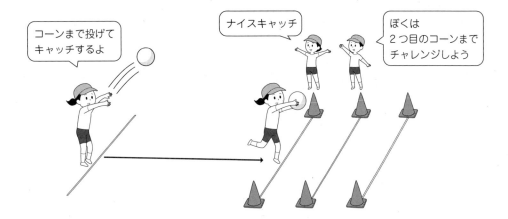

○いろいろコースコーナー

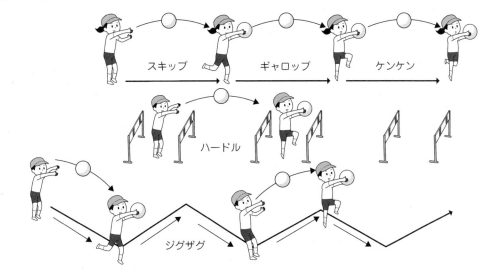

○みんなでコーナー

「体ほぐしの運動・多様な動きをつくる運動」学習カード＆資料

使用時 **第1〜4時**

本カードは、第1時の体ほぐしの運動と第2〜4時の多様な動きをつくる運動で使用する。最初の体つくり運動では、体を動かすことの楽しさを味わうことが学習の中心となるので、「主体的に学習に取り組む態度」を大切に見とっていきたい。

収録資料活用のポイント

①使い方

　授業後に、本カードを一人一人に配布する。1単位時間の学習の内容が明確になるように、1時間で1枚のカードを横に並べてセロハンテープで貼っていくと、単元を通しての学習が振り返りやすくなる。

②留意点

　本カードは、1単位時間の学習のめあてについて、子供自身が「何ができるようになったのか」ということを意識し言語化して振り返りができるよう、自由記述の部分が多くなっている。学習の結果だけではなく、「どうやったらできるようになったのか」という学習の過程に焦点を当て、大切に見とっていく。

📀 学習カード 4-1-1

体ほぐしの運動　学習カード

日にち（　　　　　　　）
4年　　組　　番　名前（　　　　　　　）

月　日（　）	☆みんなで楽しく体をうごかそう！

●取り組んだ運動
・2人組（ひざタッチ、なべなべそこぬけ）
・3人組（ぐるぐる、おしそうざん）
・4人組（まねっこ走、あんたがたどこさ）
・5人組（レスキュー隊、みんなでボーン！）
・クラス全員で（かべをこえろ！、なべなべそこぬけ）

●ふり返り　楽しかったことや友だちといっしょに運動して気付いたことを書こう！

色をぬろう！　　よくできた：3つ　できた：2つ　もう少し：1つ

進んで楽しく運動することができた。	☺	☺	☺
友だちときょう力して運動することができた。	☺	☺	☺
運動のしかたがわかった。	☺	☺	☺

📀 学習カード 4-1-2

いろいろな動きの運動　学習カード

日にち（　　　　　　　）
4年　　組　　番　名前（　　　　　　　）

月　日（　）	学習のめあて

取り組んだ運動

●ふり返り　運動に取り組んでみた感想や、どうやったらできるようになったのかについて書こう！

色をぬろう！　　よくできた：3つ　できた：2つ　もう少し：1つ

楽しくいろいろな運動に取り組むことができた。	☺	☺	☺
友だちのよい動きを見付けることができた。	☺	☺	☺
いろいろな動きができるようになった。	☺	☺	☺

体ほぐしの運動　学習カード

4年　　　組　　　番　名前（　　　　　　　　　　　　　　）

歌あそび

歌あそびは歌やリズムに合わせて手や足や体を使って楽しむことができます。

「しあわせなら手をたたこう」（すわる・立つ）

♪しあわせなら手をたたこう♪ しあわせなら手をたたこう
♪しあわせなら　背中をつけようよ〜
♪ほらみんなで立ってみよう　せーの！

「糸まきまき」（押す・引く）

♪い〜と〜まきまきい〜と〜まきまき♪ひ〜てひ〜てトントントン
♪い〜と〜まきまきい〜と〜まきまき♪ひ〜てひ〜てトントントン
♪で〜き〜た　で〜き〜た！♪がんばるじゅんびができた！

「むすんでひらいて」（バランスをたもつ）

♪むすんでひらいて　手をうってむすんで
♪またひらいて手をうって♪その手で〜しょうぶ！

「じんこうえいせい」

♪じんこうえいせいじんこうえいせいと〜ま〜れ

合言葉

動きをはっぴょうした友だちや、友だちのよい所を見つけた友だちに向かってみんなで
すてきな合言葉を言いましょう。

みんなで楽しむための合言葉　「いつでも　どこでも　だれとでも！」

・○○へレッツゴー！
・やってみよう！

・トントトン　トントトン　聞いて
・「お友達を変えてお友達を変えて」○○組み

・せ〜のパンパンナーイス！
・せ〜のキラーン！

1 体ほぐしの運動・多様な動きをつくる運動

2 かけっこ・リレー

3 表現（リズムダンス・ジャングル探検）

4 ゴール型ゲーム（ポートボール）

5 鉄棒運動

6 体の発育・発達

2 かけっこ・リレー

5 時間

【単元計画】

1 時	2 時
[第一段階] **いろいろなかけっこやリレーの仕方を知り、** **かけっこやリレーを楽しむ。**	
かけっこ・リレーの学習内容を知り、いろいろなかけっこをしたり、リレーをしたりする。	素早くスタートしてかけっこをしたり、折り返しリレーをしたりする。
1　いろいろな走り方で走ろう POINT：学習内容や進め方を知り、大きく腕を振って走ったり、バトンパスをしたりすることができるようにする。	**2　合図で素早くスタートしよう** POINT：合図で素早くスタートして腕を大きく振って走ったり、バトンを落とさずにパスしてリレーをしたりする。
【主な学習活動】 ○集合・あいさつをする。 ○準備運動をする。 ○かけっこ・リレーの学習内容と進め方を知る。 ○直線路を調子よく走る。 ○直線路での折り返しリレーをする。 ○学習の振り返りをする。	**【主な学習活動】** ○集合・あいさつをする。 ○準備運動をする。 ○走る、跳ぶなどの運動をする。 ○直線路を調子よく走る。 ○直線路での折り返しリレーをする。 ○学習の振り返りをする。

授業改善のポイント ···

主体的・対話的で深い学びの実践に向けて

　かけっこ・リレーの学習では、距離を決めて調子よく最後まで走ったり、走りながらバトンの受け渡しをする周回リレーをしたりすることがポイントとなる。

　友達と見合ったり、ICT 機器を活用したりして自己の学習課題を見付け、課題の解決に向けて練習に取り組むことで、主体的に学習を進めることができるようにする。

　また、友達のよい動きや変化を見付けたり、考えたりしたことを伝え合うことで対話的な学習につながるようにする。学習後に、運動のポイントや友達の動きのよさなどを学習カードなどに記入したり、振り返りの時間に発表したりすることで、深い学びにつながるようにする。

1 体ほぐしの運動・多様な動きをつくる運動

2 かけっこ・リレー

3 表現（リズムダンス・ジャングル探検）

4 ゴール型ゲーム（ポートボール）

5 鉄棒運動

6 体の発育・発達

単元の目標

○**知識及び技能**

・距離を決めて調子よく最後まで走ったり、走りながらバトンの受渡しをするリレーをしたりすることができる。

○**思考力、判断力、表現力等**

・自己の能力に適した課題を見付け、動きを身に付けるための活動や競走の仕方を工夫することができる。

○**学びに向かう力、人間性等**

・運動に進んで取り組み、仲よく運動をしたり、場や用具の安全に気を付けたりすることができる。

3・4 時	5 時
[第二段階] かけっこやリレーの仕方や競走を工夫して、 運動を楽しむ。	
バトンの受け渡しをしたり、スピードを落とさずにバトンパスをしたりして、リレーをする。	テークオーバーゾーンでスピードを落とさないでバトンパスをして、リレーをする。
3・4　走りながらバトンパスをしよう POINT：周回リレーの仕方を知り、バトンパスをして、グループ同士で競走できるようにする。	**5　リレー大会をしよう** POINT：対戦方法を決め、この単元で身に付けた技能を生かして競走することができるようにする。
【主な学習活動】 ○集合・あいさつをする。 ○準備運動をする。 ○走る、跳ぶなどの運動をする。 　第3時　走りながらバトンパスをして周回リレーをする。 　第4時　周回リレーをする。 ○学習の振り返りをする。	【主な学習活動】 ○集合・あいさつをする。 ○準備運動をする。 ○走る、跳ぶなどの運動をする。 ○チームでリレーの順序や作戦を話し合う。 ○まとめのリレー大会をする。 ○学習の振り返りをする。 ○単元全体の振り返りをする。

子供への配慮の例

①運動が苦手な子供

　かけっこのスタートが苦手な子供には、立った姿勢からだけでなくいろいろな姿勢から素早く走ったり、スタート位置を変えて競走したりするなどの配慮をする。

　周回リレーでタイミングよくバトンを受け渡すことが苦手な子供には、追いかけ走やコーナー走で受渡しをするなどの配慮をする。

②意欲的でない子供

　かけっこ・リレーでの競走に対して意欲的に取り組めない子供には、いろいろな走り方で活動する場を設けたり、勝敗のルールを工夫したりするなどの配慮をする。

　友達同士でうまく関わり合うことがでない子供には、友達同士で学習の成果を認め合うようにするなどの配慮をする。

本時案

いろいろな走り方で走ろう

本時の目標

かけっこ・リレーの学習内容を知り、いろいろなかけっこをしたり、リレーをしたりすることができるようにする。

評価のポイント

いろいろなかけっこをしたり、リレーをしたりして、直線路を調子よく走ることができたか。

週案記入例

[目標]
かけっこ・リレーの学習内容を知り、いろいろな走り方で走る。

[活動]
直線路を調子よく走ったり、折り返しリレーをしたりする。

[評価]
かけっこ・リレーの学習内容を知り、いろいろな走り方で走ることができたか。

[指導上の留意点]
大きく腕を振ることやバトンパスをすることを指導の重点とする。

本時の展開

	時	子供の活動
はじめ	10分	**集合・整列・あいさつ** かけっこ・リレーの学習内容や進め方を知る ○本単元の学習内容を知り、かけっこ・リレーの基本的な動きをつかむ。
準備運動	5分	**運動で使う各部位の運動をする** ○リズム太鼓に合わせて、脚や足首を中心に行う。 **走る・跳ぶなどの運動をする** ○軽いランニング、跳躍などの運動をする。 1
かけっこ	10分	**直線路を調子よく走る** ○いろいろな姿勢からスタートする。 2 ○腕を大きく振って走る。 ○ゴールを全力でかけ抜ける。
リレー	10分	**直線路での折り返しリレーをする** ○バトンパスの仕方を知る。 3 ○チーム編成をして、バトンパスの練習をする。 4 ○走る順序を決めて、折り返しリレーをする。
整理運動	5分	**運動で使った部位をほぐす** ○脚や足首を中心に行う。
まとめ	5分	(1)**学習を振り返り、学習カードに記入する** 　①できばえはどうだったか。 　②よかったところや気付いたことは何か。 　③友達と協力して運動できたか。 (2)**友達のよい動きや変化を中心に発表し合う**

1 軽いランニング、跳躍などの運動

軽いランニング

体じゃんけん

2 いろいろな姿勢からのスタートダッシュ

腕立ての姿勢からダッシュ

仰向けの姿勢からダッシュ

3 並んで行うバトンパス練習

手のひらをよく見て　　　　バトンを持ちかえる

受け手は手を大きく開く

4 走りながら行うバトンパスの練習

止まったままゆっくりと　　ゆっくり走りながら　　　全力で走りながら

手のひらに押し込む　　渡す時に「ハイ」の合図　　追いつける距離で

1 体ほぐしの運動・多様な動きをつくる運動

2 かけっこ・リレー

3 表現（ジャングル探検）リズムダンス・

4 ゴール型ゲーム（ポートボール）

5 鉄棒運動

6 体の発育・発達

本時案

合図で素早く スタートしよう

本時の目標

　素早くスタートしてかけっこをしたり、折り返しリレーをしたりすることができるようにする。

評価のポイント

　合図で素早くスタートして走ったり、バトンを落とさずにパスしてリレーをしたりすることができたか。

本時の展開

	時	子供の活動
はじめ	5分	**集合・整列・あいさつ** ○本時の学習内容や進め方を知る。
準備運動	5分	**運動で使う各部位の運動をする** ○リズム太鼓に合わせて、脚や足首を中心に行う。 **走る・跳ぶなどの運動をする** ○軽いランニング、スキップなどの運動をする。
かけっこ	15分	**直線路を調子よく走る** ○合図で素早くスタートする。 **1** ○40〜60mを調子よく走る。 ○ルールを決めて、友達と競走する。 **2**
リレー	10分	**直線路での折り返しリレーをする** ○チームで、バトンパスの練習をする。 ○走る順序や相手を決めて、競走をする。 **3**
整理運動	5分	**運動で使った部位をほぐす** ○脚や足首を中心に行う。
まとめ	5分	(1)**学習を振り返り、学習カードに記入する** 　①できばえはどうだったか。 　②よかったところや気付いたことは何か。 　③友達と協力して運動できたか。 (2)**友達のよい動きや変化を中心に発表し合う**

1 合図で素早くスタートする

「位置について」

スタートラインに
両足をそろえる

「よーい」

片足を後ろに引き
前傾姿勢になる

「ドン」

後ろ足で地面を
強く蹴る

少しずつ上体を
起こす

2 ルールを決めて、友達と競走する

4秒間走… 4秒でゴールできそうなところからスタートし、友達と競走する。

3 直線路での折り返しリレーの例

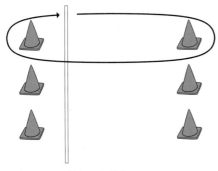

三角コーンでリレーを行う

前走者が近づいたら走り出す

1 体ほぐしの運動・多様な動きをつくる運動

2 かけっこ・リレー

3 表現（リズムダンス・ジャングル探検）

4 ゴール型ゲーム（ポートボール）

5 鉄棒運動

6 体の発育・発達

本時案

走りながら
バトンパスをしよう

本時の目標

　バトンの受け渡しをしたり、スピードを落とさずにバトンパスをしたりして、リレーをする。

評価のポイント

　走りながら、バトンを落とさずに受け渡しをすることができたか。

> ### 週案記入例
>
> **[目標]**
> 走りながらバトンパスをして、リレーをする。
>
> **[活動]**
> 調子よく走ったり、走りながらバトンパスをしたりして周回リレーをする。
>
> **[評価]**
> 走りながら、バトンパスをすることができたか。
>
> **[指導上の留意点]**
> スピードを落とさないでバトンパスをすることを指導の重点とする。

本時の展開

	時	子供の活動
はじめ	5分	**集合・整列・あいさつ** ○本時の学習内容や進め方を知る。
準備運動	5分	**運動で使う各部位の運動をする** ○リズム太鼓に合わせて、脚や足首を中心に行う。 **走る・跳ぶなどの運動をする** ○軽いランニング、スキップなどの運動をする。
かけっこ	10分	**直線路を調子よく走る** ○合図で素早くスタートする。 ○40〜60mを調子よく走る。 **1** ○ルールを決めて、友達と競走する。
リレー	15分	**走りながらバトンパスをして、周回リレーをする** ○走りながらバトンパスをする仕方を知る。 ○バトンの受け渡しの練習をする。 ○スピードを落とさずにバトンパスをする。 **2** ○相手を決めて周回リレーをする。 **3**
整理運動	5分	**運動で使った部位をほぐす** ○脚や足首を中心に行う。
まとめ	5分	**(1)学習を振り返り、学習カードに記入する** 　①楽しく運動できたか。 　②友達と仲よく運動できたか。 　③安全に運動できたか。 **(2)友達のよい動きや変化を中心に発表し合う**

1 いろいろな姿勢で走る

手を肩に当てて走る

手を前で組んで走る

腕を大きく振って走る

※腕の振りや肩の動きを意識して走る

2 スピードを落とさないバトンパスをする練習

初めはゆっくり
走りながら行う

全力で走りながら行う

3 周回リレーで競走する

・スタート対面にずらし、ぶつからないようにする

・2チームで競走する

・かけっこの走り方を生かす

・走りながらバトンパスができるようにする

1 体ほぐしの運動・多様な動きをつくる運動

2 かけっこ・リレー

3 表現（ジャングル探検）リズムダンス・

4 ゴール型ゲーム（ポートボール）

5 鉄棒運動

6 体の発育・発達

本時案

ゾーンの中で
バトンパスをしよう

本時の目標

テークオーバーゾーンの中で、スピードを落とさないでバトンパスをして周回リレーをする。

評価のポイント

テークオーバーゾーンの中で走りながらバトンパスができたか。

週案記入例

【目標】
テークオーバーゾーンの中でバトンパスをして、リレーをする。

【活動】
テークオーバーゾーンでバトンパスができるようにする。

【評価】
テークオーバーゾーンを生かして、バトンパスをすることができたか。

【指導上の留意点】
スピードを落とさないでバトンパスをすることを指導の重点とする。

本時の展開

	時	子供の活動
はじめ	5分	**集合・整列・あいさつ** ○本時の学習内容や進め方を知る。
準備運動	5分	**運動で使う各部位の運動をする** ○リズム太鼓に合わせて、脚や足首を中心に行う。 **走る・跳ぶなどの運動をする** ○軽いランニング、スキップなどの運動をする。
かけっこ	10分	**直線路を調子よく走る** ○合図で素早くスタートする。 **1** ○ルールを決めて、友達と競走する。
リレー	15分	**走りながらバトンパスをして、周回リレーをする** ○コーナーの走り方の練習をする。 **2** ○バトンの受け渡しの練習をする。 ○テークオーバーゾーンで走りながらバトンパスをする。 **3** ○相手を決めて周回リレーで競走をする。
整理運動	5分	**運動で使った部位をほぐす** ○脚や足首を中心に行う。
まとめ	5分	**(1)学習を振り返り、学習カードに記入する** 　①楽しく運動できたか。 　②友達と仲よく運動できたか。 　③安全に運動できたか。 **(2)友達のよい動きや変化を中心に発表し合う**

1 合図で素早くスタートする

腕を前後に
大きく振る

目線は前に

スタンディングスタート
・「よーい」で前の足に体重をのせる
・１歩目は素早く出る
・目線は下を見る
・姿勢を低くする

2 コーナーの走り方の練習

・体を内側に傾けて走る

・内側の腕は小さく、外側の腕は大きく振る

3 テークオーバーゾーンの中でバトンパス

・次走者を追い抜くつもりで走る
・前走者が近づいたらダッシュする

・渡すときに「はい」と合図する
・「はい」の合図で右手を後ろに出す

1 体ほぐしの運動・多様な動きをつくる運動

2 かけっこ・リレー

3 表現（リズムダンス・ジャングル探検）

4 ゴール型ゲーム（ポートボール）

5 鉄棒運動

6 体の発育・発達

本時案

リレー大会をしよう ⑤/⑤

本時の目標

テークオーバーゾーンでスピードを落とさないでバトンパスをして、リレーをする。

評価のポイント

調子よく走ったり、スピードを落とさないでバトンパスをしたりして、リレーをすることができたか。

<table>
<tr><td colspan="4">週案記入例</td></tr>
<tr><td colspan="4">

[目標]
かけっこ・リレーの学習を生かして、周回リレーをする。

[活動]
調子よく走ったり、バトンパスをしたりして、リレー大会を行う。

[評価]
直線やコーナーを調子よく走り、リレーをすることができたか。

[指導上の留意点]
本単元で身に付けた技能を生かして競走することを指導の重点とする。

</td></tr>
</table>

本時の展開

	時	子供の活動
はじめ	5分	**集合・整列・あいさつ** ○本時の学習内容や進め方を知る。
準備運動	5分	**運動で使う各部位の運動をする** ○リズム太鼓に合わせて、脚や足首を中心に行う。 **走る・跳ぶなどの運動をする** ○軽いランニング、スキップなどの運動をする。
かけっこ	10分	**直線路を調子よく走る** ○合図で素早くスタートする。 ○最後まで全力で走り抜ける。
リレー	15分	**リレー大会をする** ○走る順序やバトンパスの仕方を確認する。 **1** ○走り方やバトンパスの様子を見合う。 **2** ○ルールを工夫して競走する。 **3**
整理運動	5分	**運動で使った部位をほぐす** ○脚や足首を中心に行う。
まとめ	5分	**(1)学習を振り返り、学習カードに記入する** ①楽しく運動できたか。 ②友達と仲よく運動できたか。 ③安全に運動できたか。 **(2)単元全体を振り返り、感想を学習カードに記入する。**

1 走る順序やバトンパスの確認

- ・走る順番について話し合う
- ・チームの特徴を生かす

- ・バトンの受け渡しを確認する
- ・バトンの持ち手を確認する

2 走り方やバトンパスの仕方を見合う

- ・コーナーの走り方やバトンの受け渡しをお互いに見合う
- ・気付いた点は教え合う

- ・ゴールは走り抜けるようにする
- ・横から見て、声をかけ合う

3 ルールの工夫

レーンの中で
バトンパスをする

バトンを落としたら
前走者が拾って渡す

テークオーバーゾーンの中でバトンパスを行う

追い抜く時は外側から

1 体ほぐしの運動・多様な動きをつくる運動

2 かけっこ・リレー

3 表現（リズムダンス・ジャングル探検）

4 ゴール型ゲーム（ポートボール）

5 鉄棒運動

6 体の発育・発達

「かけっこ・リレー」学習カード＆資料

使用時 **第1～5時**

本カードは、主に単元前半のかけっこで使用するカードと、主に単元後半のリレーで使用するカードである。調子のよい走りやリレーのバトンパスを身に付け、自己の変容を振り返るために使用する。自分のよかった点や友達のよい点などを記録することで、自己の伸びについて振り返りことができるようにしたい。

収録資料活用のポイント

①使い方

　授業のはじめに本カードを配付し、使い方や記入の仕方について説明する。拡大したカード等を用意し、具体的な記入例について指導する。学習を進める中でポイント資料を活用し、学習カードは主に授業後に記入し、振り返りを行う。

②留意点

　本カードは、かけっこのポイントや、リレーのバトンパスのできばえ等について、子供が客観的に捉えて記入するようにしたい。友達と見合ったり、教え合ったりして、よかった点や気付いたことを伝え合い、振り返りに生かせるようにしたい。

💿 学習カード 4-2-1

💿 学習カード 4-2-2

かけっこ・リレーのポイント

4年　　　組　　　番　名前（　　　　　　　　　　　　）

○合図ですばやくスタートする。

①「よーい」で低しせいになる。
②合図ですばやくスタートする。
③はじめの一歩目はすなやく出る。

○うでを大きくふる。　前を見て走る。

①うでは前後に大きくふる。
②目線は前を向くようにする

○並んでバトンパスの練習をする。

①相手の手のひらをよく見てわたす。
②手を大きく開いて受け取る
③バトンをもらったらもちかえる。

○合図ですばやくスタートする。

①止まってわたす　　②ゆっくり走ってわたす　　③全力で走りながらわたす

○チームで見合ったり、教え合ったりする。

①コーナーの走りかたやバトンパスの様子を見合う。

②走る順番を話合う。

1　体ほぐしの運動・多様な動きをつくる運動

2　かけっこ・リレー

3　表現（ジャングル探検）リズムダンス・

4　ゴール型ゲーム（ポートボール）

5　鉄棒運動

6　体の発育・発達

3 リズムダンス・表現（ジャングル探検）

[5 時間]

【単元計画】

1 時	2 時
[第一段階] リズムに乗って弾んだり移動したりして即興的に踊る。	
リズムダンスの学習内容を知り、いろいろな曲でリズムの特徴を捉えて即興的に踊る。	ロックやサンバのリズムの特徴を生かして友達と仲よく踊る。
1　リズムダンスを踊ってみよう POINT：ロックやサンバのリズムの特徴を捉え、変化を付けた動きを入れて、だれとでも組んで、気持ちを合わせて楽しく踊る。	**2　リズムダンスを踊ってみよう** POINT：ロックやサンバのリズムの特徴や動きのポイントを知り、よい動きを取り入れながら、友達同士交流して踊る。
【主な学習活動】 ○集合・あいさつ ○リズミカルな運動を取り入れて準備運動をする ○リズム特徴を捉えて即興的に踊る 　①リズムの特徴を捉えて自由に踊る 　②変化を付けた動きを入れて踊る ○全身をほぐしながらクールダウンする ○学習の振り返りとまとめをする 　①学習カードに記入する 　②次時の学習内容を確認する	**【主な学習活動】** ○集合・あいさつ ○リズミカルな運動を取り入れて準備運動をする ○ロックやサンバのリズムで即興的に踊る 　①後打ちや 2 拍の中のリズムを意識して踊る 　②グループで同じ動きや反対の動きで踊る ○全身をほぐしながらクールダウンする ○学習の振り返りとまとめをする 　①学習カードに記入する 　②次時の学習内容を確認する

授業改善のポイント

主体的・対話的で深い学びの実践に向けて

　この単元の表現では、発達段階に応じて、「具体的な生活からの題材」の学習の経験をもとに、それに対比する「空想の世界からの題材」を取り上げている。子供の関心や能力にふさわしい題材であり、主な特徴や感じを捉えて、表したい感じを中心に動きを誇張したり変化を付けたりしてメリハリ（緩急・強弱）のあるひと流れの動きにして即興的に表現する中で、互いに動きを見合い、話し合っていくなど主体的で対話的な学びを目指している。また、リズムダンスは 3 年生での学習経験を生かし

てロックやサンバのリズムの特徴を捉え、リズムに乗って全身で弾んだり、動きに変化を付けたりして友達と関わり合って踊ることで、自らが主体的に学習に取り組むことができる。

　学習を通して、自己の能力に合った学習課題の解決のために動きの工夫を考えたり、友達とよい動きを伝え合ったりするなどの活動を行い、学びを深めていき発表会で互いに認め合う交流を行う。

1 体ほぐしの運動・多様な動きをつくる運動

2 かけっこ・リレー

3 表現（リズムダンス・ジャングル探検）

4 ゴール型ゲーム（ポートボール）

5 鉄棒運動

6 体の発育・発達

単元の目標

○**知識及び技能**

・題材の主な特徴を捉え、表したい感じをひと流れの動きで踊ることができる。

・ロックやサンバのリズムに乗って踊ったり、友達と即興的に踊ったりすることができる。

○**思考力、判断力、表現力等**

・自己の能力に適した学習課題を見付け、題材やリズムの特徴を捉えた踊り方や交流の仕方を工夫し、友達に伝えることができる。

○**学びに向かう力、人間性等**

・運動に進んで取り組み、誰とでも仲よく踊ったり、友達の考えを認めたりすることができる。

3・4時	5時
[第二段階] **表したい場面を中心に変化のある動きをつなげて表現する。**	
ジャングル探検から主な特徴を捉え、中心となる場面の動きを決め、はじめとおわりを付けて踊る。	ジャングル探検の中心となる場面の動きを工夫して発表会をする。
3・4 「ジャングル探検」をひと流れの動きで踊ろう①② POINT：ジャングル探検からいろいろなイメージを捉え、中心場面の動きを表現し、はじめとおわりの動きを付けひと流れの動きとして踊る。 **【主な学習活動】** ○集合・あいさつ ○音楽やリズムに合わせて楽しく準備運動をする 　第3時　探検場所や動きのイメージ 　第4時　はじめとおわりをつけ ○使った部位を中心に、ゆっくりと全身をほぐす ○学習の振り返りとまとめをする 　①学習カードに記入する 　②次時の学習内容を確認する	**5 動きを工夫し発表会をしよう** POINT：ジャングル探検の中心場面が動きを工夫した動きを取り入れて、発表会を行い、互いのよさを見付ける。 **【主な学習活動】** ○集合・あいさつ ○音楽やリズムに合わせて準備運動をする ○ジャングル探検をひと流れで踊る 　①工夫した動きができているか確認しながら踊ってみる 　②発表会をして感想を伝え合う ○使った部位を中心にゆっくりほぐす ○学習の振り返りとまとめをする 　・発表会の感想を元に行う

子供への配慮の例

①運動が苦手な子供

　動きの誇張や変化の付け方が苦手な子供には、動きに差を付けて誇張したり、急変する動きで変化を付けたりして踊っている友達の動きを見合い、真似をするところから始める。

　リズムの特徴を捉えて踊ることが苦手な子供には、リズムに合わせて手拍子したり、リズムを表す言葉をかけながら踊ったりするなどの配慮や助言をしていく。曲のリズムに同調するだけでなく、変化を付けて踊っている友達の動きを見合ったり、真似し合ったりさせる。

②意欲的でない子供

　踊ることに意欲的でない子供には、授業の導入場面で、みんなで円形になり、顔を見合わせながら軽快なリズムに乗って弾んだり手拍子をしたりする活動を取り入れて、心と体をほぐすなどの配慮をする。

　友達と関わりながら踊ることに意欲的でない子供には、友達と組んでできる簡単な動きを示した中から選べるようにするなど配慮をしていく。

本時案

全身で弾んで 楽しんで踊ろう

本時の目標

リズムダンスの学習内容を知り、楽しく踊るようにする。

評価のポイント

リズムに乗って、全身で弾んで即興的に踊ることができたか。友達と励まし合い、踊ったり交流することができたか。

本時の展開

	時	子供の活動
はじめ	5分	**集合・整列・あいさつ** ○リズムダンスの学習の進め方を知る。 ○本時の学習内容を知る。 ○学習カードの使い方、記入の仕方を知る。
準備運動	5分	**リズミカルな運動を取り入れ、心と体をほぐす** ○音楽に合わせ、体の各部位の運動をする。 ○体じゃんけん、猛獣狩り、ハイタッチ、円形コミュニケーション
リズムダンス	30分	**リズムの特徴を捉えて、複数の曲で即興的に踊る** 1 ①ロックやサンバの2〜3分の曲をリズムの特徴を捉えながらメドレーで踊る。 ②リズムの特徴をとらえ、変化を付けた動きを入れて踊る。 2 ・おへそを中心に全身で ・サイドステップに後打ちの手拍子 ・左右に跳んでスキップで回る ・2人組で手をつないで など ③リズムの特徴をとらえている動きを見つけ、まねてみる。 ④全体で2〜4人組になって、即興的に続けて踊る。
整理運動	2分	**全身をほぐしながら、クールダウンする** ○ゆったりとして音楽でストレッチを十分に行う。
まとめ	3分	**学習の振り返りとまとめをする** ①学習カードに記入する ・めあてが達成できたか。 ・リズムに乗って楽しく踊れたか。 ・友達と一緒に教え合いながらできたか。 ・動きを工夫して踊れたか。 ②次時の学習内容を確認する

1 リズムの特徴をとらえながら踊る

前に後ろに動いて

右に左にスキップ

右に左に体を
動かして

走ったり
ジャンプしたり

相手の動きを見ながら

アフタービートの
ロックのリズムで
ジャンプしたり

2 変化を付けた動きを入れて踊る

おへそを中心に
全身で弾む

腕振りも意識して

右左のスキップ
からだを揺らして

回ったり移動したり

ストップから
次の動きへ

素早い動きやストップなど
のリズムの変化を付けて

手を振ったり
足を上げたりの動きで

友達と手をつないだり、即
興的な動きをまねし合った
りしながら

背中を合わせて

相手と反対に
動いてみる

2人で楽しく同じ動きで

手つなぎで一緒に

リズムも変えてみよう

1 体ほぐしの運動・多様な動きをつくる運動

2 かけっこ・リレー

3 表現（ジャングル探検）リズムダンス・

4 ゴール型ゲーム（ポートボール）

5 鉄棒運動

6 体の発育・発達

本時案

リズムの特徴を
捉えて踊ろう

本時の目標

　リズム特徴を生かして、友達と仲よく踊ることができるようにする。

評価のポイント

　ロックやサンバのリズムの特徴や動きのポイントを知り、特徴を捉えた動きで踊ることができ、よい動きを取り入れることができたか。

週案記入例
[目標] リズムの特徴を生かして楽しく踊る。 **[活動]** ロックやサンバのリズムに乗って全身で弾んで踊る。 **[評価]** リズムの特徴を生かして踊れたか。 **[指導上の留意点]** リズム特徴を生かした動きをとらえて、全身で踊れるようにする。

本時の展開

	時	子供の活動
はじめ	5分	**集合・整列・あいさつ** ○本時の学習内容を知る。 ○本時の学習課題を発表する。
準備運動	5分	**リズミカルな運動を取り入れ、心と体をほぐす** ○音楽に合わせ、体の各部位の運動をする。 ○ジョギング、スキップなどで動きながら体をほぐす。
リズムダンス	30分	**ロックやサンバのリズムで即興的に踊ろう** ①ロックやサンバの特徴を捉えながら、自由に踊る。 ②ロックの後打ちのリズムや2拍の中のリズム変化（シンコペーション）のあるサンバのリズムを意識して踊る。**1** 　・おへそを前後にスイングして 　・スキップ、ツーステップやサンバステップでなど ③グループで同じ踊りをしたり、反対の動きで踊ったりしながら、いろいろな音楽で楽しむ。 ④グループ同士のミニ交流会を行う。**2**
整理運動	2分	**全身をほぐしながら、クールダウンする** ○ゆったりとして音楽で2人組でストレッチを十分に行う。
まとめ	3分	**学習の振り返りとまとめをする** ①学習カードに記入する 　・めあてが達成できたか。 　・リズムの特徴を捉えて楽しく踊れたか。 　・友達と一緒に教え合いながらできたか。 　・動きを工夫し、よい動きを見付けられたか。 ②次時の学習内容を確認する

1 ロックやサンバのリズムの特徴を捉えながら踊る

ロックのリズムで

「ウンタ ウンタ」の後打ち
（アフタービート）のリズム

サンバのリズムで

たて乗り、体で
リズムを刻む

先頭について

スロー、クイック、ス
トップで動きに変化を

まねをしながら

脚の開閉で1拍
ごとのアクセント

列になり、集まり離れ、
移動しながら

リーダーを交代しながら

サンバのステップ

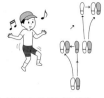

2拍の中のリズム変化
「ンタッタ　ンタッタ」
（シンコペーション）の
あるサンバのリズム

先生と一緒になっ
て、いろいろな音楽
で踊ってみよう

2 ロックやサンバのリズムに適した音楽

ロックのリズム

曲名	アーティスト名
♪ Everybody Jam!	Scatman John
♪ Scatman's World	Scatman John
♪ 5,6,7,8	Steps
♪ GUTS!	嵐
♪ 以心電信	ORANGE RANGE
♪ Shake It Off	Taylor Swift
♪ HappyPharrell	Williams
☆ Girls Just Want To Have Fun	Cyndi Lauper
☆ Morning Train	Sheena
♪ Want You Back	The Jackson 5
♪ Ob-La-Di, Ob-La-Da	The Beatles
♪ チャンピオーネ	ORANGE RANGE
♪ Girlfriend	Avril Lavigne
☆ U Can't Touch This	MC Hummer
♪ JOY!!	SMAP
♪ shake	SMAP
♪ アゲハ蝶	ポルノグラフィティ
♪ Crazy Beat Goes On	DA PUMP
☆ Beat It	Michael Jackson
♪ フラッシュ	表現運動・ダンス CD 1 共同テレビジョン
♪ ブギーマン	表現運動・ダンス CD 1 共同テレビジョン
♪ The World is ours	ナオト インティライミ

サンバのリズム

曲名	アーティスト名
Swing de Rua	ラテン音楽紀行 - ブラジル・サンバ編
Hush	Hush Kollected-The BestOf Kula Shaker
Good Time	Good Time Owl City & Carly Rae Jepsen
サンバ・デ・ジャネイロ	BELLINI
ボラーレ	Gipsy Kings
カップ・オブ・ライフ	Ricky Martin
風になりたい	THE BOOM SRCL-3095
ステップ・トゥ・ステップ	表現運動・ダンス CD 1 共同テレビジョン
トゥギャザー	表現運動・ダンス CD 1 共同テレビジョン
リオ2010	表現運動・ダンス CD 1 共同テレビジョン
マカロニサンバ	表現運動・ダンス CD 1 共同テレビジョン

※ ♪：軽快な曲
☆：ビートの強い曲

1 体ほぐしの運動・多様な動きをつくる運動

2 かけっこ・リレー

3 リズムダンス・表現（ジャングル探検）

4 ゴール型ゲーム（ポートボール）

5 鉄棒運動

6 体の発育・発達

本時案

ジャングル探検①

3/5

本時の目標

　ジャングル探検から主な特徴を捉え対比した動きで踊る。

評価のポイント

　ジャングル探検からいろいろなイメージを捉え、即興的に踊ることができたか。

週案記入例
[目標] 探検のイメージをもち動きにつなげる。 **[活動]** グループごとに、探検場所を決め、中心となる動きをつくる。 **[評価]** イメージをもって動きを作れたか。 **[指導上の留意点]** イメージもてるように、場所のカードなどを活用する。

本時の展開

	時	子供の活動
はじめ	5分	**集合・整列・あいさつ** ○表現運動の学習の進め方を知る。 ○本時の学習内容を知る。 ○学習カードの使い方、記入の仕方を知る。
準備運動	5分	**音楽やリズム太鼓に合わせて楽しく動ける運動をする** ○音楽やリズム太鼓に合わせて運動をする。 ○リズムダンスの動きを取り入れて行う。
表現運動	30分	**「ジャングル探検」のイメージで踊ろう** ①絵カードなどをもとに、場所や動きのイメージをもつ。 **1** ②イメージした動きで動いてみる。 ③グループで探検する場所を決めて動きを考える。 ④中心となる動きを考え、グループで動いてみる。 **2** ④グループ同士で交流する時間を取り、工夫されたよい動きを教え合う。
整理運動	2分	**使った部位を中心に、ゆっくりと全身をほぐす** ○ゆっくりとして動きを中心に、ストレッチを十分行う。
まとめ	3分	**学習の振り返りとまとめをする** ①学習カードに記入する 　・めあてが達成できたか。 　・楽しく表現ができたか。 　・友達と一緒に考えながらできたか。 　・動きを工夫し、よい動きを見付けられたか。 ②次時の学習内容を確認する

1 イメージカードをもとに動いてみよう

われらジャングル探検隊

草むらに分け入って

つたを使ってターザン

洞窟の中に入るとそこは

急な流れに乗って

行く手にがけ道が

怪物に襲われる

沼にはまって危機発生

自分でも探検イメージを考えよう

○ジャングル探検から思い浮かぶ様々な「イメージカード」をつくり，カードに応じて即興的に踊ってみよう。

2 一人の動きからグループの動きに

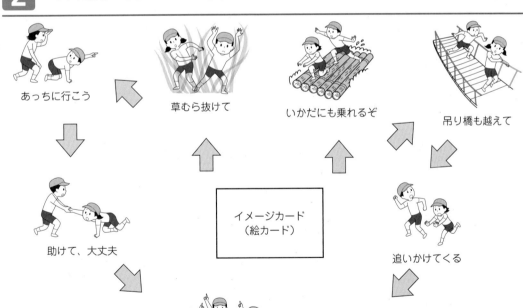

あっちに行こう

草むら抜けて

いかだにも乗れるぞ

吊り橋も越えて

助けて、大丈夫

イメージカード（絵カード）

追いかけてくる

みんな大丈夫！これからみんなで進んで行くぞ

危ないストップ！

1 体ほぐしの運動・多様な動きをつくる運動

2 かけっこ・リレー

3 リズムダンス・表現（ジャングル探検）

4 ゴール型ゲーム（ポートボール）

5 鉄棒運動

6 体の発育・発達

本時案

ジャングル探検②

本時の目標

ジャングル探検の中心となる場面の動きを決め、はじめとおわりを付けて踊る。

評価のポイント

ジャングル探検の中心場面のイメージを動きとして表現し、はじめとおわりの動きを付けひと流れの動きとして踊ることができたか。

| 週案記入例 |

【目標】
探検グループごとに、ひと流れの動きをつくる。

【活動】
中心となる動きのはじめとおわりを考えひと流れの動きで表現する。

【評価】
ひと流れの動きで踊れたか。

【指導上の留意点】
対応する動きや対立する動きを組み合わせて動きを際立たせる。

本時の展開

	時	子供の活動
はじめ	5分	**集合・整列・あいさつ** ○本時の学習内容を知る。 ○本時の学習課題を発表する。
準備運動	5分	**音楽やリズム太鼓に合わせて楽しく動ける運動をする** ○音楽やリズム太鼓に合わせて運動をする。 ○リズムダンスの動きを取り入れて行う。
表現運動	30分	**「ジャングル探検」をひと流れの動きで踊ろう** ①表したい探検の場面に「はじめとおわり」をつけて動きのストーリーを考える。 **1** ②一番表したい場面の様子が表れるように工夫する。 ③対応する動きや対立する動きなどを取り入れて、中心の動きを際立たせるように踊る。 **2** ④グループ同士で見せ合って、工夫されたよい動きを教や感想を伝え合う。
整理運動	2分	**使った部位を中心に、ゆっくりと全身をほぐす** ○ゆっくりとして動きを中心に、ストレッチを十分行う。
まとめ	3分	**学習の振り返りとまとめをする** ①学習カードに記入する 　・めあてが達成できたか。 　・楽しく表現ができたか。 　・友達と一緒に考えながらできたか。 　・動きを工夫し、よい動きを見付けられたか。 ②次時の学習内容を確認する

1 中心場面に「はじめ」と「おわり」を付ける

| はじめ（探検の出発） | ➡ | なか（中心の場面） | ➡ | おわり（探検の最後） |

はじめのポーズや場所を考える

イメージカードの中から表したい探検の場面を選ぶ。「なか」の場面を決めたら、それに「はじめとおわり」の動きを付ける。異なる場面や急変する場面などをつなげ、動きを繰り返したり、友達との動き工夫したりして踊る

おわりの場所やポーズを決めておくことで、まとまりのある表現にする

2 動きをつくるための工夫

動きの繰り返し

○一瞬の動きも繰り返すことで流れができる
○３回以上繰り返して動いてみる
○その場で動く
○方向を変えて動く

動きの誇張

○体をいっぱいに使って、ダイナミックに動く
○手足を広げてみたり、移動を大きくしてみたりして動く

急に変わる感じで動く

○動きが単調な時は、ぱっと変わると流れができる
○感じが違う動きや移動、ストップを取り入れて動く

反対の感じの動き

○同じ動きでも高低差を付けて動き、つなげて動いてみる
○速く動いたり、スローモーションで動いたりして、反対の感じの動きを組み合わせる

1 体ほぐしの運動・多様な動きをつくる運動

2 かけっこ・リレー

3 表現（リズムダンス・ジャングル探検）

4 ゴール型ゲーム（ポートボール）

5 鉄棒運動

6 体の発育・発達

本時案

ジャングル探検③

本時の目標

ジャングル探検の中心となる場面の動きを工夫して、発表会で動きのよさを伝え合う。

評価のポイント

ジャングル探検の中心場面が工夫した動きを取り入れて踊ることができたか。

発表会で互いのよさを見つけられたか。

<table>
<tr><td colspan="2" align="center">週案記入例</td></tr>
<tr><td colspan="2">【目標】
探検グループごとに、発表を行う。</td></tr>
<tr><td colspan="2">【活動】
グループごとに発表し、他のグループのよさや工夫を知る。</td></tr>
<tr><td colspan="2">【評価】
工夫した動きで踊れたか。</td></tr>
<tr><td colspan="2">【指導上の留意点】
題材の特徴や工夫した動きが見ているグループに伝わるようにする。</td></tr>
</table>

本時の展開

	時	子供の活動
はじめ	5分	**集合・整列・あいさつ** ○本時の学習内容を知る。 ○本時の学習課題を発表する。
準備運動	5分	**音楽やリズム太鼓に合わせて楽しく動ける運動をする** ○音楽やリズム太鼓に合わせて運動をする。 ○リズムダンスの動きを取り入れて行う。
表現運動	30分	**「ジャングル探検」をひと流れの動きで踊ろう** ①グループで工夫した動きができているか、確認しながら踊ってみる。**1** ②もう一度、グループごとに見合って交流する。 ③発表会をする。**2** 　・1グループの発表ごとに感想を伝え合う。 　・発表前に簡単な動きのストーリーを紹介する。 　・発表を見ながら感想カードに記入し、後で渡す。
整理運動	2分	**使った部位を中心に、ゆっくりと全身をほぐす** ○ゆっくりとして動きを中心に、ストレッチを十分行う。
まとめ	3分	**学習の振り返りとまとめをする** ①学習カードに記入する 　・めあてが達成できたか。 　・楽しく表現ができたか。 　・友達と一緒に考えながらできたか。 　・動きを工夫し、よい動きを見付けられたか。 ②発表を見た感想を伝え合う。

1 体ほぐしの運動・多様な動きをつくる運動

2 かけっこ・リレー

3 リズムダンス・表現（ジャングル探検）

4 ゴール型ゲーム（ポートボール）

5 鉄棒運動

6 体の発育・発達

1 4つの工夫した動きと動きづくり

【動きの工夫】
○身体の軸を変化させる
・姿勢や身体の向きを多様に変える
・非日常的な動きを加える（ねじる, 転がる, 逆さ）

【リズムの工夫】
○身体のリズムを変化させる
・リズムの速さの変化
・強弱、速さ、ゆっくり、ストップ

四つの工夫

【関わりの工夫】
○人との関わり方を変化させる
・人数を増やして　・反対側に
・相手と同じように　・バラバラに

【空間の工夫】
○動いている空間を変化させる
・広がったり　・集まったり
・方向を変えて　・定位置をつくらない

① 動きの誇張（デフォルメ）：動きの特徴を明確にとらえ、その特徴を強調した動き
② 連続した動き：気持ちと動きが途切れることなく、表す対象になりきって「ひと流れ」や「ひとまとまり」の動きで動いている
③ 変化とメリハリ：同じ調子が続くのではなく、何か事件が起きたり、場面が急展開したり、急変した動きが入ったりして、緩急のついた動きで見る者をハッとさせる瞬間がある

2 発表を見たら、感想の交流をしよう

[　　　　　　　　　　] グループ

── グループのめあて ──

── 中心場面 ──

── グループで工夫した動き ──

── 他のグループのよい動き ──

リズムダンス・表現（ジャングル探検）学習カード&資料

使用時 **第1〜5時**

本カードは、1・2時のリズムダンスと3〜5時の表現運動に分けて使用する。毎回の学習を振り返りながら、リズムダンスでは友達の動きも評価して自分のダンスへ取り入れていくことをねらいとしている。また、表現運動ではグループでの活動の記録も残せる形になっている。友達との関わりを大切にしながら、学習を進めていくことに配慮していきたい。

収録資料活用のポイント

①使い方

　この学習カードは、リズムダンス・表現運動ともに1時間ごとに1枚を使用していく。学習の振り返りの欄を活用し、子供たちの実態を把握しながら、授業での助言につなげていく。また、欄外に教師のコメントを返すことで、双方向での情報交換を大切にしていく。

②留意点

　本カードは、ダンスや表現に取り組む学習に取り組む様子を記録していくためのものであり、グループ全体としてのめあてや踊る内容、表現の構成については、グループごとの学習カードを作成して使用していくことが必要となってくる。両方のカードを効率的に学習に結び付けていくことが大切である。

学習カード 4-3-1

学習カード 4-3-2

リズムダンス　学習カード

日にち（　　　　　　　）
4年　　　組　　　番　名前（　　　　　　　）

回目　　　月　　　日（　　　）

今日の
めあて

◎大変よくできた ○よくできた △もう少し

学習のふり返り	◎	○	△
① 進んで楽しくおどることができた			
② リズムの特ちょうをとらえておどれた			
③ だれとでも仲よくおどることができた			
④ 友だちと教え合いながらできた			

今日のベストダンサー

☆ No.1 ☆　　　　　　　　　　　　　さん

よかったとろはどこですか？

授業で学んだことは

表現運動「ジャングルたんけん」学習カード

日にち（　　　　　　　）
4年　　　組　　　番　名前（　　　　　　　）

回目　　　月　　　日（　　　）

今日の
めあて

グループになった人

はじめ　⇒　なか　⇒　おわり

◎大変よくできた ○よくできた △もう少し

学習のふり返り	◎	○	△
① 中心場面にはじめとおわりをつけたおどれた			
② 表したい場面がよくわかるように工夫できた			
③ 友だちと教え合いながら楽しくできた			
④ 友だちの動きでよいところを見付けることができた			

授業での感想

表現を楽しむ　　運動のポイント

4年　　　組　　　番　名前（　　　　　　　　　　　　）

○ リズムに乗って心をはずませながら体をほぐそう

じゃんけん遊び

・足じゃんけん、体でじゃんけん
・じゃんけん遊びから、いろいろな動きを見付けてみよう

みんなでジャンプ

・曲に合わせていろいろな方向にジャンプする
・人数も変えてみよう
・片方の手を動かして、動きを見付けよう

円形コミュニケーション

・前の人の背中をたたいたり、ゆらしたりする
・円の中止を向いて座り、曲にあわせて膝をたたいたりとなりの人の手や背中をたたいたりしよう

グループで動こう

・先生の動きで
・リーダーの動きで
・はじめは簡単な動きからまねる
・動きをくり返す

○ 先生やリーダーの動きをまねして、みんなでいっしょに動こう

○ 二人組でまねし合ったり、かけ合ったりしておどる

○ グループで先頭の人の動きをまねる（先頭の人をかえながら）

○ 動きを工夫する4つポイント

【動きの工夫】
○体のじくを変化させる。
・姿勢や体の向きを多様に変化させる。
・ねじる、転がる、逆さになるなど、工夫した動きを加える。

〈リズムの工夫〉
○動きのリズムを変化させる。
・リズムの速さを変化させる。
・強弱や緩急をつけたり、急に止まったりしてリズムを変化させる。

【かかわりの工夫】
○人とのかかわり方を変化させる。
・人数を増やす。
・反対側に回る。
・相手と同じように動く。
・バラバラに動く。

【空間の工夫】
○動いている空間を変化させる。
・広がる・集まる・方向を変える。
・定位置をつくらず、常に移動する。

1 体ほぐしの運動・多様な動きをつくる運動

2 かけっこ・リレー

3 リズムダンス・表現（ジャングル探検）

4 ゴール型ゲーム（ポートボール）

5 鉄棒運動

6 体の発育・発達

4 ゴール型ゲーム（ポートボール）

（5 時間）

【単元計画】

1 時	2 時
[第一段階] ゲームの行い方を知り、ゴール型ゲームの運動を楽しむ。	
ポートボールの学習内容を知り、試しのゲームをしながら運動を楽しむ。	
1　試しのゲームをしよう POINT：ゲームの行い方を知るために、試しのゲームを行う。	**2　試しのゲームをしてチームの課題を見付けよう** POINT：まとめの時間にチームの課題を話し合う。
【主な学習活動】 ○集合・あいさつ ○学習の流れとめあての確認 ○準備運動 ○ゲーム（試し①） ○片付け・整理運動 ○まとめ	**【主な学習活動】** ○集合・あいさつ ○学習の流れとめあての確認 ○準備運動 ○チーム練習 ○ゲーム（試し②・③） ○片付け・整理運動 ○まとめ

授業改善のポイント

主体的・対話的で深い学びの実践に向けて

　主体的な学びを具体化するためのポイントとして、達成感のもてる学習課題を子供が自らももつことがとても重要である。そのために、ゲーム中心の学習過程を設定し、学習を通して実感を伴った学習課題が見いだせるようにする。

　また、学習課題をつかむための方法や振り返り方を具体的に指導していく必要がある。その母体となる、同じチームの仲間との対話を充実させることが、課題解決の大きな原動力とな

る。そのために、ゲームとゲームの間にチームで振り返る時間を設け、次の試合に生かせるようによかった点や改善点を話し合う。

　さらに、個人でも「学習カード」を活用し、自分やチームについて振り返らせる。その際、次の学びにつなげることが重要なポイントとなるので、良し悪しだけでなく、そこから学習課題の修正や新たな設定を行うよう働きかけていく。

1 体ほぐしの運動・多様な動きをつくる運動

2 かけっこ・リレー

3 表現（リズムダンス・ジャングル探検）

4 ゴール型ゲーム（ポートボール）

5 鉄棒運動

6 体の発育・発達

単元の目標

○知識及び技能

・ゲームの行い方を知るとともに、基本的なボール操作とボールを持たないときの動きによって、コート内で攻守入り交じって、ゴールにシュートをしたり、空いている場所に素早く動いたりする易しいゲームをすることができる。

○思考力、判断力、表現力等

・規則を工夫したり、ゲームの型に応じた簡単な作戦を選んだりすることができる。

○学びに向かう力、人間性等

・規則を守り仲よく運動をしたり、友達の考えを認めたりすることができる。

3時	4時	5時
[第二段階] **規則を工夫したり、作戦を選んだりしながら運動を楽しむ。**		
誰もが楽しくゲームに参加できるように規則を考えたり、ゲームの型に応じた簡単な作戦を選んだりしながら運動を楽しむ。		学習したことを生かしてポートボール大会を行いながら運動を楽しむ。
3・4　みんなが楽しめるように規則を工夫しよう POINT：みんなが楽しめるゲームになっているかを投げかけながら規則を工夫していく。いくつかの作戦例を示し、チームで選べるようにする。 【主な学習活動】 ○集合・あいさつ ○学習の流れとめあての確認 ○準備運動 ○チーム練習 ○ゲーム 　①ゲームⅠ　→②振り返り　→③ゲームⅡ 　→④ゲームⅢ ○片付け・整理運動 ○まとめ		**5　ポートボール大会をしよう** POINT：今までの学習の成果を振り返り、ポートボール大会に生かせるようにする。 【主な学習活動】 ○集合・あいさつ ○学習の流れとめあての確認 ○準備運動 ○チーム練習 ○ゲーム（ポートボール大会） ○片付け・整理運動 ○まとめ

子供への配慮の例

①運動が苦手な子供

パスを出したり、シュートをしたりすることが苦手な子供には、保持しているボールは奪われないようにするなど、条件を易しくする。

ボールを保持した際に周囲の状況が確認できるように言葉かけを工夫する。

ボール保持者と自分の間に守る者がいない空間に移動することが苦手な子供には、ホワイトボードや実際のコートの上で、パスが受け取りやすい場所を具体的に示す。

②意欲的でない子供

ボールへの恐怖心を取り除くために柔らかいボールを使用したり、ボールが操作しやすいように大きめのボールを使用したりして意欲を高める。

ゲームに参加している実感がなく、楽しさを味わえていない子供には、チームの人数を少なくして役割を明確にしたり、ボールに触れる回数を増やせるようにしたりする。

本時案

ポートボールを
やってみよう

本時の目標

　ポートボールの学習内容を知り、試しのゲームをしながら運動を楽しむことができるようにする。

評価のポイント

　進んで運動に取り組み、ゲームの行い方を理解することができたか。

週案記入例

[目標]
単元の学習内容やゲームの行い方を知る。

[活動]
ポートボールに挑戦し、楽しく活動する。

[評価]
学習の進め方や、ゲームの行い方を理解できたか。

[指導上の留意点]
ゲームの行い方が理解しやすいように、口頭で伝えるだけではなく、ゲームを行いながら説明していくようにする。

本時の展開

	時	子供の活動
はじめ	4分	**集合・あいさつ・学習内容の確認をする** ○ポートボールの学習内容、学習の進め方を知る。 ○本時の学習内容を知る。
準備運動	5分	**準備運動をする** ○体の各部位を動かしたり、伸ばしたりする運動をする。 　→本時で特に使う手首、指の関節をよく動かすようにする。 ○ボールに慣れる運動をする。■1 　　1人　⇒　2人　⇒　3人
ゲーム	27分	**試しのゲームをする** ①ゲームの行い方を知る。 　→「コート」「必要な物」「進め方」「規則」を確認する。■2 ②ゲームを行う。 ③ゲームについて振り返る。 　→行い方について分かりにくかった点を全体で確認する。
片付け 整理運動	4分	**みんなで協力して後片付けをする** ○役割を分担し、安全に気を付けながら片付ける。 **運動で使った箇所をゆっくりとほぐす** ○手首、足首などの関節や、脚の筋肉のストレッチ運動をする。
まとめ	5分	**(1)本時の学習について振り返る** ○チームで振り返る　→　個人で振り返る　→　学習カードに記入する。 　→　クラス全体で振り返る 　※よかったことや次時への改善点について話し合ったり、記述したりする。 **(2)次時の学習内容を確認する**

1 ボールに慣れる運動の例

○ 1 人で

体のまわりを回す　　　　その場でドリブル　　　　投げ上げキャッチ

○ 2 人で

両手（片手）パス

バウンドボールでもやってみる

③ 3 人で

パスキャッチゲーム
（攻め2人、守り1人）

パスが何回通るかチャレンジ

---

2 ゲームをする

○始めの規則

- ・5人対5人（ゴールマン含む）
- ・ゴールマンにボールが繋がったら1点
- ・ボールを持って歩かない
- ・相手を押したり、叩いたり、押さえたりしない

※子供たちと話し合って決めていくため、始めから
　規則を多くしすぎない。

○コート

10〜15m　×　20〜25m

⬤ 内は、ゴールマン以外は入れない

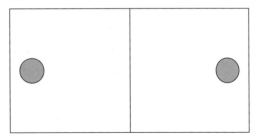

1 体ほぐしの運動・多様な動きをつくる運動

2 かけっこ・リレー

3 表現（リズムダンス・ジャングル探検）

4 ゴール型ゲーム（ポートボール）

5 鉄棒運動

6 体の発育・発達

本時案

ゲームを楽しみながら チームのよさを見つけよう 2/5

本時の目標

ポートボールの規則を守って、仲間と運動を楽しむとともに、チームのよさに気付くことができるようにする。

評価のポイント

規則を守り、勝っても負けても最後まで全力でプレーできたか。

仲間やチームのよさに気付き、それを伝えたり、記述したりすることができたか。

本時の展開

	時	子供の活動
はじめ	3分	**集合・あいさつ・学習内容の確認をする** ○前時のことを振り返る。 ○本時の学習内容を知る。
準備運動	5分	**準備運動をする** ○体の各部位を動かしたり、伸ばしたりする運動をする。 　→本時で特に使う手首、指の関節をよく動かすようにする。
練習	5分	**チームで練習をする** ○チーム内を攻撃と守備に分け、ゲーム形式で練習をする。 　→攻撃練習に重点を置き、攻撃の人数を1人多くして行う。
ゲーム	23分	**試しのゲームをする** 1 ①第1ゲームをする。 ②第1ゲームを振り返る。 ③第2ゲームをする。 　※第2ゲームの振り返りは「まとめ」の時間に行う。
片付け 整理運動	4分	**みんなで協力して後片付けをする** ○役割を分担し、安全に気を付けながら片付ける。 **運動で使った箇所をゆっくりとほぐす** ○手首、足首などの関節や、脚の筋肉のストレッチ運動をする。
まとめ	5分	**(1)本時の学習について振り返る** ○チームで振り返る → 個人で振り返る → 学習カードに記入する → クラス全体で振り返る 　※よかったことや次時への改善点を話し合ったり、記述したりする。 **(2)次時の学習内容を確認する**

1 体ほぐしの運動・多様な動きをつくる運動

2 かけっこ・リレー

3 リズムダンス・表現（ジャングル探検）

4 ゴール型ゲーム（ポートボール）

5 鉄棒運動

6 体の発育・発達

1 規則の工夫

○規則を工夫する目的

「**みんなが楽しめるゲームにする**」ことを合言葉として行う。

規則を工夫する必要感は、ゲームを行っていく中で出てくる。
　例えば……

> 「なかなか点が入らない」
> 「同じ子だけが活躍している」
> 「全くボールが回ってこない」
> 「ゴールマンばかりやらされる」

このような子供たちの声を基にして、
「どうすればみんなが楽しめるゲームになるか」を
投げかけていく。

○工夫の例

> 【場の設定】
> ・ゴールの場所を変える。
> ・ゴールマンしか入れない円を大きくする。
> ・1チームのゴールを2つにする。
>
> 【プレー面】
> ・ボールを持ったら2歩まで歩ける。
> ・同じ子が続けてシュートをすることができない。
> ・シュートを決めた子がゴールマンになる．
> ・得点を入れたら、攻撃側は一度自分の陣地内に戻る。
> ・全員得点でボーナス得点が入る。

留意点
　これらの工夫が、子供たちからなかなか出てこないことも考えられる。
その際には、指導者が例として示し子供たちに選ばせるようにしていく。

本時案

簡単な作戦を選んで ゲームを楽しもう①

本時の目標

　ゲームの型に応じた簡単な作戦を選んでゲームを楽しむことができるようにする。

評価のポイント

　第1ゲームの振り返りを、第2ゲームに生かしてゲームをしようとしていたか。

週案記入例

[目標]
ゲームの型に応じた簡単な作戦を立ててゲームを楽しむことができる。

[活動]
前時までの活動を基に簡単な作戦を選んでゲームをする。

[評価]
どうすれば得点できるかを考えながら作戦を選び、ゲームをすることができたか。

[指導上の留意点]
作戦を選ぶ場面では、子供たちになぜその作戦を選んだかを問いかけ、チーム全員が作戦を意識してゲームに臨めるようにする。

本時の展開

	時	子供の活動
はじめ	3分	**集合・あいさつ・学習内容の確認をする** ○前時のことを振り返る。 ○本時の学習内容を知る。
準備運動	5分	**準備運動をする** ○体の各部位を動かしたり、伸ばしたりする運動をする。 　→本時で特に使う手首、指の関節をよく動かすようにする。
練習	8分	**チームの作戦に合わせて練習をする** 1 ○チームで作戦を選び、それに応じた練習をする。 　→ポジショニングや攻め方などをゲーム形式で確認する。
ゲーム	20分	**ゲームを行う** ①第1ゲームをする。 ②第1ゲームを振り返る。 ③第2ゲームをする。 　※第2ゲームの振り返りは「まとめ」の時間に行う。
片付け 整理運動	4分	**みんなで協力して後片付けをする** ○役割を分担し、安全に気を付けながら用具を片付ける。 **運動で使った箇所をゆっくりとほぐす** ○手首、足首などの関節や、脚の筋肉のストレッチ運動をする。
まとめ	5分	**(1)本時の学習について振り返る** ○チームで振り返る→個人で振り返る→学習カードに記入する 　→クラス全体で振り返る 　※よかったことや作戦について話し合ったり、記述したりする。 **(2)次時の学習内容を確認する**

1	体ほぐしの運動・多様な動きをつくる運動
2	かけっこ・リレー
3	リズムダンス・表現（ジャングル探検）
4	ゴール型ゲーム（ポートボール）
5	鉄棒運動
6	体の発育・発達

1 作戦の例

パス＆ゴー作戦

パスを出したらボールがもらえる位置に素早く移動しよう

サイド作戦

味方がボールを持ったらサイド（横）に広がって攻めよう

ロングパス作戦

ボールを持ったら相手ゴール前にいる味方にパスをしよう

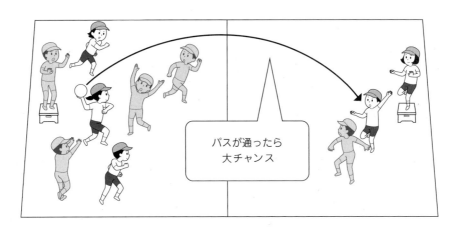

本時案

簡単な作戦を選んで ゲームを楽しもう②

本時の目標

ゲームの型に応じた簡単な作戦を選んでゲームを楽しむことができるようにする。

評価のポイント

ゲームの振り返りを、次のゲームに生かしてゲームをしようとしていたか。

週案記入例

[目標]
ゲームの型に応じた簡単な作戦を立ててゲームを楽しむことができる。

[活動]
前時までの活動を基に簡単な作戦を選んでゲームをする。

[評価]
どうすれば得点できるかを考えながら作戦を選び、ゲームをすることができたか。

[指導上の留意点]
作戦を選ぶ場面では、子供たちになぜその作戦を選んだかを問いかけ、チーム全員が作戦を意識してゲームに臨めるようにする。

本時の展開

	時	子供の活動
はじめ	3分	**集合・あいさつ・学習内容の確認をする** ○前時のことを振り返る。 ○本時の学習内容を知る。
準備運動	5分	**準備運動をする** ○体の各部位を動かしたり、伸ばしたりする運動をする。 　→本時で特に使う手首、指の関節をよく動かすようにする。
練習	8分	**チームの作戦に合わせて練習をする** **1** ○チームで作戦を選び、それに応じた練習をする。 　→ポジショニングや攻め方などをゲーム形式で確認する。
ゲーム	20分	**ゲームを行う** ○第1ゲームをする。 ○第1ゲームを振り返る。 ○第2ゲームをする。 　※第2ゲームの振り返りは「まとめ」の時間に行う。
片付け 整理運動	4分	**みんなで協力して後片付けをする** ○役割を分担し、安全に気を付けながら用具を片付ける。 **運動で使った箇所をゆっくりとほぐす** ○手首、足首などの関節や、脚の筋肉のストレッチ運動をする。
まとめ	5分	**(1)本時の学習について振り返る** ○チームで振り返る→個人で振り返る→学習カードに記入する 　→クラス全体で振り返る 　※よかったことや作戦について話し合ったり、記述したりする。 **(2)次時の学習内容を確認する**

うらシュート作戦

味方の反対側でシュートのこぼれ球をねらおう

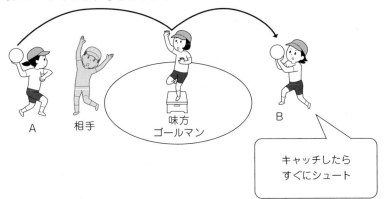

A　相手　味方ゴールマン　B

> キャッチしたら
> すぐにシュート

おとり作戦

相手を引き付けて自由に動ける味方をつくろう

A　A　B　相手

> A が相手を引き付ける
> ことで B をフリーに
> しよう

カウンター作戦

ボールをうばったら素早く攻めに切りかえよう

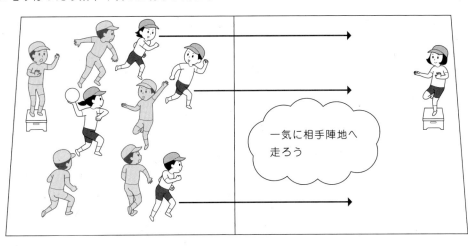

> 一気に相手陣地へ
> 走ろう

1 体ほぐしの運動・多様な動きをつくる運動

2 かけっこ・リレー

3 表現リズムダンス・（ジャングル探検）

4 ゴール型ゲーム（ポートボール）

5 鉄棒運動

6 体の発育・発達

本時案

ポートボール大会を しよう

5/5

本時の目標

学習したことを生かしてポートボール大会を行いながら、運動を楽しむことができるようにする。

評価のポイント

今までの学習を生かしながら、みんなと楽しくゲームをしようとしていたか。

週案記入例

[目標]
作戦を意識し、仲間と協力しながらゲームを楽しむことができる。

[活動]
前時までの活動を基に簡単な作戦を選んでゲームをする。

[評価]
どうすれば得点できるかを考えながら作戦を選び、ゲームをすることができたか。

[指導上の留意点]
みんなで協力してポートボール大会を運営していけるように、子供主体で計画を立てさせる。また、練習は省き、ゲーム中心の展開とする。

本時の展開

	時	子供の活動
はじめ	3分	**集合・あいさつ・学習内容の確認をする** ○前時のことを振り返る。 ○本時の学習内容を知る。
準備運動	5分	**準備運動をする** ○体の各部位を動かしたり、伸ばしたりする運動をする。 　→本時で特に使う手首、指の関節をよく動かすようにする。
ゲーム	28分	**ポートボール大会のゲームを行う** 1 ①ゲームをする。 　→ゲーム数や対戦形式（トーナメント戦・総当たり戦）などはチーム数と時間との兼ね合いで計画する。 ②ゲーム間に振り返りをする。 　※この後、①②を計画に沿って繰り返す。
片付け 整理運動	4分	**みんなで協力して後片付けをする** ○役割を分担し、安全に気を付けながら用具を片付ける。 **運動で使った箇所をゆっくりとほぐす** ○手首、足首などの関節や、脚の筋肉のストレッチ運動をする。
まとめ	5分	**(1)本時の学習について振り返る** 2 ○チームで振り返る→個人で振り返る→学習カードに記入する 　※よかったことや作戦について話し合ったり、記述したりする。 **(2)大会の結果を発表する** **(3)単元全体を振り返る** 　→子供たちの声を拾いつつ、成長した部分を褒め、これからの運動への意欲を高める言葉をかける。

1 体ほぐしの運動・多様な動きをつくる運動

2 かけっこ・リレー

3 表現（リズムダンス・ジャングル探検）

4 ゴール型ゲーム（ポートボール）

5 鉄棒運動

6 体の発育・発達

1 大会運営の方法

体育の見方・考え方である「する、見る、支える、知る」を働かせることを意図した学習過程の一部として、大会運営についても子供が主体的に携わり、運動との多様な接し方を促進していきたい。

【役割分担の例】
　○司会
　○対戦表の作成
　○始めの言葉、諸注意、結果発表、終わりの言葉
　○試合記録
　○賞状作成
（会場や用具の準備はいつも通り全員で行う）

2 学習全体の振り返り

この学習で学んだことを伝え合いながら、お互いの頑張りや成長を認め合う場としていきたい。そのために、教師が単元全体を通して見取ったチームや個人のよさを紹介することも意図的に行っていく。

○子供から
　「パスやシュートがうまくできるようになってうれしかった」
　「作戦がうまくいったときにうれしかった」
　「ルールを工夫したので楽しくゲームができた」
　「チームのみんなで協力できて楽しかった」
　「友達がほめたり、はげましたりしてくれたときにとてもうれしかった」

> 様々な観点で
> よさを認め合えるようにしよう

○教師から
　「パスやシュートがうまくなって、たくさん点が入るようになったね」
　「○チームは最初なかなか勝てなかったけど、作戦をよく話し合ってだんだんと勝てるようになってきたね」
　「ルールの工夫で、みんなが楽しめるクラスオリジナルのゲームができたね」
　「○○さんはいつも進んで準備や片付けをして、みんなのために頑張っていたね」
　「○○さんは勝っていても負けていても、みんなに声をかけながら全力でプレーしていてすばらしかったね」

「ポートボール」学習カード＆資料

使用時 第1〜5時

本カードは第1時から第5時まで、単元全体を通して使用する。運動への興味・関心や思考力、判断力、表現力などの変容を見取るカードである。ゲームの勝敗だけにとらわれないように、自分やチームのよかった点や課題について記述させていく。課題については、どのようにして解決すればよいか、次時のめあてにつながるように考えさせていく。

収録資料活用のポイント

①使い方

まず、授業のはじめに本カードを子供一人一人に台紙とセットで配布する。次に、学習の進め方と併せてカードの使い方を説明する。

②留意点

記入するために時間を多く設けることはせず、できるだけ運動の時間を確保したい。

📀 学習カード 4-4-1

ポートボール　学習カード

日にち（　　　　　　　）
4年　　　組　　　番　名前（　　　　　　　）

1回目　　　月　　日（　　）

今日の
めあて

ゲームけっか
	たいせん相手	とく点	勝はい
①	VS		
②	VS		

ふり返り　　◎よくできた ○できた △もう少し
・めあてをたっせいできた	
・楽しく運動できた	
・友だちときょう力して運動できた	
・作せんを意しきしてゲームができた	
・自分の考えをつたえることができた	

2回目　　　月　　日（　　）

今日の
めあて

ゲームけっか
	対せん相手	とく点	勝はい
①	VS		
②	VS		

ふり返り　　◎よくできた ○できた △もう少し
・めあてをたっせいできた	
・楽しく運動できた	
・友だちときょう力して運動できた	
・作せんを意しきしてゲームができた	
・自分の考えをつたえることができた	

📀 学習カード 4-4-2

ポートボール　学習カード

日にち（　　　　　　　）
4年　　　組　　　番　名前（　　　　　　　）

3回目　　　月　　日（　　）

今日の
めあて

ゲームけっか
	対せん相手	とく点	勝はい
①	VS		
②	VS		

ふり返り　　◎よくできた ○できた △もう少し
・めあてをたっせいできた	
・楽しく運動できた	
・友だちときょう力して運動できた	
・作せんを意しきしてゲームができた	
・自分の考えをつたえることができた	

4回目　　　月　　日（　　）

今日の
めあて

ゲームけっか
	対せん相手	とく点	勝はい
①	VS		
②	VS		

ふり返り　　◎よくできた ○できた △もう少し
・めあてをたっせいできた	
・楽しく運動できた	
・友だちときょう力して運動できた	
・作せんを意しきしてゲームができた	
・自分の考えをつたえることができた	

ポートボール　運動のポイント

4年　　　組　　　番　名前（　　　　　　　　　　）

○パスをする
味方の子のむねを目がけて、取りやすいボールを投げよう

<片手で>　　　　　　　　<両手で>　　　　　　　<バウンドさせて>

○パスをうける
ボールの正面にいどうしてキャッチしよう

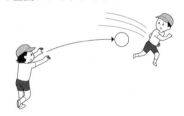 

○シュートをする
相手に取られないよう、ゴールマンが取りやすいシュートをしよう

<相手の上から>　　　　　　　　　　<相手の下から>

○ドリブルをする
自分の前が空いているときは、せっきょくてきに
ドリブルしよう

○ボールを持っていないときは……
ボールを持っている味方と自分の間に、
相手の子がいない所へ動こう
シュートがしやすい位置を考えて動こう

1 体ほぐしの運動・多様な動きをつくる運動

2 かけっこ・リレー

3 表現（リズムダンス・ジャングル探検）

4 ゴール型ゲーム（ポートボール）

5 鉄棒運動

6 体の発育・発達

5 鉄棒運動

（5 時間）

【単元計画】

1 時	2 時
[第一段階] 学習の進め方や技の行い方を知り、 今もっている力で鉄棒運動を楽しむ。	
既習の技を振り自己の課題を知るとともに 学習する技や単元の学習内容を知る。	
1　学習の進め方を知ろう。 POINT：3 年生の学習を振り返り、鉄棒運動の学習を進めていく上で大切なことや学習の見通しをもつ。 [主な学習活動] ○集合・あいさつ ○単元を通した学習の流れの確認、準備運動 ○感覚つくりの運動 ○既習の技（基本的な技）に取り組む 　・鉄棒運動に必要な技能を知る ○片足踏み越し下りのやり方及び練習方法を知り、取り組む ○整理運動 ○まとめ	2　腹を鉄棒にかけて回る技に取り組もう POINT：腹を鉄棒に掛けて回る基本的な技に十分に取り組むとともに、基本的な技ができる子供は、発展技の行い方を知り、自分の能力に合った課題に取り組む。 [主な学習活動] ○集合・あいさつ ○今日の学習の流れの確認、準備運動 ○感覚つくりの運動・既習の技に取り組む ○腹を鉄棒に掛けて回る技でできる技やできそうな技に取り組む 　（発展技：前方支持回転、後方支持回転） ○組み合わせ、繰り返しに取り組む ○整理運動 ○まとめ

授業改善のポイント

主体的・対話的で深い学びの実践に向けて

　鉄棒運動は、子供の運動経験によって技能差が大きく、苦手意識をもっている子供は多い。反面、ほとんどの校庭に設置してあり、子供が意欲をもてばいつでも取り組むことができる。中学年のうちに、鉄棒運動への苦手意識を少なくすることが大切である。そのためには、子供の実態を把握し、自己の能力に応じた技に取り組ませるとともに、様々な学習資料を用いて、子供自らが能力に応じた学習課題を見付け、練

習に取り組む必要がある。また、鉄棒運動の様々な楽しみに触れさせるために、組み合わせや繰り返しの技に取り組ませると子供の意欲を高め主体的な学習につなげることができる。

　また、課題解決の際に子供同士の対話、教師の補助や助言を受ける教師との対話を通して学習を進めるとさらに器械運動の楽しさを知ることができ、深い学びにつながっていく。

1	体ほぐしの運動・多様な動きをつくる運動
2	かけっこ・リレー
3	表現（リズムダンス・ジャングル探検）
4	ゴール型ゲーム（ポートボール）
5	鉄棒運動
6	体の発育・発達

単元の目標

○知識及び技能

・自己の能力に適した支持系の基本的な技をしたり、基本的な技に十分に取り組んだ上で、それらの発展技に取り組んだり、技を繰り返したり、組み合わせたりすることができる。

○思考力・判断力・表現力等

・自己の能力に適した課題を見付け、技ができるようになるための活動を工夫するとともに、考えたことを友達に伝えることができるようにする。

○学びに向かう力・人間性等

・運動に進んで取り組み、きまりを守り誰とでも仲よく運動をしたり、友達の考えを認めたり、場や器械・器具の安全に気を付けたりすることができる。

3時	4時	5時

[第二段階]
自己の能力に適した課題を選び、活動を工夫しながら鉄棒運動に取り組む。

支持系の基本的な技や発展技の行い方を知り、自己の能力に適した課題を見付け、技ができるようになるための活動に取り組んだり、技の繰り返しや組み合わせに取り組んだりする。

3・4　足を鉄棒に掛けて回る技に取り組もう	5　できる技を繰り返したり、組み合わせたりして取り組もう。
POINT：基本的な技に取り組むとともに。基本的な技ができる子供は、自分の能力に合った課題に取り組む。	POINT：単元を通して行ってきた繰り返し、組み合わせを生かし、友達同士よいところを認め合いながら取り組む。
[主な学習活動] ○集合・あいさつ ○今日の学習の流れの確認、準備運動 ○感覚つくりの運動・既習の技に取り組む ○足を鉄棒に掛けて回る技でできる技やできそうな技に取り組む 　第3時：後方足掛け回転系の技 　第4時：前方足掛け回転系の技 ○組み合わせや繰り返しに取り組む ○整理運動 ○まとめ	**[主な学習活動]** ○集合・あいさつ ○今日の学習の流れの確認、準備運動 ○感覚つくりの運動・既習の技に取り組む ○技を組み合わせたり、繰り返したりして楽しむ ○友達と技を見せ合い、よさや伸びを伝え合う ○整理運動 ○まとめ

子供への配慮の例

①運動が苦手な子供

腹を鉄棒に掛けて回る技が苦手な子供には、ふとん干しなどの鉄棒に腹をかけて揺れる動きやその姿勢から足を抱えて揺れる動き、ダンゴムシの動きや足抜き回りの動きに取り組ませる。足を鉄棒に掛けて回る技が苦手な子供には、肩膝をかけて揺れる動きや、こうもりで両膝をかけて揺れる動きに十分に取り組ませる。子供の状況に応じた補助をして勢いやバランスの感覚をつかめるように工夫する。

②意欲的でない子供

痛みへの不安感をもつ子供には、痛みを和らげる補助具やマットを使用する。技に繰り返し取り組もうとしない子供には、補助や補助具、場の工夫で技の感覚を味わわせたり、技を段階的に示したりして、自分でもできそうだという意識をもたせる。仲間とうまく関わって学習を進めることが難しい子供には、技を観察するポイントや位置を示したり、回数を数えるなど具体的な役割を提示したりする。

本時案

鉄棒運動の学習の 進め方を知ろう

本時の目標

　単元の学習の進め方を知り、既習の技を振り返とともに、自己の課題を知ることができるようにする。

評価のポイント

　学習のきまりを理解し、進んで既習の技に取り組むことができたか。

週案記入例

[目標]
学習の進め方を知り、能力に適した技に取り組む。

[活動]
既習の鉄棒の技に取り組む。

[評価]
学習のきまりを理解し、進んで既習の技に取り組むことができたか。

[指導上の留意点]
安全に運動するためのきまりや約束をしっかりと確認させる。

本時の展開

	時	子供の活動
はじめ	2分	**集合・あいさつ** ○学習内容を知る。
場の準備	3分	**場の準備をする** 1 ○友達と協力して、安全に気を付けながら準備をする。
準備運動	2分	**本時の運動で使う部位をほぐす** ○手首、肩、首、足首、膝、股関節、腰をしっかり伸ばす。
補助運動	5分	**感覚づくりの運動に取り組む** 2 ○ぶら下がる、支持する、跳び上がる下りる、回転する等の感覚つくりの運動に取り組む。
鉄棒運動	18分	**3年生で学習した技の行い方を運動しながら振り返る** 3 ○腹を鉄棒に掛けて回る技 　・前回り下り・かかえ込み前（後ろ）回り・転向前下り 　・補助逆上がり・逆上がり ○足を鉄棒に掛けて回る技 　・膝掛け振り上がり・前方（後方）片膝掛け回転 　・両膝掛け倒立下り
	7分	**片足踏み越し下りの行い方や練習方法を知り、取り組む** ○自分の力に合った場や段階で取り組む。 4
整理運動	2分	**運動で使った部位をほぐす** ○運動で使った部位を中心にゆっくり動かしほぐす。
片付け	3分	**場の片付けを行う** ○友達と協力し、安全に気を付けながら片付ける。
まとめ	3分	**今日の学習について振り返り、学習カードに記入する** ○学習カードの記入の仕方を知る。 ○既習の技について自分の状態を振り返る。 ○次時の学習内容を知る。

1 安全に運動するための工夫やきまり

緩衝材

順手、逆手の握り方を確認

サポーター

髪の長い子供は結ぶ

マット

2 基礎となる体の動かし方や感覚を身に付ける運動

跳び上がり

ふとん干し

こうもり（振り）

ツバメ

足抜き回り

後ろ跳び下り

3 グループでの学習の進め方

・一人が連続して3回取り組んだら交代する。
・試技の前に自分の課題を伝え、グループで見合う。

技のポイント（例）逆上がり、補助逆上がり

鉄ぼうの下に1歩ふみこむ

ふりあげ足を真上にふりあげる

体をたおしながら鉄ぼうをお腹に引き付ける

補助器や踏み切り板でも、
1歩踏み込んで足を振り上げる。

4 片足踏み越し下りのポイントと練習方法

○片足踏み越し下りのポイント

さか手の方に体重をのせ、足をかける

手をはなさず、横を向いて着地をする

さか手に持ち変える

かけた足で鉄ぼうをけり、同時に順手をはなす

〈苦手な子供の練習〉

怖くて足がぬけない子には、跳び箱やポートボール台を使う。補助をする場合は前に立ち、逆手になっている方の腕と肩を持ち、少し手前に引いてあげるとよい。

1 体ほぐしの運動・多様な動きをつくる運動

2 かけっこ・リレー

3 表現（リズムダンス・ジャングル探検）

4 ゴール型ゲーム（ポートボール）

5 鉄棒運動

6 体の発育・発達

本時案

腹を鉄棒に掛けて回る技に取り組もう

本時の目標

腹に鉄棒を掛けて回る技のポイントを知り、自分の能力に適した技に取り組むことができるようにする。

評価のポイント

自分の力に合った課題をもち練習に取り組んでいるか。

【目標】
腹を鉄棒に掛けて回る技のポイントを知り、取り組む。

【活動】
自分の力に合った課題をもち練習に取り組む。

【評価】
自分の力に合った課題をもち練習に取り組んでいるか。

【指導上の留意点】
段階的な練習方法を示し、基本的な技ができる子供には発展技を紹介する等、自分の力に合った課題をもたせるようにする。

本時の展開

	時	子供の活動
はじめ	1分	**集合・あいさつ** ○今日の学習内容を知る。
場の準備	3分	**場の準備をする** ○友達と協力して、安全に気を付けながら準備をする。
準備運動	1分	**本時の運動で使う部位をほぐす** ○手首、肩、首、足首、膝、股関節、腰をしっかり伸ばす。
補助運動	6分	**基礎となる体の動かし方や感覚を身に付ける運動に取り組む** ○音楽を流しながら行ったり、ゲーム化したりして感覚を身に付ける運動に取り組む。 **1** ○既習の今もっている力でできる技に取り組む。
鉄棒運動	17分	**腹を鉄棒に掛けて回る技でできる技やできそうな技に取り組む** ○自分の力に適した技のめあてを意識し、場や段階を工夫して取り組む。 **2** ○友達の動きを見合い、考えを伝えながら取り組む。 ○基本的な技ができる子供は、発展技のポイントや練習方法を知り、取り組む。 **3**
	10分	**繰り返しや組み合わせに取り組む** ○できる技や運動遊びの動きを入れて取り組む。
整理運動	1分	**体をほぐす** ○運動で使った部位をゆっくり動かしほぐす。
片付け	3分	**場の片付けを行う** ○友達と協力し、安全に気を付けながら片付ける。
まとめ	3分	**今日の学習について振り返り、学習カードに記入する** ○既習の技について自分の状態を振り返る。 ○次時の学習内容を知る。

1 ゲーム化された、感覚を身に付けるための運動

楽しみながら基礎となる感覚を身に付けることができる。その日に取り組む技と組み合わせて取り組むと効果的である。

○振動から後ろ跳び下り

支持の姿勢から足を前後に振って印をした着地位置に後ろに跳び下りる。遠くに跳ぶより高くきれいに跳んで安全に着地することを意識させる。

○みんなでいっしょに前回り下り

鉄棒に並んで一斉に前回り下りをしたり、順番にプロペラのように前回り下りをしたりして楽しむ。

2 自分の力に適した技のめあてをもち、場や段階を工夫して取り組む

基本的な技に十分に取り組ませてから、発展技に取り組めるように子供の実態をしっかりと把握する。そのために、学習資料を活用し、技のポイントや練習方法を分かりやすく示しながら学習を進めていく。また、子供同士が見合い、動きを伝え合う中で、自分の動きの状態を理解することも大切である。ICT機器を使用することでより効果的に学習を進めることができる。

3 グループでの学習の進め方

○かかえ込み前回りのポイント

背すじをのばしていきおいよく回る

もものうらをもち、ひじで鉄ぼうをおさえる

ひざをまげて体を前に引きよせる

〈苦手な子供の練習〉

補助で背中を押してもらいながら上がるタイミングをつかむ

○前方支持回転のポイント

胸をはってひざを曲げる

せすじをのばして、前を見ながら回る

鉄ぼうの下を頭が通ったら背中を丸める

手首を返して止まる

〈苦手な子供の練習〉

ぎりぎりまで前を見て勢いをつくる

○後方支持回転のポイント

足を後ろにふり上げる

むねをはったままかたを後ろにたおす

ひざを曲げ、鉄ぼうにかけるようにする

手首を返して止まる

〈苦手な子供の練習〉

タオルやロープを使って回転する感覚をつかめるようにする

1 体ほぐしの運動・多様な動きをつくる運動

2 かけっこ・リレー

3 表現（リズムダンス・ジャングル探検）

4 ゴール型ゲーム（ポートボール）

5 鉄棒運動

6 体の発育・発達

本時案

足を鉄棒に掛けて回る技に取り組もう①

本時の目標

足を鉄棒に掛けて回る技のポイントを知り、自分の能力に適した技に取り組む。

評価のポイント

自分に合った課題をもち、活動を工夫して取り組んだり、協力し合ったりすることができたか。

週案記入例
[目標] 足を掛けて回る技のポイントを知り、取り組む。 **[活動]** 自分の課題の解決に向けて活動を工夫して取り組み、考えたことを友達に伝える。 **[評価]** 自分に合った課題をもち、活動を工夫して取り組むことができたか。 **[指導上の留意点]** 段階的な練習方法を示し、基本的な技ができる子供には発展技を紹介する等、自分の力に合った課題をもたせるようにする。

本時の展開

	時	子供の活動
はじめ	1分	**集合・あいさつ** ○今日の学習内容を知る。
場の準備	3分	**場の準備をする** ○友達と協力して、安全に気を付けながら準備をする。
準備運動	1分	**本時の運動で使う部位をほぐす** ○手首、肩、首、足首、膝、股関節、腰をしっかり伸ばす。
補助運動	6分	**基礎となる体の動かし方や感覚を身に付ける運動に取り組む** ○音楽を流しながら行ったり、ゲーム化したりして感覚を身に付ける運動に取り組む。**1** ○既習の今もっている力でできる技に取り組む。
鉄棒運動	17分	**足を鉄棒に掛けて回る技（後方足掛け回転系）でできる技やできそうな技に取り組む** ○自分の力に適した技にめあてを意識し、場や段階を工夫して取り組む。 ○友達の動きを見合い、考えを伝えながら取り組む。 ○基本的な技ができる子供は、発展技のポイントや練習方法を知り、取り組む。**2**
	10分	**繰り返しや組み合わせに取り組む 3** ○できる技や運動遊びの動きを入れて取り組む。
整理運動	1分	**体をほぐす** ○運動で使った部位をゆっくり動かしほぐす。
片付け	3分	**場の片付けを行う** ○友達と協力し、安全に気を付けながら片付ける。
まとめ	3分	**今日の学習について振り返り、学習カードに記入する** ○かかえ込み回りについて、自分の状態を振り返る。 ○次時の学習内容を知る。

078

1 体ほぐしの運動・多様な動きをつくる運動

2 かけっこ・リレー

3 表現（リズムダンス・ジャングル探検）

4 ゴール型ゲーム（ポートボール）

5 鉄棒運動

6 体の発育・発達

1 足を鉄棒に掛けて回る技につながる感覚を身に付けるための運動

　ゲーム化することで楽しみながら基礎となる感覚を身に付けることができる。その日に取り組む技と組み合わせて取り組むと効果的である。

○こうもり振りじゃんけん

振りながら前に立っている友達とじゃんけんをする。怖がる子は、ふとん干しで振って行う。

○みんなでいっしょにひざかけ振り

友達とリズムを合わせて振る。肩を後ろに振るときはあごをひき、前に振るときは頭を倒す。

2 足を鉄棒に掛けて後方に回る技のポイントと練習方法

○後方片膝掛け回転

ななめ後ろにこしを上げて、ひざをかけ、いきおいよく後ろにたおれる

手首を返して上がり、止まる

ひじをのばしたままで足はさい後までふりつづける

〈苦手な子供の練習方法〉

肘を伸ばして背筋を伸ばし、腰が落ちてしまわないようにして勢いを付けて回るようにする。

○後方もも掛け回転

鉄ぼうにももをかける

せすじ、ひじをのばして体を後ろにたおす

鉄ぼうをおして上がる

○両膝掛け振動下り

うでのふりとあごを出したり引いたりして体を大きくふる

前を見て、ひざをはずす

あごを引いて、ひざを体に引きつけて立つ

〈苦手な子供の練習方法〉

手で歩き、振って戻る

腰と手を持ち、タイミングを合わせて持ち上げる

3 技の繰り返しや組み合わせ

　できる技が未完成な場合や少ない場合は、易しい運動の動きを組み合わせて取り組ませる。5時間目の発表に向けて少しずつ組み合わせの数を増やしていけるようにする。

（例）

・跳び上がり―ふとん干し―後ろ跳び下り

・跳び上がり―前回り下り―足抜き回り

・補助逆上がり―かかえ込み回り―前回り下り

本時案

足を鉄棒に掛けて回る技に取り組もう②

本時の目標

足を鉄棒に掛けて回る技のポイントを知り、自分の能力に適した技に取り組む。

評価のポイント

自分に合った課題をもち、活動を工夫して取り組んだり、友達と考えたことを伝え合って取り組んだりすることができたか。

週案記入例

[目標]
足を掛けて回る技のポイントを知り、取り組む。

[活動]
自分の課題の解決に向けて活動を工夫して取り組み、考えたことを友達に伝える。

[評価]
友達と考えたことを伝え合って取り組むことができたか。

[指導上の留意点]
試技の前に自分のめあてを伝えたり、見合う位置を示したりする等、グループ学習の仕方を確認し、対話的な学びが行われるように支援をする。

本時の展開

	時	子供の活動
はじめ	1分	**集合・あいさつ** ○今日の学習内容を知る。
場の準備	3分	**場の準備をする** ○友達と協力して、安全に気を付けながら準備をする。
準備運動	1分	**本時の運動で使う部位をほぐす** ○手首、肩、首、足首、膝、股関節、腰をしっかり伸ばす。
補助運動	7分	**感覚を身に付ける運動（体ならしの運動）に取り組む 1** ○音楽を流しながら行ったり、ゲーム化したりして感覚を身に付ける運動に取り組む。 ○既習の今もっている力でできる技に取り組む。
鉄棒運動	17分	**足を鉄棒に掛けて回る技（前方足掛け回転系）でできる技やできそうな技に取り組む** ○自分の力に適した技にめあてを意識し、場や段階を工夫して取り組む。 ○友達の動きを見合い、考えを伝えながら取り組む。 ○基本的な技ができる子供は、発展技のポイントや練習方法を知り、取り組む。 2
	10分	**繰り返しや組み合わせに取り組む** ○できる技ややさしい運動の動きを入れて取り組む。
整理運動	1分	**体をほぐす** ○運動で使った部位をゆっくり動かしほぐす。
片付け	3分	**場の片付けを行う** ○友達と協力し、安全に気を付けながら片付ける。
まとめ	3分	**今日の学習について振り返り、学習カードに記入する** ○足を鉄棒に掛けて回る技について、自分の状態を振り返る。 ○次時の学習内容を知る。

1 体ほぐしの運動・多様な動きをつくる運動

2 かけっこ・リレー

3 表現（リズムダンス・ジャングル探検）

4 ゴール型ゲーム（ポートボール）

5 鉄棒運動

6 体の発育・発達

1 友達と考えを伝え合いながら練習する方法

○自分の運動の状態を自分で確認することは難しいため、友達と見合いながら練習に取り組ませる。
○同じめあて（技や練習方法）に取り組んでいる友達と3人組をつくり見合ったり簡単な補助をしたりすることができるようにする。

③自分のめあてを友達に伝える　→　②3〜4回連続で技の練習に取り組む　→　①友達にめあてができていたか聞く。

2 足を鉄棒に掛けて前方に回る技のポイントと練習方法

○膝掛け振り上がり

ひじをのばして体を大きくふる

ひざをのばして足が遠くを通るようにいきおいよくふり下ろす

手首を返し鉄ぼうをおして上がる

〈苦手な子供の練習方法〉

鉄棒のあしにゴムを振り、膝を伸ばして足を振るようにする。

○膝掛け上がり

ひじをのばし、ふみこんで体をそる

体をもどるときにひざをかける

かかとを引き付け、手首を返して上がる

〈苦手な子供の練習方法〉

ひじを伸ばして体を振り、伸び切ったところで胸をはる。

○前方片膝掛け回転

さか手でにぎる

胸をはり、ひじをのばしたまま回り始める

頭が遠くを通るように大きく回る

鉄ぼうに上がるときに手首を返して止まる

〈苦手な子供の練習方法〉

斜め後方に腰を上げ、ひざをかけてから前方へ回るようにする。

○前方もも掛け回転

さか手で鉄ぼうにももをかける

ひじ、せすじをのばして前にたおれる

頭が遠くを通るように大きく回る

手首を返して止まる

本時案

技の繰り返しや 組み合わせに取り組もう

本時の目標

　自分のできる技の繰り返しや組み合わせに取り組む。

評価のポイント

　友達の技の発表を見てよさや伸びたところを伝え合うことができたか。

週案記入例

[目標]
できる技を繰り返したり組み合わせたりして取り組む。

[活動]
友達の技を見て、よさや伸びたところを伝え合う。

[評価]
友達の技を見て、よさや伸びたところを伝え合うことができたか。

[指導上の留意点]
一人一人のよさや伸びを積極的に称賛することで、子供同士のよさの伝え合いが活発に行われるようにする。

本時の展開

	時	子供の活動
はじめ	1分	**集合・あいさつ** ○今日の学習内容を知る。
場の準備	2分	**場の準備をする** ○友達と協力して、安全に気を付けながら準備をする。
準備運動	1分	**本時の運動で使う部位をほぐす** ○手首、肩、首、足首、膝、股関節、腰をしっかり伸ばす。
補助運動	5分	**感覚を身に付ける運動（体ならしの運動）に取り組む** ○音楽を流しながら感覚を身に付ける運動に取り組む。 ○既習の今もっている力でできる技に取り組む。
鉄棒運動	9分	**できる技や繰り返し組み合わせに取り組む** 1 ○自分のできる技の繰り返しや組み合わせを工夫する。
	20分	**できる技を繰り返したり、組み合わせたりしてグループで技を見せ合う（ミニ発表会）** 2 ○自分の行う技の組み合わせを説明してから取り組む。 ○友達の技を見合い、よい所や伸びた所を伝え合う。
整理運動	1分	**体をほぐす** ○運動で使った部位をゆっくり動かしほぐす。
片付け	2分	**場の片付けを行う** ○友達と協力し、安全に気を付けながら片付ける。
まとめ	4分	**鉄棒運動の学習について振り返り、学習カードに記入する** ○単元を通して自分の学習を振り返る。 3

1 体ほぐしの運動・多様な動きをつくる運動

2 かけっこ・リレー

3 表現（ジャングル探検）リズムダンス・

4 ゴール型ゲーム（ポートボール）

5 鉄棒運動

6 体の発育・発達

1 技の繰り返しや組み合わせの例

　4時間目までに行ってきた組み合わせや繰り返しの技に取り組む。基本的には「上がる技」→「回る技」→「下りる技」を組み合わせるが、できる技が少ない場合は易しい運動の動きも取り入れて行う。未完成の技の場合は補助具を使ったり、補助を付けて行ったりしてもよい。

〈技の組み合わせ例〉

跳び上がり　→　ふとん干し　→　（振動から）後ろ跳び下り

逆上がり　→　かかえ込み回り（連続）　→　前回り下り

膝掛け振り上がり　→　後方片膝掛け回転　→　片足踏み越し下り

2 グループで技を見合う場面での指導

○自分の行う技の組み合わせや繰り返しをグループの友達に説明してから行う。
○お互いの技を見合い、よい所や伸びたところを伝え合う。
○効率よく時間を使うために、学級を2つに分けたり、2〜3グループをまとめたりして行ったりする等、工夫して行う。

3 鉄棒運動の単元を振り返る際の指導

○技ができるようになったことだけでなく、練習方法を工夫したり、ポイントを意識したりして活動したことについて価値付けし、振り返らせる。
○友達と動きを見合ったり、ポイントを伝え合ったりして取り組んだよさにも目を向けさせる。子供一人一人の頑張りやよさを認め称賛し、高学年への鉄棒運動への意欲を高めるようにする。

「鉄棒運動」学習カード&資料

本カードは第1時から第5時まで、単元全体を通して使用する。学習カードには毎時間の振り返りを記入し、次時に取り組む技とめあて、繰り返し、組み合わせについて記入する。学習カードを使用し、めあてを立てる、学習を振り返るという一連の課題解決学習の仕方を確認する。

収録資料活用のポイント

①使い方

はじめに本学習カードと鉄棒運動のポイント資料を配布する。学習カードには毎時間の終わりに、活動の振り返りを記入する。また、次時のめあてとして取り組む技やそのポイント等を記入する。自己評価も行う。

②留意点

振り返りでは、できた場合にはどこがよかったのか、できなかった場合にはどんな状態なのか、視点を明確にして自分の状態を振り返らせる。このような指導をすることで、自分の状態を理解し、具体的なめあてを立てるようになる。また、教師はコメントの記入を通して、本時のよかった点やめあての修正、助言をし、子供の意欲を高めるようにする。

学習カード 4-5-1

学習カード 4-5-2

学習カード 4-5-3

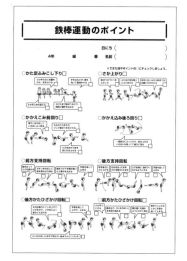

鉄棒運動のポイント

4年 　　組　　番　名前（　　　　　　　　）

○ひざかけ上がり□

ひじをのばし、ふみこんで体をそる□

体をもどるときにひざをかける□

かかとを引き付け、手首を返して上がる□

○両ひざかけしん動下り□

うでのふりとあごを出したり引いたりして体を大きくふる□

前を見て、ひざをはずす□

あごを引いて、ひざを体に引きつけて立つ□

○後方ももかけ回転□

鉄ぼうにももをかける□

せすじ、ひじをのばして体を後ろにたおす□

鉄ぼうをおして上がる□

○前方ももかけ回転□

さか手で鉄ぼうにももをかける□

ひじ、せすじをのばして前にたおれる□

頭が遠くを通るように大きく回る□

手首を返して止まる□

○ひざかけふり上がり□

ひじをのばして体を大きくふる□

ひざをのばして足が遠くを通るようにいきおいよくふり下ろす□

手首を返し鉄ぼうをおして上がる□

○両ひざかけとう立下り□

手をつき地面を見る□

手を少し前に出し、ひじをのばす□

ひざをのばして下りる□

○転向前下り□

かけた足の側の手をさか手に持ち変える□

後ろの足を上げたら順手の手をおしはなす□

○前回り下り□

体を前にたおす□

ゆっくりと足を下ろす□

1 体ほぐしの運動・多様な動きをつくる運動

2 かけっこ・リレー

3 表現（リズムダンス・ジャングル探検）

4 ゴール型ゲーム（ポートボール）

5 鉄棒運動

6 体の発育・発達

6 体の発育・発達

4 時間

【単元計画】

1 時	2 時
体は年齢に伴って変化すること、発育・発達の仕方には個人差があることを理解する。	思春期には、男女によって異なる体つきの変化が起こり、起こり方は一人一人違うことを理解する。
1 私たちの体は、どのように変化してきたかな？ POINT：1年から4年の身長ののびから、個人差はあるが、誰しも成長していることを実感できるようにする。	**2 大人に近づくと、どんな変化が起こるかな？** POINT：子どもと大人、男女の比較から、体の変化が起こる時期や起こり方は多様であることに気付けるようにする。
【主の学習活動】 ○生まれてからこれまでの成長について考える。 ○1年から4年までの身長ののびを、グラフにする。 ○体の成長の仕方は、一人一人ちがうことを知る。 ○体の発育・発達についてまとめる。	**【主の学習活動】** ○子供と大人の体つきの違いについて考える。 ○男女によって異なる変化があることについて考える。 ○大人への体の変化が起こる時期を、思春期といい、変化の時期や起こり方は一人一人ちがうことを知る。

授業改善のポイント

主体的・対話的で深い学びの実践に向けて

「体の発育・発達」に関わる事象から学習課題を見付け解決を目指していく。この内容は性教育との関わりもあり、プライバシー性の高い内容である。子供が恥ずかしいと感じたり、自分のこととして捉えたりできないことで意欲低下につながる恐れがある。指導方法の工夫、ゴールイメージの提示、他教科等との関連がポイントとなる。

指導方法の工夫

学んだ知識を活用する場面で、相談された悩みに答える等のケーススタディの手法を用いる。日常生活で起こり得る場面を設定し、その時の心理状態や対処の仕方を考えることで、思考力、判断力、表現力等の育成を期待できる。

ゴールイメージの提示

単元のはじめには、自分のなりたい将来像をイメージさせる。また、単元を通してよりよく体を成長させることが生涯にわたる健康生活につながることに触れる。子供自身の未来を意識させることで、自分のこととして捉えさせたい。

他教科等との関連

教科横断的な指導によって、特別活動における食育や総合的な学習の時間、道徳の生命尊重等の分野の理解を相互に深めることができる。かけがえのない生命が多くの人によって支えられ、自身も大切に守っていくものであると考えさせたい。

1 体ほぐしの運動・多様な動きをつくる運動

2 かけっこ・リレー

3 表現（リズムダンス・ジャングル探検）

4 ゴール型ゲーム（ポートボール）

5 鉄棒運動

6 体の発育・発達

単元の目標

○知識及び技能

・体の発育・発達について、課題の解決に役立つ基礎的な事項を理解することができる。

○思考力、判断力、表現力等

・体の発育・発達に関わる課題を見付け、その解決に向けて考え、それらを表現することができる。

○学びに向かう力、人間性等

・体の発達・発育について関心をもち、健康の大切さに気付き、自己の健康の保持増進に進んで取り組もうとすることができる。

3 時	4 時
思春期には、初経・精通が起こり、他者への関心が芽生えることを理解する。	体をよりよく発育・発達させるためには、運動、食事、休養・睡眠が必要であることを理解する。
3　体の中や心には、どんな変化が起こるかな？ POINT：体の中の変化は、イメージしやすくするために、写真や構造図など視覚的な資料を示す。男女のちがいを認める大切さに気付けるようにする。 **【主の学習活動】** ○思春期の変化は体の中にも起こることを知る。 ○男子には精通、女子には初経が起こることを知る。 ○他者への関心などの心の変化について考える。 ○思春期の体や心の変化は誰にでも起こることを知る。	**4　よりよく成長させるための生活の仕方は？** POINT：よりよく成長するために望ましい生活について、自分の生活を振り返り、課題を見付け、解決の方法を考え、実践への意欲を高める。 **【主の学習活動】** ○思春期は、体や心が成長する時期であることを確認する。 ○よりよく成長させるための生活の仕方について考える。 ○自分の生活の課題を見付け、解決の方法を考える。 ○学習を振り返り、単元のまとめをする。

子供への配慮の例

①情報量による子供間の差

一人一人の生活経験や情報の入手量が異なるため、子供によって、学習内容に対して抱くイメージの差があることが考えられる。指導に当たって使用する言語については、その意味を確かめ、共通認識をもたせることが大切である。子供の実態や生活環境を把握した上で、個人差や表現方法に配慮して指導したい。学習状況の実態に応じて、男女別の指導や個別指導で補っていくことも考えられる。

②自分の成長を肯定的に捉えられない子供

学習を進める中で、他人と比べて自分の成長が早いとか遅いと感じたり、自分の認識に沿わない成長に疑問を抱いたりする子供がいる。いつでも個別に相談してよいことを伝え、一人一人の課題に個別に対応するカウンセリングによる指導を行う。意欲低下を防ぎ、不安を軽減することで、学習内容が適正に定着できるようにする。場合によっては次時の授業内容に反映させるなどする。授業の実施に当たっては、保護者や学校全体に周知し、学校の教育活動全体で共通理解を図る体制も、子供にとって安心して学べる支えとなる。

本時案

成長してきた
わたしの体

本時の目標

　身長や体重などは年齢に伴って変化すること、発育・発達の仕方は一人一人異なり、個人差があることを理解できるようにする。

評価のポイント

　身長ののび方を調べる活動を通して、体の発育・発達には個人差があることについて理解できたか、ワークシートや発言からみとる。

本時の板書のポイント

point 1 板書左上では、これまでの成長について子供から出た意見を板書する。子供服を掲示するなど、具体物を示すのもよい。

point 2 身長ののびを調べる活動のやり方を掲示資料で示す。分かったことは、子供の言葉で板書していく。人によってのび方は異なるが、少しずつでものびている実感をもっている意見をひろい、共有する。

point 3 板書右下には、個人差について定義し、共有する。単元を通して大切にされるキーワードであり、価値観の一つであるため、ここで共通認識をもてるようにする。

本時の展開 ▷▷▷

1 体が発達・発育してきたことを過去の成長を振り返って考える

　自分の将来像をイメージさせ、自己実現のために必要なことを考えさせる。3年生の保健の授業を想起させ、健康に焦点を当てる。なかでも、体の発育・発達について学ぶことを説明する。これまで成長してきた自分の体に目を向けられるようにする。

2 これまでの身長ののびについて調べる

　「健康の記録」などを活用し、1年から4年までの1年ごとの身長ののびを、紙テープで切り貼りし、グラフにする。一人一人成長してきたことを実感させる。グループの友達と比べ、気付いたことを発表し合う。互いを否定することなく、認められるようにする。

成長してきたわたしの体

point 1

これまで成長してきたこと

・身長がのびた　体重がふえた
　（生まれたばかりの赤ちゃん
　　体重：約3000g　身長：約50㎝）
・くつのサイズが大きくなった
・頭がよくなった

point 2

身長ののびを調べよう

```
グラフ
```

・毎年のびている。
・人によってのび方がちがう。

個人差とは **point 3**

体の成長のしかたは一人一人ちがう

1 体ほぐしの運動・多様な動きをつくる運動

2 かけっこ・リレー

3 表現（リズムダンス・ジャングル探検）

4 ゴール型ゲーム（ポートボール）

5 鉄棒運動

6 体の発育・発達

---

3 体の発育・発達は一人一人ちがうことを知る

　身長だけでなく、体重が増える、声変わりをするなど様々な変化が現れることに触れ、それらの変化の時期や度合いは一人一人違うことを伝える。人と比べて心配したり、不安に思ったりすることはなく、違いを「個人差」として大切にできるようにしたい。

4 学んだことを確認し、自分の成長を肯定的に受け止める

　本時の学習を振り返り、体の発育・発達は年齢と伴って変化してきたことを確認する。発育・発達の仕方は一人一人異なり、個人差があることについてワークシートにまとめていく。

週案記入例

[目標]
体は年齢に伴って変化すること、発育・発達の仕方には個人差があることを理解できるようにする。
[活動]
身長ののび方を調べて、体の発達・発育について考える。
[評価]
体の発育・発達は年齢に伴って変化し、個人差があることを理解できたか。

本時案

大人に近づく体

本時の目標

　思春期には、体つきに変化が起こり、男女によって特徴が現れることを理解する。

評価のポイント

　思春期に起こる男女の体の外見上の変化を理解し、誰もが経験すること、起こる時期や起こり方には個人差があることを理解できたか、ワークシートや発言からみとる。

本時の板書のポイント

point 1 板書左側には、子供の頃と大人それぞれ男女の全身姿を掲示する。はじめに後ろ姿やシルエットを示し、子供の頃は大人に比べて男女の見分けが難しいことに気付けるようにする。

point 2 板書右側には、男女それぞれに起こる変化について、子供の意見を板書していく。気付きにくい部分は、教師が補足していく。

point 3 板書右下には、思春期について定義し、共有する。本単元を学習する上でキーワードとなるため、共通してまさに今から迎える時期である認識をもてるようにする。

本時の展開 ▷▷▷

1 子供と大人の体つきのちがいについて考える

　シルエット姿を比較して、子供と大人の体つきのちがいについて考える。子供の頃は男女で見分けがつきづらいが、大人になるとはっきり特徴が現れてくることに気付かせる。

2 男女によって変化がことなることを考える

　大人に近づく体の変化について考える。男の人は、がっしりした体つきになり、ひげが生えたり、のどぼとけが出たりする。女の人は、胸が膨らんだり、お尻が大きくなったりすることを学ぶ。大人と一緒にお風呂に入ったときの体験などを想起させる。

1 体ほぐしの運動・多様な動きをつくる運動

2 かけっこ・リレー

3 表現（ジャングル探検）リズムダンス・

4 ゴール型ゲーム（ポートボール）

5 鉄棒運動

6 体の発育・発達

大人に近づく体

point **1**

体つきのちがい

掲示資料

大人になると男女のちがいが
はっきりしてくる。

男子に起こる変化
・がっしりした体つき　　・ひげが生える
・声が低くなる　　・わきに毛が生える

女子に起こる変化
・丸みのある体つき　・むねがふくらむ
・おしりが大きくなる・声が少し低くなる

思春期とは　point **3**

大人への体の変化が起こる時期
変化の起こる時期や起こり方は、
一人一人ちがう。

3 大人への体の変化が起こる時期
を思春期ということを知る

　大人の体へと変化していく時期を「思春期」
ということを学ぶ。体の変化が起こる時期には
個人差があるが、誰もが経験することであると
知る。

4 学んだことを確認し、
男女のちがいについて受け止める

　本時の学習を振り返り、思春期には体つきが
変化していき、男女によって異なることを確認
する。大人への体の変化が起こる時期には個人
差があるが、誰もが経験することについて、
ワークシートにまとめていく。

週案記入例

[目標]
思春期には、体つきに変化が起こり、男女によっ
て特徴が現れることを理解する。
[活動]
男女の体つきの変化を知る。
[評価]
思春期に起こる男女の体の外見上の変化を理解
し、誰もが経験すること、起こる時期や起こり方
には個人差があることを理解している。

本時案

体の中に起こる変化

本時の目標

思春期には、初経・精通が起こり、体の中に変化が起こることを理解できるようにする。他者への関心が芽生えるなど心の変化について理解できるようにする。

評価のポイント

思春期になると、女子には初経、男子には精通が起こること、心の変化や異性との関わり方の変化も大人に近づくしるしであることを理解できたか、ワークシートや発言からみとる。

本時の板書のポイント

point 1 板書左側には、男子の精巣や陰茎、女子の子宮の構造図を示す。生殖器の用語の説明および精通や初経の仕組みについての説明をする際に用いる。視覚的なイメージを抱けるようにし、どこの部位が何という名前か、どの部位にどんな機能があるか、混同しないように留意する。

point 2 場面絵としては、仲よくしたいのにちょっかいを出して嫌われてしまう場面や性別グループを作って対立しようとする場面などをイラスト等で掲示する。具体的な生活場面を想起できるようにする。

本時の展開 ▷▷▷

1 これまでの学習を振り返り、今日の学習内容を知る

前時を振り返り、思春期には体つきに変化が起こること、個人差があるため不安にならなくてよいことなどを確認する。ワークシートから挙がった疑問や気付き等は、適宜全体共有していく。さらに、本時は体の中の変化について学ぶことを確認する。

2 男子には精通、女子には初経が起こることを知る

男子では射精・精通、女子では月経・初経が起こることを学ぶ。精子・卵子の写真や掲示資料を活用することで、視覚的なイメージを抱きやすい。生命の誕生にかかわる大切な発達であるとともに、誰もが経験することをおさえる。

体の中に起こる変化

point 1

体の中の変化

➡ だれにでもおこる、大人に近づくしるし

精子…命のもと…卵子

男子の体の中
（精通のしくみ）

掲示資料

女子の体の中
（初経のしくみ）

掲示資料

point 2

心の変化

異性への関心がめばえる

場面絵

・たがいのちがいをみとめ、きょう力する
・心配なこと、不安なことは
　近くの大人に相談してなやまない

---

3 心にも変化が起こることを知り、対処の方法を考える

　思春期には、異性への関心が芽生え始め、相手を無視したり、からかったりすることで現れることを知る。具体的な日常場面を想起させて考える。次に、どうしたら男女仲よく生活できるか考え、伝え合う。

4 学んだことを確認し、これから気を付けたいことを考える

　体の発育・発達の仕方は、一人一人ちがい、男女によってもちがう。そのことをみとめて、おたがいに協力し合うことの大切さに気付く。心配なことや不安なことは、いつでもおうちの人や先生に相談してよいことを知る。

週案記入例

[目標]
思春期には、初経・精通が起こり、他者への関心が芽生えるなど心の変化について理解する。
[活動]
思春期の体の中や心の変化を知る。
[評価]
思春期になると、女子には初経、男子には精通が起こり心の変化があることを理解している。

1 体ほぐしの運動・多様な動きをつくる運動

2 かけっこ・リレー

3 表現（リズムダンス・ジャングル探検）

4 ゴール型ゲーム（ポートボール）

5 鉄棒運動

6 体の発育・発達

本時案

すくすく育て
わたしの体

本時の目標

　体をよりよく発育・発達させるためには、適度な運動、バランスのよい食事、十分な休養・睡眠が必要であることを理解できるようにする。

評価のポイント

　体をよりよく発育・発達させるための生活の仕方として、運動、食事、休養・睡眠の重要性を理解できたか、日ごろの自分の生活を振り返り、進んで課題を解決しようと取り組んでいるか、ワークシートや発言からみとる。

本時の板書のポイント

point 1 運動、食事、休養・睡眠の３つに大別して書いていく。適度な運動では、適度な量を示す運動内容、食事としては主食・主菜・副菜のバランスのとれた食事内容、休養・睡眠では様々な休養法など具体的な例を示す。イラストや資料があると視覚的に捉えやすい。

point 2 最後の自分の生活を振り返り、課題とその解決策を考える活動では、単元を通した学習の理解に基づいた意見を多く取り上げて板書する。自分の生活に当てはめて、より具体的に目標を立て、改善への意欲のある考えを大切にしたい。

本時の展開 ▷▷▷

1 よりよく体を育てるために望ましい生活の仕方について考える

　前時の学習を振り返り、思春期として、体つき、体の中や心に変化が起こる大切な時期を迎えていることを確認する。３年生の学習を想起させながら、生活の仕方と発育・発達が関係していることに気付く。

2 運動、食事、休養・睡眠の大切さについて知る

　毎日適度な運動をすることで、骨が丈夫になったり、内臓の働きが高まること、バランスのよい食事のためには、たんぱく質やカルシウム、ビタミンが必要であること、十分な休養・睡眠をとることで心の疲れもとれることについて学ぶ。

すくすく育て わたしの体

point 1

よりよく成長するためには

運動、えいようのある食事、よくねる
きそく正しい生活

十分な休よう・すいみん

・おふろにはいる
・軽く運動する
・体と心のつかれをとる

適度な運動

・ほねが太く、じょうぶになる
・心ぞうやはいの働きが高まる

point 2

自分の生活をふり返ろう

・すききらいをせず、野さいを食べる。
・1日30分以上外で遊んで、
　ほねをじょうぶにしたい。
・ゲームをやりすぎず早くねて、
　毎日元気でいたい。など

バランスの良い食事

・えいようのバランスよく、三食食べる
・たんぱく質、カルシウム、ビタミンが大切

---

3 自分の生活を振り返り、生活改善の方法を考え、発表する

　自分の生活を振り返り、よりよく体を育てるために、自分の課題とそれを解決するための方法について考え、グループの友達と発表し合う。宣言することによって、行動への意欲を高め、多様な考えに触れることができる。

4 単元を通して学んだことを確認し、生活に生かす意思をもつ

　学んだことを確認し、運動、食事、休養・睡眠が大切であることをワークシートにまとめる。どうしたら生活に生かしていけるか考え、実践を続けていこうとする気持ちをもつ。

週案記入例

[目標]
体をよりよく発育・発達させるために、運動、食事、休養・睡眠が必要であると理解する。
[活動]
望ましい生活の仕方を考える。
[評価]
体をよりよく発育・発達させるための生活の仕方を理解し、自分の生活を振り返り、進んで課題を解決しようと取り組んでいる。

1 体ほぐしの運動・多様な動きをつくる運動

2 かけっこ・リレー

3 表現 リズムダンス・（ジャングル探検）

4 ゴール型ゲーム（ポートボール）

5 鉄棒運動

6 体の発育・発達

「体の発育・発達」学習カード＆資料

使用時 **第1〜4時**

本カードは第1時から第4時まで、単元全体を通して使用する。体の発育・発達に関する基礎的な事項の理解や学習課題に対する思考力・判断力・表現力等を見取るカードである。重ねてファイルに保存することで、既習事項の確認ができるようにする。また、家庭からのコメント欄を設けることで、家庭と連携して指導を展開していけるようにする。

収録資料活用のポイント

①使い方

　授業のはじめに、なりたい将来像をイメージさせる。次に、1単位時間あたり1枚ずつ、ワークシートを進める。授業後には家庭に持ち帰り、保護者からのコメントをもらう。また、別途、相談カードなどを活用して、個別指導や授業改善につなげる。

②留意点

　保護者からのコメントをもらうにあたっては、指導に入る前に、授業のねらいや計画を示した上で、子供たちに成長を肯定的に捉えられる言葉かけをしてもらえるように協力を求める。

　分からなかったことや不安に思ったことは、相談カードに書いてよいこととし、個別のガイダンス指導として面談機会を設定したり、養護教諭や専門の相談機関に早期につなげられるようにする。

🔘 学習カード 4-6-1　　🔘 学習カード 4-6-2　　🔘 学習カード 4-6-3　　🔘 学習カード 4-6-4

4年生　保健「体の発育・発達」相談カード

グローアップカード

～不安を少なくして、成長することをもっと楽しもう！～

＜使い方＞
・授業をうけてみて、考えたことやもっと知りたいこと、なやんで
　いることなどがある人は自由に書いていい。
・いつ、だれにだしてもいい。（学校にはたくさんの先生がいるよ。）

4年　　組　　なまえ ＿＿＿＿＿＿＿＿＿＿＿＿

1 体ほぐしの運動・多様な動きをつくる運動

2 かけっこ・リレー

3 表現（ジャングル探検）リズムダンス・

4 ゴール型ゲーム（ポートボール）

5 鉄棒運動

6 体の発育・発達

7 浮く・泳ぐ運動

9 時間

【単元計画】

1 時	2・3・4 時
[第一段階] 水泳運動の学習内容を知り、自己の課題を見付ける	
水泳運動の学習の行い方を知って、安全に学習を進めよう	上手に浮く方法や、初歩的な泳ぎで遠くまで進む方法を見つけよう。
1　水泳運動の行い方を知ろう POINT：水泳運動の心得を確認し、3 年生のときに学習した運動を行い、これからの学習の見通しをもつ。 **【主な学習活動】** ○集合・あいさつ・人数確認 ○水泳運動の心得を確認・準備運動・シャワー ○学習の進め方を知る ○リズム水泳 　・音楽に合わせて、水の浮力・揚力・抵抗力を感じられるよう、楽しみながら運動する。 ○もぐる・浮く運動（水中言葉あて） ○浮く・進む運動（ビート板どんじゃんけん） ○人数確認・まとめ・整理運動 ○あいさつ・シャワー	**2・3・4　運動のポイントを見付けよう** POINT：様々な運動を行う中で、どのようにすると上手に行えるか、体験を通して考える。 **【主な学習活動】** ○集合・あいさつ・人数確認 ○水泳運動の心得を確認・準備運動・シャワー ○リズム水泳 ○エンジョイタイム 　・今もっている力で楽しむ運動 ○小集団学習（課題解決の方法を見付ける） 　・上手に浮く方法や、遠くまで泳ぐ方法を小集団で考え、確かめる。 ○人数確認・まとめ・整理運動 ○あいさつ・シャワー

授業改善のポイント

主体的・対話的で深い学びの実践に向けて

　4 年生になると個人の技能差が大きくなってくる。泳力別のコースに分けにとどめず小集団学習を活用する。ポイントは以下の 3 点である。

自己の学習課題を把握

　各領域の中でも特に自分の動きが捉えにくい水泳運動において、友達に見てもらい、客観的な意見を聞き、自己の学習課題を把握することが重要になる。

学び合いの視点

　自分の知識を活用して、課題解決に向けたアドバイスをする。そのことでお互いの成長を喜び、認め合う学び合いを大切にする。

ICT 機器の活用

　ICT 機器を用いて自分の動きを確認する。まだ、言葉だけで伝えることが難しい 4 年生にとって、有効なツールになる。また、自己の伸びや課題を、より明確にすることができる。

7

浮く・泳ぐ運動

8

体ほぐしの運動・多様な動きをつくる運動

9

小型ハードル走

10

表現（宇宙探検）

11

ゴール型ゲーム（ラインサッカー）

12

跳び箱運動

○知識及び技能
・け伸びや初歩的な泳ぎ、息を止めたり吐いたりしながらもぐったり浮いたりすることができるようにする。

○思考力、判断力、表現力等の基礎
・自己の能力に適した課題をもち、活動を工夫するとともに、考えたことを友達に伝えることができるようにする。

○学びに向かう力、人間性等
・運動に進んで取り組み、友達の考えを認め、水泳運動の心得を守って安全に気を付けることができるようにする。

5・6時	7・8・9時
[第二段階] 自己の課題に合っためあてを設定し、取り組む	
自分のめあてを立てよう	自分の課題を把握し、それに応じた場や運動を選んで取り組もう
5・6　自分のめあてを立てよう POINT：みんなで見付けたポイントを基に、自分の課題が何かを捉える。 【主な学習活動】 ○集合・あいさつ・人数確認 ○水泳運動の心得を確認・準備運動・シャワー ○リズム水泳 ○エンジョイタイム ○小集団学習（自己の課題を設定する） 　・これまでの学習で身に付けた知識や技能をもとに、自己の課題を設定する。 ○人数確認・まとめ・整理運動 ○あいさつ・シャワー	7・8・9　自分のめあてにあった泳ぎに取り組もう POINT：友達同士で見合い、振り返ってまた行うという学習のサイクルを繰り返す。 【主な学習活動】 ○集合・あいさつ・人数確認 ○水泳運動の心得を確認・準備運動・シャワー ○リズム水泳 ○エンジョイタイム ○小集団学習（課題解決に向けた練習に取り組む） 　・自分が見てもらいたいところを明確に伝え、出来栄えを確認しながら取り組む。 ○人数確認・まとめ・整理運動 ○あいさつ・シャワー

①運動が苦手な子供

　4年生の段階では、水をけったりかいたりする力が十分についておらず、推進力が得られない子供がいる。そのため、上手く呼吸ができず、何度も立ってしまう。同じグループの友達が泳いでいる子供の前に立ち、手（またはビート板）を引く補助を行う。補助を行う子供は、ただ引くのではなく、「1、2、パァ、4」と、呼吸のタイミングを意識付けられるような言葉掛けをしながら行う。また、単元の中にそうした練習の時間を意図的に設ける。

②意欲的でない子供

　周りの友達ができているのに、自分はクロールや平泳ぎができないと感じる子供がいる。中学年では「初歩的な泳ぎ」ができるようになることが目標になるため、そのことを教師が理解し、子供に意識付けをする。自分がどれだけ進めるようになったかを実感できるようにするため、同じかき数で数回泳ぎ、個人の伸びを具体的に実感できるように促すなどするとよい。かき方やけり方の形ばかりに注目し、評価することは、中学年として望ましくない。

本時案

水泳運動の
行い方を知ろう

本時の目標

　3年生のときに行った学習を振り返り、水泳運動の学習内容を知る。

評価のポイント

　水泳運動の心得を守り、水泳運動に進んで取り組もうとしているか。

> **週案記入例**
>
> **[目標]**
> 水泳運動の心得を知り、それらを守りながら今でできる運動に取り組む。
>
> **[活動]**
> 水泳運動の心得を確認し、リズム水泳や水中言葉あてなどを行う。
>
> **[評価]**
> 水泳運動の心得を守り、約束を守って水泳運動に取り組むことができたか。
>
> **[指導上の留意点]**
> 学習の進め方や水泳運動の心得をしっかりと確認しながら学習を進める。

本時の展開

	時	子供の活動
はじめ	5分	**集合・あいさつ・人数確認** ○今日の学習内容を知る。 ○バディで人数を確認する。 ○水泳運動の心得を知る。**1**
準備運動	5分	**準備運動をして、シャワーを浴びる** ○膝、肘、肩、首、手首、足首等の各関節を動かす。 　（危険なのでジャンプは行わない） ○シャワーを浴びる。
リズム水泳	10分	**入水し、リズム水泳を行う** **2** ○水を押すなどの水の抵抗を感じる動き。 ○ジャンプするなど浮力を感じる動き。 ○息を吸い、吐くなどの水圧を感じる動き。
もぐる・浮く運動	5分	**水中言葉あてをする** 水中で友達が何と言っているかを当てる。
浮く・進む運動	12分	**ビート板どんじゃんけんをする** ○プールを横に使い、グループ対抗で行う。 ○相手の陣地に向けて泳ぎ、相手と出会ったらじゃんけんをする。 ○勝ったら進み、負けたら次の人がスタートする。
整理運動	3分	**運動で使った部位をゆったりとほぐす** ○全身をゆっくりとほぐし、耳の中の水を出す。
まとめ	5分	**(1)今日の学習について振り返り、次からの学習の進め方を知る** ①進んで運動できたか。 ②友達と協力して運動できたか。 ③安全に気を付けて運動ができたか。 **(2)シャワーを浴びる・目洗いをする**

7 浮く・泳ぐ運動

8 体ほぐしの運動・多様な 動きをつくる運動

9 小型ハードル走

10 表現（宇宙探検）

11 ゴール型ゲーム（ラインサッカー）

12 跳び箱運動

1 水泳運動の心得

　水泳運動は生命に関わることから、水泳運動の心得を必ず指導し、徹底を図る必要がある。学校の実態に応じて、体育朝会などで、全校に周知するとよい。スライドなどを利用して伝えると分かりやすく、子供も教員も共通認識ができることも利点である。その上で、授業の初めに学年の実態に応じた水泳運動の心得を伝えることで、スムーズな授業の導入につながる。第1時だけ伝えるのではなく、単元終了時まで継続して意識をさせるよう、適宜言葉掛けを行い、振り返らせることが大切である。

（例）

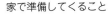
家で準備してくること

2 リズム水泳①

　リズム水泳は、音楽に合わせて、短時間で水慣れを楽しみながら行う。音楽をかけながら楽しい雰囲気の中で行うことで、水泳に苦手意識をもっている子供も無理なく学習に取り組むことができる。
　動きを教師がプールサイドから示範し、子供と一緒に確認しながら行う。その後、音楽に合わせて行う。経験のある子供には、初めから音楽に合わせて行っても構わない。

○**選曲のポイント**
・あまり速すぎず、拍をしっかり聞き取れる曲を選ぶ。
・多くの子供が知っている曲だと、動きも覚えやすい。
・子供の実態から、人気のある曲を選んでもよい。

○**動きのポイント**
・曲に合わせて、正確に踊るものではないので、動きが完璧にできているかどうかを細かく指導する必要はない。
・抵抗や浮力、水圧など、水の特性を味わわせるため、「肩まで水に浸かって動こう」「水の重たさを感じよう」「手のひらでたくさん水を動かそう」など、言葉掛けをする。
・水中では指導者の声が聞き取りづらい。そのため、1曲の中にあまり多くの種類の動きを入れてしまうと、動きが煩雑になり効果が薄れてしまう。一つ一つの動きをしっかりと行えるよう、余裕をもった構成にするとよい。

本時案

運動のポイントを見付けよう①

本時の目標

上手に浮いたり進んだりする方法を見付けよう。

評価のポイント

様々な動きを体験し、気付いたことを伝えたり、学習カードに書いたりしているか。

週案記入例

【目標】
全身の力を抜いて浮いたり、壁を強く蹴って進んだりする。

【活動】
様々な浮き方、浮き沈み、進み方を知り、上手に行う方法を考える。

【評価】
様々な浮き方やけ伸びの方法を考えながら取り組む。

【指導上の留意点】
子供が試行錯誤しながら体験し、気付いた意見を全体で共有する。

本時の展開

	時	子供の活動
はじめ	4分	**集合・あいさつ・人数確認** ○今日の学習内容を知る。 ○バディで人数を確認する。 ○水泳運動の心得を知る。
準備運動	5分	**準備運動をして、シャワーを浴びる** ○膝、肘、肩、首、手首、足首等の各関節を動かす。 ○シャワーを浴びる。
リズム水泳	6分	**入水し、リズム水泳を行う** **1** ○水を押すなどの水の抵抗を感じる動き ○ジャンプするなど浮力を感じる動き ○息を吸い、吐くなどの水圧を感じる動き
エンジョイタイム	10分	**ウキウキコンテストをする** 様々な浮き方をして、どうすると長く浮いていられるかを考える。
小集団学習	12分	**様々な浮く・進む運動をする** ○人間ドリブル…だるま浮きをした状態の友達を、水中に軽く押し、浮力で戻ってくる。 ○変身浮き…友達に言われた浮き方をする。 　　　（例）伏し浮き→大の字浮き ○輪くぐり…友達が持ったフラフープの場所までけ伸びで進む。
整理運動	3分	**運動で使った部位をゆったりとほぐす** ○全身をゆっくりとほぐし、耳の中の水を出す。
まとめ	5分	**(1)今日の学習について振り返り、次からの学習の進め方を知る** ①浮いたり、け伸びをしたりするポイントがわかったか ②友達と協力して考えながら運動できたか ③水泳運動のきまりを守り、用具の準備や片付けができたか **(2)シャワーを浴びる・目洗いをする**

7	浮く・泳ぐ運動
8	体ほぐしの運動・多様な動きをつくる運動
9	小型ハードル走
10	表現（宇宙探検）
11	ゴール型ゲーム（ラインサッカー）
12	跳び箱運動

1 リズム水泳②

動きの例

手で水を高く飛ばす

手のひらでゆっくり水を左右に押しながら体をひねる

手のひらでゆっくり水を前に押したり、引いたりする

カンガルージャンプ（両手を前に差し出して、水を押しながらジャンプ）

バブリング（鼻まで水につけ、息を吐く）

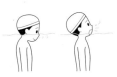

ボビング（頭まで水につけ、息を吐く）

肩まで水に浸かり、クロールの手のかき

肩まで水に浸かり、クロールの手のかき

立って片足ずつキック（かえる足の動き）

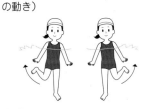

だるま浮き

大の字浮き

背浮き

シーソー（手をつないで、交互にもぐる）

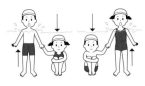

手をつないで回る

ばた足

手をつないで浮く

左右にずれて向かい合い、イルカジャンプ

手をつないでもぐってジャンプ

本時案

運動のポイントを
見付けよう②

本時の目標

補助具を使って。上手に進む方法を見付けよう。

評価のポイント

上手に進んでいる子供や、同じグループの友達に、どこがよいのかを考えさせるよう言葉掛けをする。

週案記入例

［目標］
補助具を使った、ばた足泳ぎやかえる足泳ぎの上手な進み方を考える。

［活動］
ばた足泳ぎやかえる足泳ぎの足の動き方を友達と見合い、進む方法を理解する。

［評価］
呼吸をしながら足で蹴り、上手に進む方法を見付けることができる。

［指導上の留意点］
正確な泳法を指導するのではなく、どのようなときによく進むかを考えさせる。

本時の展開

	時	子供の活動
はじめ	4分	**集合・あいさつ・人数確認** ○今日の学習内容を知る。 ○バディで人数を確認する。 ○水泳運動の心得を知る。
準備運動	5分	**準備運動をして、シャワーを浴びる** ○膝、肘、肩、首、手首、足首等の各関節を動かす。 ○シャワーを浴びる。
リズム水泳	6分	**入水し、リズム水泳を行う** ○水を押すなどの水の抵抗を感じる動き ○ジャンプするなど浮力を感じる動き ○息を吸い、吐くなどの水圧を感じる動き
エンジョイタイム	10分	**け伸びチャレンジをする** 1 前時の学習を振り返り、どれだけ進めるか挑戦する。
小集団学習	12分	**ビート板ばた足泳ぎや、ビート板かえる足泳ぎをする** 2 ○友達と動きを見合いながら、どのようなときによく進んでいるのかを見付けさせ、全体で共有する。
整理運動	3分	**運動で使った部位をゆったりとほぐす** ○全身をゆっくりとほぐし、耳の中の水を出す。
まとめ	5分	**(1)今日の学習について振り返り、次からの学習の進め方を知る** ①キックで進むポイントがわかったか ②友達と協力して考えながら運動できたか ③水泳運動のきまりを守り、用具の準備や片付けができたか **(2)シャワーを浴びる・目洗いをする**

1 け伸びチャレンジ

壁をけってのけ伸び

教師の合図

1	2	3	スタート
両腕で耳の後ろをはさむ	片足をプールの壁につける	腕ではさんだまま、顔をつける	もう一方の足をつけて壁をける

○ポイント

・はじめに、バディの友達と補助付きのけ伸びを行うな
　ど、段階的な指導を行う。

・補助は、手を引いたり、足の裏を押したりする。

・クラスの中で誰が一番進んだかを称賛するのではな
　く、自分自身の伸びに着目させる。

2 ビート板を使ったキックの練習

ビート板を使ったばた足泳ぎ

○ポイント

・顔上げ→顔つけ→呼吸をしながらのばた足と、段階的に
　取り組む。

・補助をする子供は、「1、2、パッ、4」と声をかけなが
　ら行う。補助をすることで推進力が生まれ、苦手な子供
　も水中を進む感覚を体験することができる。

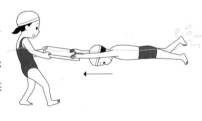

ビート板を使ったかえる足泳ぎ

○ポイント

・ばた足の連続した動きと違い、かえる足は曲げてから
　蹴って伸びるといったところを意識させる。

・1回のキックでたくさん伸びることを意識させるため
　に、「5回キックしてどこまで進めるかな」と、めあてを
　もたせて取り組む。

本時案

運動のポイントを 見付けよう③

4/9

本時の目標

初歩的な泳ぎで、上手に進む方法を見付けよう。

評価のポイント

きれいに泳げているかどうかではなく、前時までの学習を行かして進もうとしているかどうかを見る。

[目標]
ばた足泳ぎやかえる足泳ぎの方法を考える。

[活動]
ばた足泳ぎやかえる足泳ぎを友達と見合い、進む方法を理解する。

[評価]
ばた足泳ぎやかえる足泳ぎの、上手に進む方法を見付けることができる。

[指導上の留意点]
正確な泳法を指導するのではなく、どのようなときによく進むかを考えさせる。

本時の展開

	時	子供の活動
はじめ	4分	**集合・あいさつ・人数確認** ○今日の学習内容を知る。 ○バディで人数を確認する。 ○水泳運動の心得を知る。
準備運動	5分	**準備運動をして、シャワーを浴びる** ○膝、肘、肩、首、手首、足首等の各関節を動かす。 ○シャワーを浴びる。
リズム水泳	6分	**入水し、リズム水泳を行う** ○水を押すなどの水の抵抗を感じる動き ○ジャンプするなど浮力を感じる動き ○息を吸い、吐くなどの水圧を感じる動き
エンジョイタイム	10分	**ビート板どんじゃんけんをする** **1** ばた足と、かえる足の両方で行う。前時の学習を振り返り、ポイントを意識しながら取り組む。
小集団学習	12分	**ばた足泳ぎや、かえる足泳ぎをする** **2** ○友達と動きを見合いながら、どのようなときによく進んでいるのかを見付けさせ、全体で共有する。
整理運動	3分	**運動で使った部位をゆったりとほぐす** ○全身をゆっくりとほぐし、耳の中の水を出す。
まとめ	5分	**(1)今日の学習について振り返り、次からの学習の進め方を知る** ①ばた足泳ぎやかえる足泳ぎで進むポイントがわかったか ②友達と協力して考えながら運動できたか ③水泳運動のきまりを守り、用具の準備や片付けができたか **(2)シャワーを浴びる・目洗いをする**

7 浮く・泳ぐ運動
106

7

浮く・泳ぐ運動

8

体ほぐしの運動・多様な動きをつくる運動

9

小型ハードル走

10

表現（宇宙探検）

11

ゴール型ゲーム（ラインサッカー）

12

跳び箱運動

1 ビート板どんじゃんけん

①プールの横を使い、チーム対抗で行う。次の子供はプールに入って待つ。
②相手の陣地に向けてばた足（かえる足）で泳いでいき、相手と出会ったらじゃんけんをする。
③勝ったら進み、負けたら次の人がスタートする。

○ポイント

・ビート板は各チーム2枚持つようにする。（1枚ずつだと受け渡しの際に急いで投げてしまうことがある。）

・ゴールは相手陣地の壁にタッチだとなかなか終わらない。プールのコースのラインを工夫してゴールラインを決めるとよい。

2 ばた足泳ぎ

腕の動かし方

○ポイント

①プールサイドで行う

1：親指はももに触れるまで

2：腕を戻して手を合わせる

3：反対の手　　4：戻す

「1〜2、3〜4」のリズムで声を出しながら行う

②水中を歩きながら行う

・「1〜2、3〜4」のリズムで、1回ごとに前で手をそろえることを意識する。

・呼吸をするときは、その場で止まってもよい

呼吸の仕方

○ポイント

・はじめは水中を歩きながら行う。

・耳を腕につけ、腕枕をするような感じで呼吸をするよう意識させる。

・呼吸をする際に、推進力が失われ、沈んでしまう。呼吸をするタイミングでしっかりとキックをする。

本時案

自分のめあてを
立てよう①

本時の目標

前時までまとめたポイントを基に、ばた足泳ぎのめあてを立てる。

評価のポイント

自分の動きは見ることができないため、友達からの客観的な意見を大切にさせる。

週案記入例

[目標]
動きのポイントを基に、自己の課題を把握し、めあてを立てる。

[活動]
小集団で泳ぎを見合い、個々の課題を見付ける。

[評価]
自分の考えや、友達の意見から、ばた足泳ぎのめあてを立てることができる。

[指導上の留意点]
単元後半の学習に繋げられるよう、自己の課題を明確にさせる。

本時の展開

	時	子供の活動
はじめ	4分	**集合・あいさつ・人数確認** ○今日の学習内容を知る。 ○バディで人数を確認する。 ○水泳運動の心得を知る。
準備運動	5分	**準備運動をして、シャワーを浴びる** ○膝、肘、肩、首、手首、足首等の各関節を動かす。 ○シャワーを浴びる。
リズム水泳	6分	**入水し、リズム水泳運動を行う** ○水を押すなどの水の抵抗を感じる動き ○ジャンプするなど浮力を感じる動き ○息を吸い、吐くなどの水圧を感じる動き
エンジョイタイム	10分	**3つの活動の中から選択して取り組む** **1** ○ビート板どんじゃんけん　○ウキウキコンテスト ○け伸びチャレンジ
小集団学習	12分	**ばた足泳ぎをする** **2** ○友達と動きを見合いながら、どのようなときによく進んでいるのかを見付けさせ、全体で共有する。
整理運動	3分	**運動で使った部位をゆったりとほぐす** ○全身をゆっくりとほぐし、耳の中の水を出す。
まとめ	5分	**(1)今日の学習について振り返り、次からの学習の進め方を知る** ①動きのポイントを理解することができたか ②ばた足泳ぎの課題を見付けることができたか ③友達の考えを認めることができたか **(2)シャワーを浴びる・目洗いをする**

7
浮く・泳ぐ運動

8
体ほぐしの運動・多様な動きをつくる運動

9
小型ハードル走

10
表現（宇宙探検）

11
ゴール型ゲーム（ラインサッカー）

12
跳び箱運動

1 エンジョイタイム

子供が今もっている力で、水泳運動の様々な特性に触れながら楽しむことができるような活動を行う。

○ポイント
・グループで運動する場を選択する。
　プールを3つの場に分け、グループごとに
　どこで活動するか選択して取り組む。
・それぞれの場の人数により、活動範囲を変
　えていく。

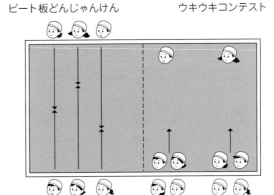

ビート板どんじゃんけん　　　ウキウキコンテスト

けのびチャレンジ

2 ばた足泳ぎ

単元前半で見付けた運動のポイントをまとめ、学習資料として子供が使えるようにする。（拡大したものをプールサイドに貼る、ラミネート加工をして、子供が見られるようにするなど）子供が考えた言葉を使ってまとめていく。

〈例〉

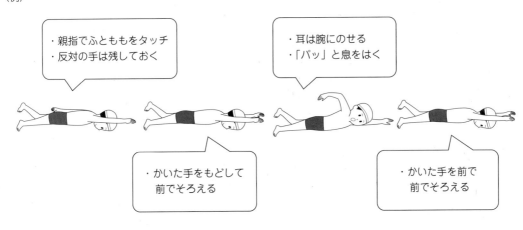

・親指でふとももをタッチ
・反対の手は残しておく

・耳は腕にのせる
・「パッ」と息をはく

・かいた手をもどして
　前でそろえる

・かいた手を前で
　前でそろえる

本時案

自分のめあてを
立てよう②

本時の目標

前時までまとめたポイントを基に、かえる足泳ぎのめあてを立てる。

評価のポイント

かえる足は日常の動きになく、感覚が捉えづらい。プールサイドで自分の動きを確認させるなどして、どのように動いているかを見させる。

週案記入例

[目標]
動きのポイントを基に、自己の課題を把握し、めあてを立てる。

[活動]
小集団で泳ぎを見合い、個々の課題を見付ける。

[評価]
自分の考えや、友達の意見から、かえる足泳ぎのめあてを立てることができる。

[指導上の留意点]
単元後半の学習に繋げられるよう、自己の課題を明確にさせる。

本時の展開

	時	子供の活動
はじめ	4分	**集合・あいさつ・人数確認** ○今日の学習内容を知る。 ○バディで人数を確認する。 ○水泳運動の心得を知る。
準備運動	5分	**準備運動をして、シャワーを浴びる** ○膝、肘、肩、首、手首、足首等の各関節を動かす。 ○シャワーを浴びる。
リズム水泳	6分	**入水し、リズム水泳を行う** ○水を押すなどの水の抵抗を感じる動き ○ジャンプするなど浮力を感じる動き ○息を吸い、吐くなどの水圧を感じる動き
エンジョイタイム	10分	**3つの活動の中から選択して取り組む** ○ビート板どんじゃんけん　○ウキウキコンテスト ○け伸びチャレンジ
小集団学習	12分	**かえる足泳ぎをする** ◀**1** ○友達と動きを見合いながら、全体で共有する。
整理運動	3分	**運動で使った部位をゆったりとほぐす** ○全身をゆっくりとほぐし、耳の中の水を出す。
まとめ	5分	**(1)今日の学習について振り返り、次からの学習の進め方を知る** ①動きのポイントを理解することができたか ②かえる足泳ぎの課題を見付けることができたか ③友達の考えを認めることができたか **(2)シャワーを浴びる・目洗いをする**

7
浮く・泳ぐ運動

8
体ほぐしの運動・多様な動きをつくる運動

9
小型ハードル走

10
表現（宇宙探検）

11
ゴール型ゲーム（ラインサッカー）

12
跳び箱運動

1 かえる足泳ぎ

歩きながら手のかきの練習

顔を出し、両手で水を顔の下にかきこむ（逆のハートを描く）

あごを引き、水をすくいあげる

両腕を伸ばして、耳まで沈む（なるべく水の抵抗を受けないように伸ばす）

呼吸なしのかえる足泳ぎ

のびるぅ　　　　かいてぇ　　　　けってぇ　　　　のびるぅ

かえる足泳ぎ

のびるぅ　　　　パッ　　　　けってぇ　　　　のびるぅ

学習資料例

・手をのばしながら足をける
・けった足をはさむ

・「パッ」と息をはく
・すぐに水に顔をつける

・手足をそろえる
・けのびのしせいをする

・顔に水を入れて、手と足を曲げる

本時案

自分のめあてに合った 泳ぎに取り組もう① 7/9

本時の目標

自己の課題に応じた場や運動を選んで取り組む。

評価のポイント

自己の課題と、その練習方法が合っているかどうかを考えさせるように言葉掛けをしていく。

本時の展開

	時	子供の活動
はじめ	4分	**集合・あいさつ・人数確認** ○今日の学習内容を知る。 ○バディで人数を確認する。 ○水泳運動の心得を知る。
準備運動	5分	**準備運動をして、シャワーを浴びる** ○膝、肘、肩、首、手首、足首等の各関節を動かす。 ○シャワーを浴びる。
リズム水泳	5分	**入水し、リズム水泳運動を行う** ○水を押すなどの水の抵抗を感じる動き。 ○ジャンプするなど浮力を感じる動き。 ○息を吸い、吐くなどの水圧を感じる動き。
小集団学習	23分	**自己の学習課題に応じた運動を行う** 1 ○自分の見てもらいたいところを明確に伝え、その出来栄えを伝えたり、アドバイスをしたりしながら練習を行う。 　※友達の動きを見てアドバイスをする際に、単元前半でまとめた学習資料を活用する。
整理運動	3分	**運動で使った部位をゆったりとほぐす** ○全身をゆっくりとほぐし、耳の中の水を出す。
まとめ	5分	(1)**今日の学習について振り返り、次からの学習の進め方を知る** ①初歩的な泳ぎを行うことができたか。 ②練習する内容や場を選ぶことができたか。 ③友達の考えを認めることができたか。 (2)**シャワーを浴びる・目洗いをする**

7	浮く・泳ぐ運動
8	体ほぐしの運動・多様な動きをつくる運動
9	小型ハードル走
10	表現（宇宙探検）
11	ゴール型ゲーム（ラインサッカー）
12	跳び箱運動

1 小集団学習①

自己の課題に応じて、場や練習方法を選んで取り組む

	知る（1〜4時）	取り組む（5〜9時）
学習活動	リズム水泳 ……	音楽に合わせて、水の特性を感じ、楽しみながら運動する
	エンジョイタイム 全員で同じ活動　→	今もっている力で取り組む グループで選択
	小集団学習 …… 上手に行うためのポイントを 見付ける　→ （共通課題）	自己の課題解決に向けて取り組む 単元前半でまとめたポイントを基に小集団で学び合う （個人の課題）
	学習の振り返り ……	本時の学習を振り返り、次時のめあてをもつ

小集団学習の進め方

・3人組を基本として学び合いを行う。（人数調整で2人組もできる）
・課題に応じたコースを設け、選ばせる。
・一人が7分間練習を行い、グループの友達からアドバイスや補助をしてもらいながら行う。（交代を急がせないように、1分間の時間を設ける）
・見てもらいたいところをはっきりと伝え、見ている子供は友達に出来栄えを伝える。また、学習資料を活用して課題解決に向けたアドバイスも伝える。

【課題別コース】例	
イルカコース	・ばた足泳ぎやかえる足泳ぎで、息継ぎをしながらできるだけ長く泳ぐ
マグロコース	・手や足の動きを、補助具なしで練習する。（息継ぎなし）
アシカコース	・手や足の動きを、補助具やプールサイドを使って練習する。

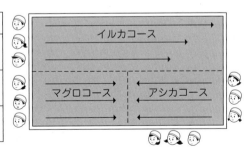

本時案

自分のめあてに合った 泳ぎに取り組もう②

本時の目標

　自己の課題に応じた場や運動を選んで取り組む。

評価のポイント

　友達の動きを見る際に、学習資料を活用し、それと比べてアドバイスをするよう言葉掛けをする。

週案記入例

[目標]
前時までに設定した自己の課題に応じて、場や運動を選んで取り組む。

[活動]
小集団で、自分の見てもらいたいところを伝え、出来映えを確認する。

[評価]
課題解決のための活動を選び、取り組んでいる。

[指導上の留意点]
友達にアドバイスをする際に、学習資料を活用する。

本時の展開

	時	子供の活動
はじめ	4分	**集合・あいさつ・人数確認** ○今日の学習内容を知る。 ○バディで人数を確認する。 ○水泳運動の心得を知る。
準備運動	5分	**準備運動をして、シャワーを浴びる** ○膝、肘、肩、首、手首、足首等の各関節を動かす。 ○シャワーを浴びる。
リズム水泳	5分	**入水し、リズム水泳を行う** ○水を押すなどの水の抵抗を感じる動き ○ジャンプするなど浮力を感じる動き ○息を吸い、吐くなどの水圧を感じる動き
小集団学習	23分	**自己の学習課題に応じた運動を行う** ◀**1** ○自分の見てもらいたいところを明確に伝え、その出来映えを伝えたり、アドバイスをしたりしながら練習を行う。 　※前時に行った際の課題をしっかりと意識し、見てもらう友達に伝えられるようにする。
整理運動	3分	**運動で使った部位をゆったりとほぐす** ○全身をゆっくりとほぐし、耳の中の水を出す。
まとめ	5分	**(1)今日の学習について振り返り、次からの学習の進め方を知る** ①初歩的な泳ぎを行うことができたか ②練習する内容や場を選ぶことができたか ③友達の考えを認めることができたか **(2)シャワーを浴びる・目洗いをする**

7
浮く・泳ぐ運動

8
体ほぐしの運動・多様な
動きをつくる運動

9
小型ハードル走

10
表現（宇宙探検）

11
ゴール型ゲーム
（ラインサッカー）

12
跳び箱運動

1 小集団学習②

学び合いの仕方の工夫

○見る場所を変える

泳ぐ人から、どこを見てもらいたいか伝えられたら、見る場所を考えることも大切である。水中から見る場合は入水しなければならない。そうでない場合は水面近くだと見づらく、プールサイドからの方が見やすいことなどを指導する。

○補助を行う

今までの学習で行った補助を活用する。また、動きに合わせてリズムを声に出すだけでも、泳ぎの感覚をつかむために有効であることを伝え、関わり合いをより促進させる。

前に水を送るようにしよう

○コース選択の工夫

自己の課題に応じて活動するコースを選択するため、毎時間どの子供がどのコースを選ぶのかがわからず、1つのコースだけが混んでしまうことがある。下記のようなマグネットボードや、名前入りの磁石を使うことで、子供が自ら混んでないコースに分散するよう、工夫する。また、教師も子供の課題が何であるかを把握しやすくなる。

	イルカコース	マグロコース	アシカコース
1回目	●● ●●	●● ●	● ● ●
2回目	●● ●	●	●●
3回目	●● ●●	●	● ●●

第8時
115

本時案

自分のめあてに合った 泳ぎに取り組もう③

本時の目標

自己の課題に応じた場や運動を選んで取り組む。

評価のポイント

前時の課題を把握し、本時の活動を選択するよう言葉掛けをする。

週案記入例

[目標]
前時までに設定した自己の課題に応じて、場や運動を選んで取り組む。

[活動]
小集団で、自分の見てもらいたいところを伝え、出来映えを確認する。

[評価]
課題解決のための活動を選び、取り組んでいる。

[指導上の留意点]
友達にアドバイスをする際に、体の部位がどうなっているかを伝えると分かりやすいことを指導する。

本時の展開

	時	子供の活動
はじめ	4分	**集合・あいさつ・人数確認** ○今日の学習内容を知る。 ○バディで人数を確認する。 ○水泳運動の心得を知る。
準備運動	5分	**準備運動をして、シャワーを浴びる** ○膝、肘、肩、首、手首、足首等の各関節を動かす。 ○シャワーを浴びる。
リズム水泳	5分	**入水し、リズム水泳を行う** ○水を押すなどの水の抵抗を感じる動き ○ジャンプするなど浮力を感じる動き ○息を吸い、吐くなどの水圧を感じる動き
小集団学習	23分	**自己の学習課題に応じた運動を行う** ◀**1** ○自分の見てもらいたいところを明確に伝え、その出来映えを伝えたり、アドバイスをしたりしながら練習を行う。 　※前時に行った際の課題をしっかりと意識し、見てもらう友達に伝えられるようにする。
整理運動	3分	**運動で使った部位をゆったりとほぐす** ○全身をゆっくりとほぐし、耳の中の水を出す。
まとめ	5分	**(1)今日の学習について振り返り、次からの学習の進め方を知る** ①初歩的な泳ぎを行うことができたか ②練習する内容や場を選ぶことができたか ③友達の考えを認めることができたか **(2)シャワーを浴びる・目洗いをする**

7

浮く・泳ぐ運動

8

体ほぐしの運動・多様な
動きをつくる運動

9

小型ハードル走

10

表現（宇宙探検）

11

ゴール型ゲーム
（ラインサッカー）

12

跳び箱運動

1 小集団学習③

学び合いのサイクル

○課題解決に向けて、出来映えや意見を伝え、励まし合い、助け合うことで、友達や仲間の成長を認め、共に成長する喜びを味わえるようにする。中学年以降は、運動の行い方を理解した上で、自分のめあてを伝え、見てもらい、友達からのアドバイスをもとにもう一度泳ぐというサイクルを繰り返す。

（ばた足泳ぎの例）

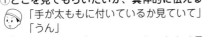
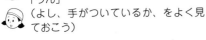

①どこを見てもらいたいか、具体的に伝える
「手が太ももに付いているか見ていて」
「うん」
（よし、手がついているか、をよく見ておこう）

②部位を意識してできばえを伝える
「どうだった」
「左手がついていなかったよ。親指をふとももに付けるようにすると、いいよ」

④振り返る
「どうだった。」
（親指に気を付けてやってみた。）
「できていたけど、たまに付かないときがあったよ」
（上手くなってきたな）

③再び行う
「じゃあ、もう一度やってみる」
（親指を意識してやってみよう）
「うん」
（アドバイスが生かされるかな）

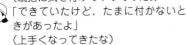

教師の言葉掛け

○子供の思考力・判断力・表現力を育むための言葉掛けを工夫する。
（例）

泳いでいる子供に対して

「どこを意識して泳いだのかな」
「今、何で上手に泳げたのかな」

見ている子供に対して

「今、友達のどこを見ているの」
「もっと上手になるには、次にどこを意識すればいいかな」

※話し合いが上手く行われていないグループには、教師が入り言葉掛けをしていく。直接的に技能面のアドバイスをするのではなく、前時までの学習を振り返りながら子供自身に考えさせていく。

「浮く・泳ぐ運動」学習カード＆資料

使用時 **第1～9時**

本カードは第1時から第9時まで単元全体を通して使用する。水泳運動の学習内容や自己の振り返りを記録するカードである。自分がどのようなことを学んで、何ができるようになったのかを記入していく。さらに、自己の課題と、その解決に向けての方法を考える、学びの道筋を考えるためのツールとして使用する。

収録資料活用のポイント

①使い方

　単元の開始前に、本カードを厚紙に裏表で印刷し、子供に配付する。単元全体の流れついて、イラストを交えながら学習内容を説明し、見通しをもたせる。各時間の授業が終了した後、更衣を済ませ、学習の振り返りを行うように指示する。

②留意点

　本カードは、学習を通して個人が感じたことを記入していくものであるため、個人の文章の量や質に差が見られる。また、書く視点がいつも同じ（意欲面ばかりを書くなど）で、学びが深まらない子供がいる。そうした場合、個人の考えを否定することなく、学習のめあてについて振り返らせたり、教師が見取ったその子供のよいところをコメントに書いたりしていくとよい。

🔘 学習カード 4-7-1　　　　　　🔘 学習カード 4-7-2

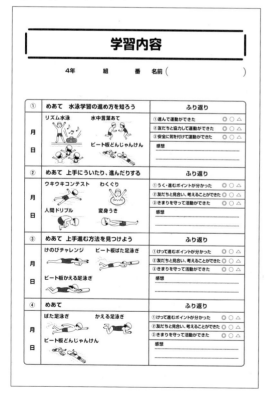

ばた足・かえる足のポイント

4年　　　組　　　番　名前（　　　　　　　　　　　　　　）

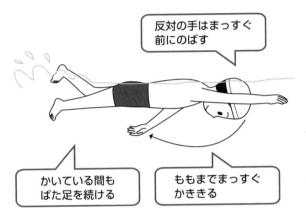

反対の手はまっすぐ
前にのばす

かいている間も
ばた足を続ける

ももまでまっすぐ
かききる

練習方法

○陸上や歩いて確認
「1〜2、3〜4」のリズムでかく

○ビート板を使って
「かいてえ　そろえる」と声をかけ
ながら行う

手足をそろえて、
けのびのしせいをする

手をかきながら、前に
顔を上げてこきゅうをする

顔を水に入れて、
手と足を曲げる

手をのばしながら
足をける

練習方法

○陸上やプールサイドに
つかまって練習
・自分の足がどうなっているのかを見る
・太ももが前にいきすぎないようにする

○タイミングを声かけ
しながら練習
・「パッ、けって、のびるぅ」と、タイミングが
つかみやすいようにする

7 浮く・泳ぐ運動
8 体ほぐしの運動・多様な動きをつくる運動
9 小型ハードル走
10 表現（宇宙探検）
11 ゴール型ゲーム（ラインサッカー）
12 跳び箱運動

8 体ほぐしの運動・多様な動きをつくる運動

（4 時間）

【単元計画】

1 時	
[第一段階] 体ほぐしの運動 運動の行い方を知り、 体を動かす楽しさや心地よさを味わう。	楽しくいろいろな動きに取り組む。
1 楽しく体を動かそう POINT：体を動かすと心と体が変化することに気付くようにする。 **【主な学習活動】** ○集合・あいさつ ○準備運動 ○体ほぐしの運動 ○整理運動 ○まとめ・振り返り	**2 いろいろな動きをやってみよう** POINT：いろいろな運動に取り組み、運動との出会いを楽しむことができるようにする。 **【主な学習活動】** ○集合・あいさつ ○準備運動 ○用具を操作しながらバランスをとる動き ○用具を操作しながら移動する動き（フープ） ○整理運動 ○まとめ・振り返り

授業改善のポイント

主体的・対話的で深い学びの実践に向けて

体つくり運動は、運動を楽しく行うために、自己の学習課題を見付け、その解決のための活動を工夫していくことが大切である。バランスをとりながら移動する動きや用具を操作しながら移動する動きは、二つ以上の動きを同時に行ったり連続して行ったりする動きである。これまで経験してきた動きをもとに、子供一人一人が、動きを獲得し、できる動きを増やしていくことや、より動きの質を高めていくことが、学習課題となる。より多くの動きや質の高い動きをできるようになるために、「どうやったら

できるようになったの？」と友達との対話を通して、試行錯誤しながら何度も取り組み、こつやポイントに気付かせたい。

教師はそれらを言語化し、結果として「いろいろなことができるようになった」という子供自身の自分との対話も大切にしていきたい。

7
浮く・泳ぐ運動

8
体ほぐしの運動・多様な動きをつくる運動

9
小型ハードル走

10
表現（宇宙探検）

11
ゴール型ゲーム（ラインサッカー）

12
跳び箱運動

単元の目標

○知識及び運動

・体ほぐしの運動では、手軽な運動を行い、心と体の変化に気付いたり、みんなで関わり合ったりすることができる。

・多様な動きをつくる運動では、基本的な動きを身に付けることができる。

○思考力、判断力、表現力等

・自己の課題を見付け、その課題を解決するために様々な運動の行い方を選んだり、友達と一緒に工夫したりしながら、考えたことや見付けたことを友達に伝えることができる。

○学びに向かう力、人間性等

・運動に進んで取り組み、きまりを守り誰とでも仲よく運動をしたり、友達の考えを認めたり、場や用具の安全に気を付けたりすることができる。

2・3・4時

[第二段階]
多様な動きをつくる運動運動の行い方を知り、基本的な動きを組み合わせる運動を楽しむ。

運動の行い方を工夫し、めあてをもって運動する。

3・4　自分のできるようになりたい動きに取り組もう

POINT：自分が取り組みたい動きに取り組み、どうやったらできるのか、考えたことを友達に伝えることができるようにする。

【主な学習活動】
○集合・あいさつ
○準備運動
○バランスをとりながら移動する動き
○用具を操作しながら移動する動き（フープ）
○整理運動
○まとめ・振り返り

子供への配慮の例

①運動が苦手な子供

まずその場で一つの動きだけをやってみるということを促したり、用具や行い方を変えたりしながら、教師や友達と一緒に運動したりする。易しい動きから行うことによって、徐々に運動に慣れてくるよう、単元を通して支援していく。

②意欲的でない子供

一人で取り組むのではなく、友達と取り組み、友達の様子を見ながら真似をして体を動かしたり、友達の動きに刺激を受けて一緒に様々な運動に挑戦したりできるように、ペアやグループでの活動を取り入れて配慮するとよい。

みんなで楽しく
体を動かそう

本時の目標

　体を動かすと心と体の変化することに気付くことができるようにする。

評価のポイント

　体を動かすと心も弾み、体の力を抜くと気持ちがよいこと、汗をかいた後は気分もすっきりするなど、心と体の変化に気付くことができたか。

週案記入例
[目標] みんなで楽しく体を動かして、心と体の変化に気付くことができるようにする。 **[活動]** 体ほぐしの運動の動と静の動きを楽しく交互に行う。 **[評価]** みんなで楽しく体を動かして、心と体の変化に気付くことができたか。 **[指導上の留意点]** 安全に運動するためのきまりや約束をしっかりと確認させる。

本時の展開

	時	子供の活動
はじめ	5分	**集合・あいさつ** ○今日の学習内容と学習課題を確認する。 ○約束を確認する。 　・合言葉「いつでもどこでも誰とでも！」 　・運動するスペースに気を付けて、安全に運動しよう。
準備運動	5分	**楽しく準備運動をする** ○音楽に合わせて、心と体のスイッチをオンにする。 ○輪になって行ったり、じゃんけん等の手軽で心が弾むような動きを行ったりする。
体ほぐしの運動	30分	**動と静の動きを楽しく行う　1** ○いろいろウォーキング、ランニング（動） ○心を感じて（静） ○フープリレー（動） ○いかだながし（静） ○大根ぬき（動） ○みんなでトントントン！（静）　2 　→活動の途中で、心と体の変化に気付かせるような声掛けをする。
整理運動	2分	**運動で使った部位をゆったりとほぐす** ○ペアでストレッチを行う。
まとめ	3分	**(1)今日の学習について振り返り、学習カードに記入する** ①みんなで楽しく体を動かして、心と体の変化に気付くことができたか。 ②自由記述 **(2)学習カードに記入したことを発表し合う**

7

浮く・泳ぐ運動

8

体ほぐしの運動・多様な動きをつくる運動

9

小型ハードル走

10

表現（宇宙探検）

11

ゴール型ゲーム（ラインサッカー）

12

跳び箱運動

1 体ほぐしの運動の例

いろいろウォーキング、ランニング
よこ歩き

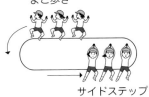

サイドステップ

心を感じて

目を閉じて
会えるかな

フープリレー
体をくぐらせる

いかだながし

○○さんを
運ぼう

大根ぬき

みんなで
ふんばる

みんなでトントントン！

肩をやさしく
たたく

2 指導のポイント

①運動前の心と体の状態を意識させておく。

②体ほぐしの運動を動と静の動きを交互に取り組ませ、活動の途中で、体を動かすと心と体がどのように変化するか投げかける。

③運動後に、再び心と体の状態を意識させる。

例）　①運動前

「いまの自分の心と体はどんな感じかな？」

→「ふつうの状態」「ちょっと暑い（寒い）」「落ち着いている」等

②運動中

「いま体を動かしたけど、どんな気持ちがする？」

→「少し、汗をかいた」「バクバクしている」「暑い」等

「今度はゆったりした運動だったけど、どう？」

→「なんか気持ちいい」「少し体が静かになった感じ」「おだやかな気分」等

③運動後

「たくさん運動したけど、心と体はどうなったかな？」

→「心も弾んだ」「すっきりした」「体がほてった」等

本時案

いろいろな動きを
やってみよう

本時の目標

　いろいろな運動に取り組み、運動との出会い
を楽しむことができるようにする。

評価のポイント

　いろいろな用具の楽しみ方を知り、進んで運
動に取り組むことができたか。

週案記入例

［目標］
いろいろな動きをやってみようとする。

［活動］
バランス＋移動や用具（フープ）を用いた運動を
する。

［評価］
いろいろな動きに親しむことができたか。

［指導上の留意点］
最初に安全な用具の扱い方について共通理解を図
る。また、子供の実態に応じていろいろな用具を
選択できるように準備しておく。

本時の展開

	時	子供の活動
はじめ	2分	**集合・あいさつ** ○今日の学習内容と学習課題を確認する。
準備運動	3分	**楽しく本時の運動につながる準備運動をする** ○音楽に合わせて、心と体のスイッチをオンにする。 ○ケンケンやスキップ、ギャロップ等の「移動」の動きをする。
用具を操作しながらバランスをとる動き	5分	**長なわを跳びながらボールを捕ったり投げたり、ついたりする** ○やってみる。**1** 　→上手にできている子供を取り上げ称賛し、よい動きを広める。
用具を操作しながら移動する動き（フープ）	30分	**フープを操作しながら移動する動きに取り組む 2** ○フープを使って運動する。 　・回す　　　　・転がす　　　　・投げる・捕る 　→子供が思いついたいろいろなフープの楽しみ方を認めて褒める。 ○行い方を工夫する。 　・スキップ、ケンケン、後ろ向き、友達と一緒に　等 　→「移動」の動きを価値付け、広げていく。 　※よい動きを共有する時間を設ける。
整理運動	2分	**運動で使った部位をゆったりとほぐす** ○手首、足首を中心にほぐす。
まとめ	3分	**⑴今日の学習について振り返り、学習カードに記入する** ○いろいろな運動を楽しんで取り組むことができたか。 ○自由記述 **⑵学習カードに記入したことを発表し合う**

用具を操作しながらバランスをとる動きの工夫例

ドリブル　　　　　外の友だちと　　　　中の友だちと　　　　2つのボールで

2 **フープを操作しながら移動する動きのこつ**

・最初はその場で「回す」「転がす」「投げる・捕る」のこつをおさえる。

回す　　　　　　　　　　転がす　　　　　　　　　投げる・とる

最初にいきおいをつけて　　両手で押し出すように　　　うしろに
　　　　　　　　　　　　　　　　　　　　　　　　引いてから
　　　　　　　　　　　　　　　　　　　　　　　　投げ上げ

・移動を伴う動きのこつをおさえる。

フープに合わせて　　　　まっすぐころがす　　　　フープを投げて
スキップ　　　　　　　　　　　　　　　　　　　キャッチ

7 浮く・泳ぐ運動

8 体ほぐしの運動・多様な動きをつくる運動

9 小型ハードル走

10 表現（宇宙探検）

11 ゴール型ゲーム（ラインサッカー）

12 跳び箱運動

本時案

自分のできるように なりたい動きに取り組もう ①

3／4

本時の目標

　自分が取り組みたい動きに取り組み、どうやったらできるのか、考えたことを友達に伝えることができるようにする。

評価のポイント

　「移動」を伴う動きに取り組むことができたか。

週案記入例

[目標]
自分の取り組みたい動きのこつを考え、友達に伝えることができるようにする。

[活動]
バランス＋移動、用具（フープ）＋移動の運動をする。

[評価]
自分の取り組みたい動きのこつを考え、友達に伝えることができたか。

[指導上の留意点]
基本的な動きを組み合わせる運動の「移動」のバリエーションを増やし、上手にできるようになることを指導の重点とする。

本時の展開

	時	子供の活動
はじめ	2分	**集合・あいさつ** ○今日の学習内容と学習課題を知る。
準備運動	3分	**楽しく本時の運動につながる準備運動をする** ○音楽に合わせて、心と体のスイッチをオンにする。 ○ケンケンやスキップ、ギャロップ等の「移動」の動きをする。
バランスを取りながら移動する動き	5分	**ものを持ったりかついだりして、バランスを歩いたり走ったりする** ○いろいろな用具やコースでやってみる。
用具を操作しながら移動する動き（ボール）	30分	**フープを操作しながら移動する動きに取り組む** ◀**1** ○自分ができるようになりたい動きに取り組む。 　・回す　　　　・転がす　　　　　・投げる・捕る 　→移動の仕方を価値付ける。 ○様々な動きを組み合わせ、行い方を工夫する。 　→工夫の視点を明確にして支援する。 　（姿勢、方向、距離、用具、人数、移動の仕方） 　※よい動きを共有する時間を設ける。
整理運動	2分	**運動で使った部位をゆったりとほぐす** ○手首、足首を中心にほぐす。
まとめ	3分	(1)**今日の学習について振り返り、学習カードに記入する** ①自分の取り組みたい動きのこつを考え、友達に伝えることができたか。 ②自由記述 (2)**学習カードに記入したことを発表し合う**

フープを操作しながら移動する動きの工夫例

●回す

腰で　足で　首で

歩く、走る、スキップ、ケンケンで進む

2人でも

3人でも

●転がす

バックスピン

フープを
くぐる

背中を
まるめてくぐる

ジャンプ

2人で
いっしょに

うしろ向きに
ころがす

よこ向きでも

●投げる・捕る

2つの
フープで

まわって　床タッチ　キャッチ

上に高く投げて、すばやく動いてキャッチ

7 浮く・泳ぐ運動

8 体ほぐしの運動・多様な動きをつくる運動

9 小型ハードル走

10 表現（宇宙探検）

11 ゴール型ゲーム（ラインサッカー）

12 跳び箱運動

本時案

自分のできるように なりたい動きに取り組もう ②

4/4

本時の目標

自分が取り組みたい動きをできるようにする。

評価のポイント

「回す」「転がす」「投げる・捕る」など、フープを操作しながら、いろいろな移動の仕方で運動することができるようになったか。

週案記入例

[目標]
自分の取り組みたい動きをできるようにする。

[活動]
バランス＋移動、用具（フープ）＋移動の運動をする。

[評価]
自分の取り組みたい動きができるようになったか。

[指導上の留意点]
各コーナーで移動する方向を決め、場の安全に留意させる。

本時の展開

	時	子供の活動
はじめ	2分	**集合・あいさつ** ○今日の学習内容と学習課題を知る。
準備運動	3分	**楽しく本時の運動につながる準備運動をする** ○音楽に合わせて、心と体のスイッチをオンにする。 ○ケンケンやスキップ、ギャロップ等の「移動」の動きをする。
バランスを取りながら移動する動き	5分	**ものを持ったりかついだりして、バランスを歩いたり走ったりする** ○いろいろな用具やコースでやってみる。
用具を操作しながら移動する動き（ボール）	30分	**フープを操作しながら移動する動きに取り組む** 1 ○自分ができるようになりたい動きに取り組む。 　前半　　　　　　　　　　後半 　・回すコーナー　　　　　・回すコーナー 　・転がすコーナー　　　　・転がすコーナー 　・投げる・捕るコーナー　・投げる・捕るコーナー 　→各コーナで、動きを見合ったり、自分の発見したこつを伝え合ったりできるよう声を掛ける。 　※よい動きを共有する時間を設ける。
整理運動	2分	**運動で使った部位をゆったりとほぐす** ○手首、足首を中心にほぐす。
まとめ	3分	**(1)今日の学習やこの4時間でついて振り返り、学習カードに記入する** ①できるようになったこと ②考えたこと、友達に伝えたこと **(2)学習カードに記入したことを発表し合う**

1 コーナーの例

●回すコーナー

2人でいっしょに
回して進む

いろいろな進み方で

●転がすコーナー

まっすぐ、遠くまで

右手や左手で

うしろ向き、よこ向きで
くぐったり、ジャンプして楽しむ

●投げる・捕るコーナー

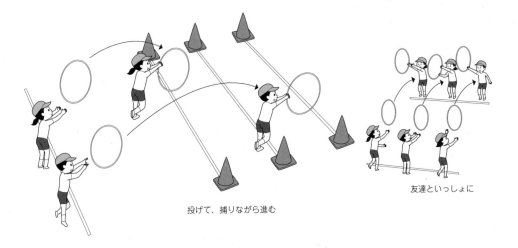

友達といっしょに

投げて、捕りながら進む

7 浮く・泳ぐ運動

8 体ほぐしの運動・多様な動きをつくる運動

9 小型ハードル走

10 表現（宇宙探検）

11 ゴール型ゲーム（ラインサッカー）

12 跳び箱運動

「体ほぐしの運動・多様な動きをつくる運動」学習カード＆資料

使用時 第1〜4時

本カードは、第1時の体ほぐしの運動と第2〜4時の多様な動きをつくる運動で使用する。第2時以降は、子供一人一人が「自分のできるようになりたい動きに取り組む」ことを個々のめあてとして取り組み振り返ることができるよう、運動の時間を確保したい。

収録資料活用のポイント

①使い方

授業後に、本カードを一人一人に配布する。1単位時間の学習の内容が明確になるように、一時間で一枚のカードを横に並べてセロハンテープで貼っていくと、単元を通しての学習が振り返りやすくなる。

②留意点

本カードは、4月の学習カードと同様、1単位時間の学習のめあてについて、子供自身が「何ができるようになったのか」ということを意識して振り返りができるよう、自由記述の部分が多くなっている。発見したこつを言語化することにも慣れてくる時期なので、それらを他者に伝えられたかということに焦点を当てて見とっていきたい。

🎮 学習カード 4-8-1

体ほぐしの運動　学習カード

日にち（　　　　　　）
4年　　　組　　　番　名前（　　　　　　）

月　日（　）	☆楽しく体をうごかそう！

●取り組んだ運動　いんしょうにのこった運動について書こう！

●ふり返り　楽しかったことや、心と体が変化したことについて書こう！

色をぬろう！　　よくできた：3つ　できた：2つ　もう少し：1つ

進んで楽しく運動することができた。	☺	☺	☺
友だちときょう力して運動することができた。	☺	☺	☺
心と体の変化がわかった	☺	☺	☺

🎮 学習カード 4-8-2

いろいろな動きの運動　学習カード

日にち（　　　　　　）
4年　　　組　　　番　名前（　　　　　　）

①	月　日（　）

学習のめあて

【前半】フープ	（　　　　　　　）コーナーで
	（　　　　　　　）する
【後半】フープ	（　　　　　　　）コーナーで
	（　　　　　　　）する

●ふり返り　運動に取り組んでみた感想や、どうやったらできるようになるのかについて書こう！

色をぬろう！　　よくできた：3つ　できた：2つ　もう少し：1つ

進んで自分のめあての運動に取り組むことができた。	☺	☺	☺
友だちに自分の考えをつたえることができた。	☺	☺	☺
いろいろと動きができるようになった。	☺	☺	☺

多様な動きをつくる運動　運動例

4年　　　　組　　　　番　名前（　　　　　　　　　　　）

準備運動

【世界せいふくゲーム】

グループごとに動きかたを決め、自由に進み、自分の動きと違う動きの人に出会ったらじゃんけん。負けたら勝った人に動きになる。多い動きのグループの勝ち。

【ライン DE ハイタッチ】

体育館のラインを使って歩く（走る）。出会った友だちとハイタッチ。できるだけたくさんの友だちとハイタッチする。

体ほぐしの運動

【風船ゲーム】

「手」「頭」など捕まる場所を言い合いながら風船キャッチボールをする。中にスーパーボールを入れると面白い。

【新聞ゲーム】

友だちとペアでじゃんけんをして、負けたら新聞を半分に折りたたんでいく。折った新聞にどこまで乗れるかな。

用具を操作しながら移動する運動

【スイッチゲーム】

友だちとタイミングを合わせて、相手のフープがとれる場所に移動する。

【バックスピンくぐり】

手首をかえしてフープにスピンをかけ戻ってきたフープを何度もくぐる。

7 浮く・泳ぐ運動

8 体ほぐしの運動・多様な動きをつくる運動

9 小型ハードル走

10 表現（宇宙探検）

11 ゴール型ゲーム（＝ラインサッカー）

12 跳び箱運動

9 小型ハードル走

5 時間

走・跳の運動

【単元計画】

1 時	2 時
[第一段階] **いろいろな小型ハードルのコースや、インターバルが一定のコースでリレー競走を楽しむ。**	
様々な高さや幅の小型ハードルが混ざったコースでリレー競走を楽しむ。	より心地よく走り越すコースを工夫し、リレー競走を楽しむ。
1 いろいろなコースでリレー競争をしよう POINT：いろいろなリズムで走り越すコースで競走を行うことで、心地悪さを味わい、速く走り越すためには一定のリズムが重要であることに気付かせる。 **【主な学習活動】** ○準備運動 ・いろいろなリズムや歩幅で、歩いたり走ったりする。 ○小型ハードルリレー競争（いろいろなコース） ○振り返り ・みんなが公平になる競走の仕方を考える。 ○インターバルが一定のコースでの小型ハードル走 ○振り返り ・インターバルが一定であるよさを共有する。	**2 同じインターバルのコースでリレー競争をしよう** POINT：全員が同じインターバルのコースで競争を行うことで、速く走り越すためには、自分に合ったインターバルが重要であることに気付かせる。 **【主な学習活動】** ○準備運動 ・いろいろなリズムや歩幅で、歩いたり走ったりする。 ○小型ハードルリレー競争（インターバル固定） ○振り返り ・もっと心地よく走り越すための工夫を考える。 ○複数のインターバルでの小型ハードル走 ○振り返り ・自分に合ったインターバルのよさを共有する。

授業改善のポイント

主体的・対話的で深い学びの実践に向けて

小型ハードル走における動きのポイントは「一定のリズムで走り越す」ことである。子供が、動きのポイントの大切さに自分たちの力で気付くことができるよう、はじめにリズムがバラバラになるコースを走り越すことで「心地悪さ」を味わわせる。あえて「心地悪さ」を感じさせることで、「一定のリズムが心地よい」ことへの気付きにつなげていく。

また、陸上運動系の学習において、子供が動きのポイントを理解し、自分の動きと照らし合わせていくことは重要である。しかし、自分の動きを客観的に捉えることが難しい運動でもある。そのため、友達との協力が不可欠であり、必然性が生まれる。友達に見てもらったり、ICT機器を活用したりしながら、自己の動きの様子をつかむ活動が対話的な学びとなる。

単元の後半には、記録の向上を楽しむ中で、自己の課題を解決したり、新たな課題を発見したりしていく。

このような「自ら気付く」「友達と支え合いながら活動する」ことを繰り返すことで、学びが深まっていく。

| 7 浮く・泳ぐ運動 |
| 8 体ほぐしの運動・多様な動きをつくる運動 |
| **9 小型ハードル走** |
| 10 表現（宇宙探検） |
| 11 ゴール型ゲーム（ラインサッカー） |
| 12 跳び箱運動 |

単元の目標

○知識及び技能
・小型ハードル走の行い方を知るとともに、小型ハードルを調子よく走り越えることができる。

○思考力、判断力、表現力等
・動きのポイントと自己の動きを照らし合わせて課題を見付け練習の仕方を選んだり、競走の仕方を工夫したりするとともに、考えたことを友達に伝えることができる。

○学びに向かう力、人間性等
・勝敗を受け入れたり、友達の考えを認めたり、場や用具の安全に気を付けたりすることができる。

3 時	4・5 時
[第二段階] 自分に合ったインターバルのコースで、記録を伸ばすために活動しながら、競走を楽しむ。	
自分に合ったインターバルを見付けるとともに、動きのポイントを見付ける。	動きのポイントと自分の動きを照らし合わせながら練習に取り組み、記録の伸びを楽しむことができる競走に取り組む。
3　記録を伸ばすために大切なことを見付けよう POINT：今の自分の記録を把握するとともに、記録を向上させるために大切な動きのポイントを、自分の動きや友達の動きをもとに見付けていく。 【主な学習活動】 ○準備運動 　・いろいろなリズムや歩幅で、歩いたり走ったりする。 ○記録計測 ○自分に合ったインターバルでの小型ハードル走 　・自分に合ったインターバルを見付けるとともに、動きのポイントを見付ける。 ○振り返り 　・記録向上につながる動きのポイントを共有する。	4・5　記録を伸ばし、小型ハードル競争を楽しもう POINT：友達と協力し、自分の動きと動きのポイントを照らし合わせながら運動し、記録を向上させていくとともに、競走を楽しむ。 【主な学習活動】 ○準備運動 　・いろいろなリズムや歩幅で、歩いたり走ったりする。 ○動きのポイントを意識した小型ハードル走 ○振り返り① 　・よい動きやよくなった動きを共有する。 ○小型ハードル競走 　・記録の伸びに着目した競走に取り組む。 ○振り返り②

子供への配慮の例

①運動が苦手な子供

　一定のリズムでハードルを走り越えることが難しい子供には、口伴奏（トン・1・2・3）や、並走して走り越すリズムを体験させる。準備運動でこのような動きを取り入れることも効果的である。

　また、小型ハードルに抵抗感をもつ子供がいる場合は、ゴム・段ボール等を柔らかい材質の小型ハードルを用いることも効果的である。その際には、ある程度の高さと幅のある小型ハードルにして、子供の動きがハードル走から逸脱しないように留意する。

②意欲的でない子供

　単元後半で取り組む競走を「自己ベストの記録をもとにした個人内の伸び」を用いるものにする。これにより、走力の差に影響を受けず、チームの勝利に貢献できるようになる。単純に速さを称賛するだけでなく、記録の伸びに着目させることで、より多くの子供が意欲的に活動することができるようになる。

本時案

いろいろなコースで リレー競走をしよう

本時の目標

　様々な高さや幅の小型ハードルが混ざった コースで、いろいろなリズムの走り越しができ るようにする。

評価のポイント

　競走を楽しむ中で、一定のリズムで走り越す こと大切さに気付くことができたか。

週案記入例

[目標]
コースに合わせたリズムで小型ハードルを走り越 す。

[活動]
様々な高さや幅の小型ハードルが混ざったコース でリレー競走を行う。

[評価]
一定のリズムで走り越すこと大切さに気付くこと ができたか。

[指導上の留意点]
場や用具の安全に気を付け、きまりや約束をきち んと守ることをおさえる。

本時の展開

	時	子供の活動
はじめ	2分	**集合・あいさつ** ○学習の流れと学習課題を確認する。
準備運動	6分	**心と体を温める準備運動に取り組む** 1 ○リズミカルに各部位の運動を行う。 ○いろいろなリズムや歩幅で歩いたり走ったりする。
小型ハード ル リレー競走	15分	**いろいろなコースで小型ハードルリレー競走を楽しむ** 2 3 ○各チーム、用意された小型ハードルの中から、4つを選択し、自由にコー ス上に並べる。 ○1回目は自分たちのコースで、2回目は他のグループのコースでリレー競 走に取り組む。
振り返り①	5分	**みんなが公平になる競走の仕方を考える** 4 ○いろいろなコースでのリレー競走の感想を振り返る。 ○勝負が分かりやすいリレー競走にするにはどうしたらよいか考える。 　⇒「どのコースも同じだと勝敗が分かりやすい」
小型ハード ル走（イン ターバル固 定）	10分	**インターバルが一定のコースで小型ハードル走に取り組む** ○4台の小型ハードル・インターバル4mのコースを用意し、小型ハードル 走に取り組む。
整理運動	2分	**運動で使った部位をゆったりとほぐす** ○全身のストレッチ運動を行う。
振り返り②	5分	(1)今日の学習について振り返る 4 ①インターバルがバラバラなコースと一定なコースの違いについて、感じた ことを発表する。 ②学習カードに振り返りを記入する。 (2)次の時間の学習内容やめあてについて確認する

7 浮く・泳ぐ運動

8 体ほぐしの運動・多様な動きをつくる運動

9 小型ハードル走

10 表現（宇宙探検）

11 ゴール型ゲーム（ラインサッカー）

12 跳び箱運動

1 心と体を温める準備運動

リズムに合わせて体のいろいろな部分を動かしたり、いろいろなリズムで運動したりすることで、心拍数を上げたり、気持ちを盛り上げたりする。

音楽に合わせて体を動かす

大またや小刻みで歩いたり走ったりする

スキップ走やギャロップ走をする

リズム太鼓に合わせて止まったり動いたりする走ったり

2 使用する小型ハードルの例

段ボール箱

フラフープ

小型ハードル

寝かした三角コーン

小型ハードルには…
・ある程度の幅と高さの両方があるもの
・子供が恐怖心を感じないもの
・子供が準備や片付けを簡単にできるもの
を使用する。

3 いろいろなコースで小型ハードルリレー競走

用具置き場から4つの小型ハードルを選び、自由に並べる。

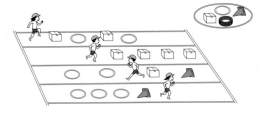

4 振り返りの内容

振り返り①

子供からでた「いろいろなリズム」で走り越すことの心地悪さを取り上げ、インターバルを固定することへつなげていく。

振り返り②

インターバルが一定であることのよさを共有する。

本時案

同じインターバルの
コースでリレー競走をしよう

本時の目標

　より心地よく走り越すコースを工夫し、リレー競走を楽しむことができるようにする。

評価のポイント

　競走を楽しむ中で、速く走り越すためには、自分に合ったインターバルが大切であると気付くことができたか。

週案記入例

[目標]
一定のインターバルで並べられた小型ハードルを走り越す。

[活動]
一定のインターバルで並べられた小型ハードルのコースでリレー競走を行う。

[評価]
自分に合ったインターバルを見付けることの大切さに気付くことができたか。

[指導上の留意点]
全員が、同じインターバルで走り越すことで現れる「心地悪さを感じる子供」を見取る。

本時の展開

	時	子供の活動
はじめ	2分	**集合・あいさつ** 1 ○学習の流れと学習課題を確認する。
準備運動	6分	**心と体を温める準備運動に取り組む** ○リズミカルに各部位の運動を行う。 ○いろいろなリズムや歩幅で歩いたり走ったりする。
小型ハードルリレー競走	15分	**インターバルを固定したコースで小型ハードルリレー競走を楽しむ** 2 ○前時と同じコースで小型ハードルリレー競走に取り組む。
振り返り①	5分	**もっと心地よく走り越すためのコースの工夫を考える** 4 ○4mのインターバルで走り越しやすかった子供とそうでない子供を確認し、改善点を考える。
小型ハードル走（インターバル選択）	10分	**複数のインターバルからコースを選択し小型ハードル走に取り組む** 3 ○4台の小型ハードル・インターバル4m・5m・6mのコースを用意し、小型ハードル走に取り組む。 ※インターバルの長さは子供の実態に応じて調整する。
整理運動	2分	**運動で使った部位をゆったりとほぐす** ○全身のストレッチ運動を行う。
振り返り②	5分	**(1)今日の学習について振り返る** 4 ①インターバルが選択できるようになって、動きがどのように変化したか、感じたり考えたりしたことを発表する。 ②学習カードに振り返りを記入する。 **(2)次の時間の学習内容やめあてについて確認する**

1 安全面の留意点

○コース上に小型ハードル以外のものがないか確認させる。
○コースを走る方向をきちんと決めておく。
○ゴールからスタート位置に戻るときのルートを決めておく。
○コースを横切らないようにさせる。

2 一定のリズムを確認する

○インターバルを固定したコースで小型ハードルリ
レー競走の前（準備運動等を活用する）に、イン
ターバルを3歩で走り越すリズムを確認しておく。

ドン　　1　　2　　3
（ジャンプ）

3 インターバルを選択する小型ハードル走

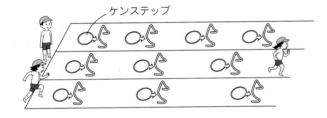

ケンステップ

インターバルは4m、
5m、6mを基本とする
が、子供の実態に合わせ調
整をしていく。

4 振り返りの内容

振り返り①

子供からでた発言をもとに「イン
ターバルは一人一人違う」ことの
理解へつなげていく。

振り返り②

自分に合ったインターバルが決ま
ることのよさを共有する。

7 浮く・泳ぐ運動

8 体ほぐしの運動・多様な動きをつくる運動

9 小型ハードル走

10 表現（宇宙探検）

11 ゴール型ゲーム（ラインサッカー）

12 跳び箱運動

本時案

記録を伸ばすために
大切なことを見付けよう

③/5

本時の目標

　自分に合ったインターバルを見付けるとともに、動きのポイントを見付けることができるようにする。

評価のポイント

　記録を向上させるために大切な動きのポイントを、自分の動きや友達の動きをもとに見付けることができたか。

週案記入例

[目標]
自分や友達の動きをもとに、動きのポイントを見付ける。

[活動]
自分に合ったインターバルで小型ハードル走に取り組む。

[評価]
自分や友達の動きをもとに、動きのポイントを見付けることができたか。

[指導上の留意点]
子供が感じた様々な動きのコツを整理し、動きのポイントを共有する。

本時の展開

	時	子供の活動
はじめ	2分	**集合・あいさつ** ○学習の流れと学習課題を確認する。
準備運動	6分	**心と体を温める準備運動に取り組む** ○リズミカルに各部位の運動を行う。 ○いろいろなリズムや歩幅で歩いたり走ったりする。
記録計測	15分	**複数のインターバルからコースを選択し記録を計測する** 1 ○前時の最後に取り組んだインターバルで、はじめの記録を計測する。
小型ハードル走（インターバル選択）	15分	**複数のインターバルからコースを選択し小型ハードル走に取り組む** 2 ○4台の小型ハードル・インターバル4m・5m・6mのコースを用意する。 ○自分が最も心地よく走り越せるインターバルを見付ける。 ○記録を伸ばすために必要な動きのポイントを見付ける。
整理運動	2分	**運動で使った部位をゆったりとほぐす** ○全身のストレッチ運動を行う。
振り返り	5分	(1)**今日の学習について振り返る。** 3 ①自分に合ったインターバルが見付かったことで、動きがどのように変化したか、感じたり考えたりしたことを発表する。 ②自分が気付いた動きのポイントや友達のよい動きを発表し、共有する。 ③学習カードに振り返りを記入する。 (2)**次の時間の学習内容やめあてについて確認する。**

7 浮く・泳ぐ運動

8 体ほぐしの運動・多様な 動きをつくる運動

9 小型ハードル走

10 表現（宇宙探検）

11 ゴール型ゲーム（ラインサッカー）

12 跳び箱運動

1 記録計測の仕方

・教師が計測をする方が、より正確な記録となるが、子供の主体的かつ対話的な学習と運動量確保のため、子供が適切な記録の方法を理解したうえで、実践させる。

・同じチームで役割を分担し計測し合う。

・記録は、小数第2位を四捨五入する。ハードルは全チーム統一してもよい。

2 小型ハードル走の「動きのポイント」

●最後まで一定のリズムで走り越す。

ドン　1　2　3（ジャンプ）　ドン　1　2　3（ジャンプ）

低く、素早く走り越すことが重要であるが、小型ハードルが低かったり、幅が少なかったりすると「かけっこ」と変わらない動きになってしまうため、ハードル走の動きになるよう、場の設定に留意する。

●小型ハードルを遠くから低く走り越す。

ハードルの近くから踏み切ると、高く跳ぶことになり、スピードが落ちてしまう。

ハードルの遠くから踏み切ると、低く跳ぶことができ、スピードが落ちにくい。

3 振り返りの内容

自分に合ったインターバルが決まったので、最後まで同じリズムで走り越すことができました

次の時間も記録を測りたいです。速くなったので競争もしたいです

第3時
139

本時案

記録を伸ばし、小型ハードル競走を楽しもう①

本時の目標

動きのポイントと自分の動きを照らし合わせながら練習し、記録の伸びを楽しむことができるようにする。

評価のポイント

友達と協力し、自分の動きと動きのポイントを照らし合わせながら運動することができたか。

週案記入例

[目標]
動きのポイントと自分の動きを照らし合わせながら運動する。

[活動]
友達と協力しながら、記録の伸びを楽しむ競走を楽しむ。

[評価]
動きのポイントを意識しながら練習に取り組むことができたか。

[指導上の留意点]
友達と見合ったり、ICT機器を活用したりしながら、学習を進めていく

本時の展開

	時	子供の活動
はじめ	2分	**集合・あいさつ** ○学習の流れと学習課題を確認する。
準備運動	6分	**心と体を温める準備運動に取り組む** ○リズミカルに各部位の運動を行う。 ○いろいろなリズムや歩幅で歩いたり走ったりする。
小型ハードル走（インターバル選択）	12分	**自分の動きと動きのポイントを照らし合わせながら小型ハードル走に取り組む 1** ○友達と協力し合いながら、記録を向上させるために、動きのポイントを意識して練習に取り組む。
振り返り①	5分	**自分や友達の動きについて振り返る 3** ○自分や友達のよい動きや、よくなった動きを発表し合い、共有する。
小型ハードル競走	13分	**小型ハードル競走に取り組む 2** ○記録の伸びに着目した競走に取り組む。 ※自己ベスト記録の更新⇒シール2枚 　自己ベスト記録0.3秒以内⇒シール1枚 　チームのシール獲得枚数で競争する。
整理運動	2分	**運動で使った部位をゆったりとほぐす** ○全身のストレッチ運動を行う。
まとめ	5分	**(1)今日の学習について振り返る 3** ①動きのポイントを意識しながら運動したことで、動きがどのように変化したか、感じたり考えたりしたことを発表する。 ②学習カードに振り返りを記入する。 **(2)次の時間の学習内容やめあてについて確認する**

7
浮く・泳ぐ運動

8
体ほぐしの運動・多様な動きをつくる運動

9
小型ハードル走

10
表現（宇宙探検）

11
ゴール型ゲーム（ラインサッカー）

12
跳び箱運動

1 仲間と協力して活動する

なにを見てもらいたいのか、録画してもらいたいのかを、運動する子供が相手にきちんと伝える。

自分の動きを客観的に捉えることができるようにするために、友達に見てもらったり、ICT機器を活用したりする。

動画を見ながら、「トン・1・2・3」を数えよう

2 自己ベストに着目した競走の仕方

【競走のルール】
・一人2回計測をして、よい方が「今日の記録」とする。
・計測は同じチームで分担して行う。
・自己ベストを更新したらシール2枚、自己ベストから0.3秒以内ならシール1枚を貼ることができる。
・チームの獲得シール数の合計で勝敗を競う。

小型ハードル競争　メンバー（　　　　　　　　　　　）
記録に応じてシールをはろう

相手を決めて2チームで競走することも、全チームで競走することもできる。

3 振り返りの内容

振り返り①

○○さんは、低く走り越していて、とても速かったです。

よい動きや動きの変容を称賛し、その内容を全体に広げる。

振り返り②

○○さんが跳んでいる時間が短くて速かったので、次の時間にまねをしてみたいです。

本時の学習を振り返り、次時に取り組みたいことを具体的にさせる。

本時案

記録を伸ばし、小型ハードル競走を楽しもう②

本時の目標

動きのポイントと自分の動きを照らし合わせながら練習し、記録の伸びを楽しむことができるようにする。

評価のポイント

前時の振り返りをもとに練習内容を選択し、動きのポイントを意識しながら運動することができたか。

週案記入例

[目標]
動きのポイントと自分の動きを照らし合わせながら運動する。

[活動]
友達と協力しながら、記録の伸びを楽しむ競走を楽しむ。

[評価]
自分の動きや友達の動きのよいところや変わったところを表現することができたか。

[指導上の留意点]
前時の学習内容や競走の様子を振り返り、本時のねらいを明確にさせる。

本時の展開

	時	子供の活動
はじめ	2分	**集合・あいさつ** ○学習の流れと学習課題を確認する。
準備運動	6分	**心と体を温める準備運動に取り組む** ○リズミカルに各部位の運動を行う。 ○いろいろなリズムや歩幅で歩いたり走ったりする。
小型ハードル走（インターバル選択）	13分	**自分の動きと動きのポイントを照らし合わせながら小型ハードル走に取り組む 1 2** ○前時の練習や競走の様子から、本時で意識するべき動きのポイントを考えながら練習に取り組む。
振り返り①	5分	**自分や友達の動きについて振り返る 3** ○自分や友達のよい動きや、よくなった動きを発表し合い、共有する。
小型ハードル競走	12分	**小型ハードル競走に取り組む** ○記録の伸びに着目した競走に取り組む。 　※自己ベスト記録の更新⇒シール2枚 　　自己ベスト記録0.秒以内⇒シール1枚 　　チームのシール獲得枚数で競争する。
整理運動	2分	**運動で使った部位をゆったりとほぐす** ○全身のストレッチ運動を行う。
まとめ	5分	**(1)今日の学習について振り返る 3** ①動きのポイントを意識しながら運動したことで、動きがどのように変化したか発表する。 ②単元のはじめと終わりで動きや考えがどのように変化したか発表する。 ③学習カードに振り返りを記入する。

1 苦手な子供の練習方法

友達に口伴奏をしてもらう。

ハードルのないところで手をつないだり、横に並んで一緒に走る。

トン・1・2・3

　インターバルが合わない場合は、5歩で走り越すようにしたり、0.5m刻みのインターバルを設けたりする。

2 発展的な練習方法

　第一ハードルまでの歩数をきめて、迷いなく第一ハードルを走り越し、スピードをおとさないようにする。

4年生の目標を十分に達成した子供のみが取り組めばよい。

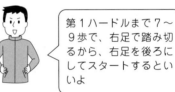

第1ハードルまで7〜9歩で、右足で踏み切るから、右足を後ろにしてスタートするといいよ

3 振り返りの内容

振り返り①

○○さんのまねをして低く走り越しました

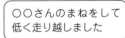

よい動きや動きの変容を称賛し、その内容を全体に広げる。

振り返り②

私はシール1つだったけど、チームは1点差で勝つことができてうれしいです

本時の学習を振り返り、次時に取り組みたいことを具体的にさせる。

7 浮く・泳ぐ運動

8 体ほぐしの運動・多様な動きをつくる運動

9 小型ハードル走

10 表現（宇宙探検）

11 ゴール型ゲーム（ラインサッカー）

12 跳び箱運動

「小型ハードル走」学習カード＆資料

使用時 **第1〜5時**

本カードは1枚目を第1時・第2時、2枚目を第3時〜第5時に使用する。カードの上部には、各時間のめあてや振り返り、インターバルや記録など、各時間の学習内容やその成果を記録する。カード下部には、学習を通して思考・判断したことを視点に応じて記入する。単元を通した表現力を見取ることができる。

収録資料活用のポイント

①使い方

単元の学習をはじめる前に、2枚のカードを両面で印刷し配布する。各時間のめあては、前時の振り返りで確認し、授業が始まる前に記入させておくことが望ましい。カード下部にある、記述欄は、視点を明確にすることで、子供が思考・判断・表現しやすくなる。毎時間記入させるが、すべての視点を毎時間記入できなくてもよい。

②留意点

カード上部にある、各時間の振り返りの項目は、単元計画に即して、毎時間の内容を「知識及び技能」「思考力、判断力、表現力等」「主体的に学習に取り組む態度」の観点に分け記載している。カード上部で選択した理由を、カード下部に記載させることで、より子供が思考・判断したことが明確になる。

学習カード 4-9-1

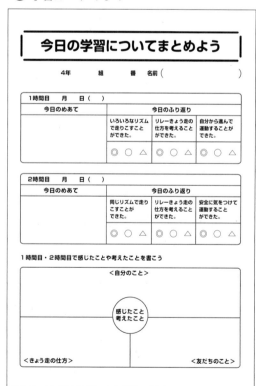

学習カード 4-9-2

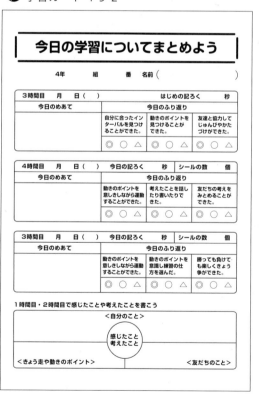

チームのお助けカード

4年　　　組　　　番　名前（　　　　　　　　　　　）

◯うまくハードルをこえられない

くちばんそう　　　　　へい走

5歩の走りこし

トン　　　1　　　2　　　3
　　　　　　　　　　（ジャンプ）

◯友だちの動きがよく分からない

友だちに「何を見てほしい」かかくにんしよう。

動画を上手に使おう。
・小さすぎても大きすぎてもダメ。
・ななめ前から、全体がうつるように。
・他のコースのじゃまにならないように。

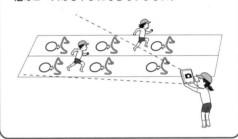

◯もっと速く走りこしたい

同じリズムで最後まで走りこす。　　　　　　　　遠くから低く走りこす。

トン　　　1　　　2　　　3
　　　　　　　　　　（ジャンプ）

できる人はちょう戦してみよう！
一つ目のハードルまでの歩数とスタートの形を決めて、思いっきり走ろう。

【例】
第一ハードルまで9歩で、右足で踏み切りたい。
右足を後ろに下げてスタートする。

- -

◯小がたハードル きょう走　メンバー（　　　　　　　　　）

記ろくにおうじてシールをはろう

4時間目										

5時間目										

7 浮く・泳ぐ運動

8 体ほぐしの運動・多様な動きをつくる運動

9 小型ハードル走

10 表現（宇宙探検）

11 ゴール型ゲーム（ラインサッカー）

12 跳び箱運動

10 表現（宇宙探検）

5 時間

【単元計画】

1 時	2・3・4 時
[第一段階] **題材の特徴を捉えて、表したい感じを動きにして楽しむ。**	
表現運動の学習内容を知り、特徴のある動きを捉え、即興的に表現しながら楽しむ。	題材の特徴を捉え、動きを誇張したり変化を付けたりして踊りながら楽しむ。
1　即興的に表現してみよう POINT：具体物（風船・ゴム等）を使って、表したい感じを動きの質感や形状の変化を付けて即興的に踊る。	**2・3　宇宙探検①** POINT：題材の特徴を捉え、動きに差を付けて誇張したり、2人組で対応・対立する動きで変化を付けたりして、即興的に踊る。
【主な学習活動】 ○集合・あいさつ ○本時の運動につながる準備運動をする。 ○具体物になりきって、即興的に表現する。 ○宇宙についてイメージしたことを話し合う。 ○運動で使った部位をゆったりとほぐす。 ○まとめ 　①クラス全体で今日の学習について振り返る。 　②次時の学習内容を知る。	**【主な学習活動】** ○集合・あいさつ ○本時の運動につながる準備運動をする。 ○宇宙探検の題材で、即興的に表現する。 ○運動で使った部位をゆったりとほぐす。 ○まとめ 　①クラス全体で今日の学習について振り返る。 　②次時の学習内容を知る。

授業改善のポイント

主体的・対話的で深い学びの実践に向けて

　表現運動は、表したいイメージや想いを表現するのが楽しい運動であるため、自由に動きを工夫して楽しむ学習を展開していくようにする。

　「運動のポイント」として、題材の特徴を捉え、動きに差を付けて誇張したり、2人組で対応・対立したりする動きで変化を付けて踊ることである。このことから、「運動のポイント」を知り、自己の能力に合った学習課題を見付け、主体的な学びになるようにする。

　また、「動きのポイント」を中心に、友達のよい動きを見合う視点とすることで、よい動きを見付けたり、友達と伝え合ったりすることで対話的な学びが生まれるようにする。その際に、タブレットを活用することで、自己の課題解決につなげたり、自分や友達との対話を促したりできるようにする。

7 浮く・泳ぐ運動

8 体ほぐしの運動・多様な動きをつくる運動

9 小型ハードル走

10 表現（宇宙探検）

11 ゴール型ゲーム（ラインサッカー）

12 跳び箱運動

単元の目標

○知識及び技能
・未知の想像の広がる題材から、その主な特徴を捉え、表したい感じをひと流れの動きで踊ることができる。

○思考力、判断力、表現力等
・自己の能力に適した課題をもち、題材の特徴を捉えた踊り方を工夫することができる。

○学びに向かう力、人間性等
・運動に進んで取り組み、誰とでも仲よく踊ったり、友達の動きや考えを認めたり、場の安全に気を付けたりすることができる。

	5時
[第二段階] **メリハリ（緩急・強弱）のあるひと流れの動きにして楽しむ。**	
メリハリのあるひと流れの動きにして即興的に表現して楽しむ。	交流会を行い、グループで動きを見合ったり、交流したりしながら楽しむ。
4　宇宙探検② POINT：表したい感じを中心に、感じの異なる動きで即興的に踊る。	**5　交流会をしてみよう** POINT：交流会では、グループで動きを見合い、友達のよさを見付けたり、自己の動きに取り入れたりする。
【主な学習活動】 ○集合・あいさつ ○本時の運動につながる準備運動をする。 ○宇宙探検の題材で、即興的に表現する。 ○表したい感じを中心に、感じの異なる動きや急変する場面など変化のある動きをつなげてひと流れの動きに工夫して踊る。 ○運動で使った部位をゆったりとほぐす。 ○まとめ 　①クラス全体で今日の学習について振り返る。 　②次時の学習内容を知る。	**【主な学習活動】** ○集合・あいさつ ○本時の運動につながる準備運動をする。 ○表したい感じを中心に、感じの異なる動きや急変する場面など変化のある動きをつなげてひと流れの動きに工夫して踊る。 ○交流会をする。 ○運動で使った部位をゆったりとほぐす。 ○まとめ 　①クラス全体で今日の学習について振り返る。

子供への配慮の例

①運動が苦手な子供

　題材の特徴を捉えることが苦手な子供には、題材の多様な場面を絵や文で描いたカードをめくりながら動くようにする。

　動きの誇張や変化の付け方が苦手な子供には、よい動きをしている友達や教師の動きを真似させるようにする。また、子供の動きを見逃さずに称賛することが大切である。

②意欲的でない子供

　踊ることに意欲的に取り組めない子供には、コミュニケーションをとりながら、リズムに乗って心が弾むような運動を行ったり、心と体をほぐすようにする。

　題材のイメージを引き出すようなカードやBGMを用意することで、子供の興味や関心を高めるようにする。

本時案

学習の進め方を知ろう

本時の目標

表現運動の学習内容を知り、特徴のある動きを捉え、即興的に表現しながら楽しむ。

評価のポイント

表現運動の学習の進め方を知り、進んで取り組むことができたか。

週案記入例

[目標]
表現運動の学習の進め方を知り、進んで取り組むことができる。

[活動]
具体物（風船・ゴム等）を使って、表したい感じを動きの質感や形状の変化を付けて即興的に踊る。

[評価]
表現運動の学習の進め方を知り、進んで取り組むことができたか。

[指導上の留意点]
安全に、楽しく運動するためのきまりや約束をしっかりと確認させる。

本時の展開

	時	子供の活動
はじめ	2分	**集合・あいさつ** ○本時の学習内容を知る。 ○表現運動の学習の進め方を知る。
準備運動	15分	**本時の運動につながる準備運動をする** **1** ○リズム太鼓に合わせて、リズムに合わせて走ったり、いろいろなポーズで止まったりする。 ○学級全体で円形になり、顔を見合わせながら手拍子でリズムをとったり、軽快なリズムに乗って踊ったりして心と体をほぐす。
表現運動①	18分	**具体物になりきって、即興的に表現する** **2** ○風船になって ○ゴムになって ○新聞紙になって
表現運動②	3分	**宇宙についてイメージしたことを話し合う** **3** ○宇宙について知っていることや想像したことをクラス全体で話し合う。
整理運動	2分	**運動で使った部位をゆったりとほぐす** ○特に手首、足首を中心に動かす。
まとめ	5分	(1)**今日の学習について振り返り、学習カードに記入する** ①楽しく運動に取り組むことができたか。 ②友達と仲よく運動できたか。 ③イメージしたことを全身を使って踊ることができたか。 (2)**楽しかったこと、友達のよかったことを発表し合う**

7 浮く・泳ぐ運動

8 体ほぐしの運動・多様な動きをつくる運動

9 小型ハードル走

10 表現（宇宙探検）

11 ゴール型ゲーム（ラインサッカー）

12 跳び箱運動

1 準備運動

○リズムに乗って心が弾むような運動を行い、心と体をほぐすようにする。

リズム太鼓に合わせて

円形コミュニケーション

うずまき　　　　　輪になる　　　　肩をたたく　　　　押し合う

2 具体物になりきって、即興的に表現する

3 宇宙について（イメージマップにまとめる）

本時案

題材の特徴を 捉えて踊ろう①

本時の目標

　題材の特徴を捉え、動きを誇張したり変化を付けたりして踊ることができる。

評価のポイント

　題材の特徴を捉え、動きを誇張したり変化を付けたりして踊ることができたか。

週案記入例

[目標]
題材の特徴を捉えて工夫して踊ることができる。

[活動]
題材から思いついたイメージを、動きに差を付けて誇張し、即興的に踊る。

[評価]
題材の特徴を捉えて工夫して踊ることができたか。

[指導上の留意点]
動きのイメージがわくように教師が声掛けを行う。

本時の展開

	時	子供の活動
はじめ	2分	**集合・あいさつ** ○本時の学習内容を知る。 ○本時の学習の進め方を知る。
準備運動	5分	**本時の運動につながる準備運動をする** ○リズム太鼓に合わせて、リズムに合わせて走ったり、いろいろなポーズで止まったりする。
表現運動①	30分	**題材「宇宙探検」で、即興的に表現する** **1** **2** ○前時に作成したイメージマップで宇宙探検のイメージを広げる。 ○教師の言葉掛けを中心に、宇宙探検を行う。 ○ペアで宇宙探検を行う。
表現運動②	3分	**友達と動きを見合う** ○「動きのポイント」を中心に、友達のよい動きを見合う視点とし、よい動きを見付けたり、友達と伝え合ったりする。
整理運動	2分	**運動で使った部位をゆったりとほぐす** ○特に手首、足首を中心に動かす。
まとめ	3分	**(1)今日の学習について振り返り、学習カードに記入する** ①楽しく運動に取り組むことができたか。 ②友達と仲よく運動できたか。 ③イメージしたことを全身を使って踊ることができたか。 **(2)楽しかったこと、友達のよかったことを発表し合う**

7 浮く・泳ぐ運動

8 体ほぐしの運動・多様な動きをつくる運動

9 小型ハードル走

10 表現（宇宙探検）

11 ゴール型ゲーム（ラインサッカー）

12 跳び箱運動

1 題材のイメージに合わせて、即興的に動く（イメージかるたを使って）

ブラックホールに吸い込まれる

宇宙人に遭遇

宇宙火山の噴火

レーザー銃で対決

惑星爆発

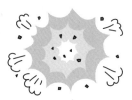

息ができない

無重力

スペースシャトル

彗星の競争

宇宙ステーション

クレーターに落ちた！！

バギーで探索

2 イメージカルタの使い方

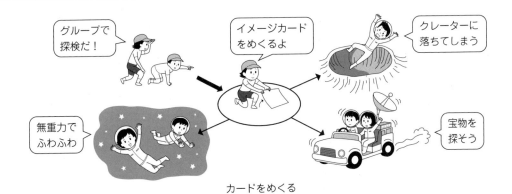

グループで探検だ！

イメージカードをめくるよ

クレーターに落ちてしまう

無重力でふわふわ

宝物を探そう

カードをめくる

本時案

題材の特徴を
捉えて踊ろう②

本時の目標

題材の特徴を捉え、動きを誇張したり変化を付けたりして踊ることができる。

評価のポイント

題材の特徴を捉え、動きを誇張したり変化を付けたりして踊ることができたか。

週案記入例

[目標]
題材の特徴を捉えて工夫して踊ることができる。

[活動]
題材から思いついたイメージを、動きに差を付けて誇張し、即興的に踊る。

[評価]
題材の特徴を捉えて工夫して踊ることができたか。

[指導上の留意点]
よい動きとして動きを誇張したり変化を付けたりして踊れるようにする。

本時の展開

	時	子供の活動
はじめ	2分	**集合・あいさつ** ○本時の学習内容を知る。 ○本時の学習の進め方を知る。
準備運動	5分	**本時の運動につながる準備運動をする** ○学級全体で円形になり、顔を見合わせながら手拍子でリズムをとったり、軽快なリズムに乗って踊ったりして心と体をほぐす。
表現運動①	28分	**題材「宇宙探検」で、即興的に表現する** 1 ○教師の言葉掛けを中心に、宇宙探検を行う。 　（動きに差を付けて誇張したり、2人組で対応・対立したりする動きで変化を付けて踊ることを中心に） ○ペアで宇宙探検を行う。
表現運動②	5分	**友達と動きを見合う** 2 ○「動きのポイント」を中心に、友達のよい動きを見合う視点とし、よい動きを見付けたり、友達と伝え合ったりする。
整理運動	2分	**運動で使った部位をゆったりとほぐす** ○特に手首、足首を中心に動かす。
まとめ	3分	**(1)今日の学習について振り返り、学習カードに記入する** ①楽しく運動に取り組むことができたか。 ②友達と仲よく運動できたか。 ③イメージしたことを、全身を使って踊ることができたか。 **(2)楽しかったこと、友達のよかったことを発表し合う**

10　表現（宇宙探検）

152

1 動きを誇張したり、2人組で変化を付けたりして踊る

●引き出したい動き

小さくとぶ
大きくとぶ

のびる
ちぢむ

上下左右へ

友達と合わせて

ちらばる

体を大きく
使う　ジグザグ

すれちがう

ストップモーション

とびはねる

コロコロ

大きくポン

無重力　ロケット　流れ星

2 友達と動きを見合う

よかったところを伝え合う。

○○さんの動きに合わせて
動いていてよかったよ

すばやく動いたり、
急に止まったり、
差のある動きが
できているね

小さく動いたり、
大きく動いたりしていて
変化がある動きで
よかったよ

7 浮く・泳ぐ運動

8 体ほぐしの運動・多様な動きをつくる運動

9 小型ハードル走

10 表現（宇宙探検）

11 ゴール型ゲーム（ラインサッカー）

12 跳び箱運動

本時案

表したい感じを
即興的に表現しよう

4/5

本時の目標

表したい感じを中心に、メリハリ（緩急・強弱）のあるひと流れの動きで、即興的に踊ることができる。

評価のポイント

表したい感じを中心に、感じの異なる動きで、即興的に踊ることができたか。

週案記入例

[目標]
表したい感じを中心に、感じの異なる動きで即興的に踊ることができる。

[活動]
表したい感じを中心に、動きに差を付けて誇張し、即興的に踊る。

[評価]
表したい感じを中心に、メリハリのあるひと流れの動きで、踊ることができたか。

[指導上の留意点]
気に入った様子を中心に、動きが急変する場面の例を複数挙げて動かせるようにする。

本時の展開

	時	子供の活動
はじめ	2分	**集合・あいさつ** ○本時の学習内容を知る。 ○本時の学習の進め方を知る。
準備運動	5分	**本時の運動につながる準備運動をする** ○具体物（風船）を使って、表したい感じを動きの質感や形状の変化を付けて即興的に踊り、心と体をほぐす。
表現運動①	28分	**題材「宇宙探検」で、即興的に表現する** ○教師の言葉掛けを中心に、宇宙探検を行う。 ○ペアで宇宙探検を行う。 ○表したい感じを中心に、感じの異なる動きや急変する場面など変化のある動きをつなげてひと流れの動きに工夫して踊る。 **1** **2**
表現運動②	5分	**友達と動きを見合う** ○「動きのポイント」を中心に、友達のよい動きを見合う視点とし、よい動きを見付けたり、友達と伝え合ったりする。
整理運動	2分	**運動で使った部位をゆったりとほぐす** ○特に手首、足首を中心に動かす。
まとめ	3分	**(1)今日の学習について振り返り、学習カードに記入する** ①楽しく運動に取り組むことができたか。 ②友達と仲よく運動できたか。 ③表したいことを中心に、ひと流れの動きで踊ることができたか。 **(2)楽しかったこと、友達のよかったことを発表し合う**

1 ひと流れの動き

表したい場面を決めて、「はじめ」と「おわり」をつけて、ひと流れの動きにして踊る。

はじめ	→	表したい場面	→	おわり

スペースシャトルで出発!!　　　宇宙ステーションに到着!!　　　ブラックホールに吸い込まれる。

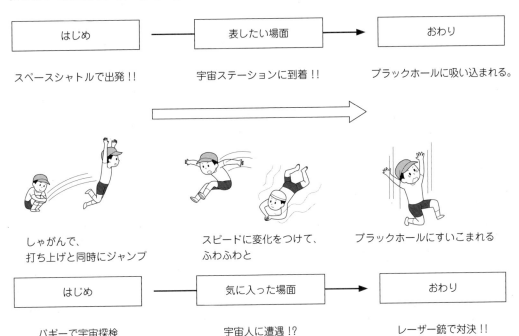

しゃがんで、　　　　　　　スピードに変化をつけて、　　ブラックホールにすいこまれる
打ち上げと同時にジャンプ　ふわふわと

はじめ	→	気に入った場面	→	おわり

バギーで宇宙探検　　　　　宇宙人に遭遇!?　　　　　　レーザー銃で対決!!

でこぼこ道を進む　　　あそこに　　　宇宙人だ!　　　レーザー銃で
　　　　　　　　　　何か…　　　　びっくり　　　　攻撃

2 ひと流れの動きにすることが苦手なときには…

教師がカルタの絵を見せる　　カルタの絵を見て　　　上手に踊っている
　　　　　　　　　　　　　イメージを話す　　　　友達をまねする

7 浮く・泳ぐ運動

8 体ほぐしの運動・多様な動きをつくる運動

9 小型ハードル走

10 表現（宇宙探検）

11 ゴール型ゲーム（ラインサッカー）

12 跳び箱運動

本時案

グループ発表会をしよう

本時の目標

グループで動きを見合い、友達のよさを見付けたり、自己の動きに取り入れたりすることができる。

評価のポイント

交流会では、動きを見合い、友達のよさを見付けたり、自己の動きに取り入れたりすることができたか。

本時の展開

	時	子供の活動
はじめ	2分	**集合・あいさつ** ○本時の学習内容を知る。 ○本時の学習の進め方を知る。
準備運動	5分	**本時の運動につながる準備運動をする** ○具体物（ゴム）を使って、表したい感じを動きの質感や形状の変化を付けて即興的に踊り、心と体をほぐす。
表現運動①	23分	**題材「宇宙探検」で、即興的に表現する** ○表したい感じを中心に、感じの異なる動きや急変する場面など変化のある動きをつなげてひと流れの動きに工夫して踊る。 ○交流会 **1**
表現運動②	10分	**学級で動きを見合う** **2** ○「動きのポイント」を中心に、友達のよい動きを見合う視点とし、よい動きを見付けたり、友達と伝え合ったりする。 ○学級全体で一緒に踊る。
整理運動	2分	**運動で使った部位をゆったりとほぐす** ○特に手首、足首を中心に動かす。
まとめ	3分	**(1)今日の学習について振り返り、学習カードに記入する** ①楽しく運動に取り組むことができたか。 ②友達と仲よく運動できたか。 ③表したことを中心に、ひと流れの動きで踊ることができたか。 **(2)楽しかったこと、友達のよかったことを発表し合う**

7
浮く・泳ぐ運動

8
体ほぐしの運動・多様な
動きをつくる運動

9
小型ハードル走

10
表現（宇宙探検）

11
ゴール型ゲーム
（ラインサッカー）

12
跳び箱運動

1 交流会の場の設定

2 学級で動きを見合う

①ステージを作って、ペアで踊る。

②踊ったペアは、次に踊るグループを指名する。（タッチで交代。）

③指名されたグループはステージで踊る。

　※音楽が止まるまで繰り返す。

④よかったペアを取り上げ、学級全体で踊る。

「表現（宇宙探検）」学習カード＆資料

使用時 **第1〜5時**

本カードは第1時から第5時まで使用する。表現運動における興味や関心、思考力・判断力・表現力などを見取るカードである。授業の振り返りの際に、子供が自分の学習状況を自己評価したり、友達の動きに目を向けたりするために使う。友達との認め合い、教え合いを意識させたりすることにも使用できる。

収録資料活用のポイント

①使い方

第1時の学習の振り返りをする場面で使い方を説明する。次時の学習内容について知り、興味や関心を高め、自己の課題を明確にするようにする。第2時以降は運動のポイント」として、題材の特徴を捉え、動きに差を付けて誇張したり、2人組で対応・対立したり、変化を付けて踊ることを理解しているかどうか、その観点で課題をもたせるように指導する。

②留意点

記入のために時間を多く設けることはしない。できるだけ、運動の時間を確保するようにする。学級で学習の振り返りをする場面では、学習カードを読むのではなく、あくまで自分の感じたことや分かったことを中心に発表させるようにさせたい。

学習カード 4-10-1

うちゅうたんけん学習カード

日にち（　　　　　）
4年　　組　　番　名前（　　　　　）

今日の
めあて

◎：よくできた　○：できた　△：もう少し

学習のふり返り	◎	○	△
・楽しく運動に取り組むことができたか。			
・友だちと仲よく運動できたか。			
・イメージしたことを、全身を使っておどることができたか。			

今日の学習の感想

学習カード 4-10-2

うちゅうたんけん学習カード

日にち（　　　　　）
4年　　組　　番　名前（　　　　　）

今日の
めあて

はじめ　→　表したい場面　→　おわり

◎：よくできた　○：できた　△：もう少し

学習のふり返り	◎	○	△
・楽しく運動に取り組むことができたか。			
・友だちと仲よく運動できたか。			
・表したいことを中心に、ひと流れの動きでおどることができたか。			

今日の学習の感想

動きを高めるための４つの工夫

4年　　　組　　　番　名前（　　　　　　　　　　　　）

動き・リズム・関わり・空間の４つを工夫することで、動きがより多様に、ダイナミックに変化していく。

４つの工夫

動きの工夫
○**身体の軸を変化させる。**
・姿勢や身体の向きを多様に変える。
・非日常的な動きを加える。
　（ねじる・転がる・逆さ）

関わりの工夫
○**人との関わり方を変化させる。**
・人数を増やして　　・反対側に
・相手と同じように　・バラバラに

空間の工夫
○**動いている空間を変化させる。**
・広がったり　　　・集まったり
・方向を変えて　　・定位置をつくらない

しゃがんで、ジャンプ　　　集まって離れる

リズムの工夫
○**リズムを変化させる。**
・リズムの速さの変化
・強弱、速く、ゆっくり、ストップ

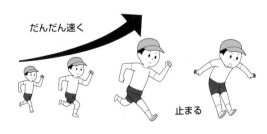

だんだん速く

止まる

7 浮く・泳ぐ運動

8 体ほぐしの運動・多様な動きをつくる運動

9 小型ハードル走

10 表現（宇宙探検）

11 ゴール型ゲーム（ラインサッカー）

12 跳び箱運動

11 ゴール型ゲーム（ラインサッカー）

6 時間

【単元計画】

1 時	2 時
[第一段階] **ラインサッカーの進め方を知り、やさしい規則でゲームを楽しむ。**	
ラインサッカーの学習内容を知り、ボールの操作の仕方を覚え、友達とゲームを楽しむことができる。	ラインサッカーの規則を確認し、きまりを守って友達とゲームを楽しむことができる。
1　ラインサッカーの進め方を知ろう POINT：ラインサッカーの学習内容を理解し、友達と楽しくゲームに取り組む。 **[主な学習活動]** ○集合・あいさつ ○準備運動 ○体慣らし（主運動につながる動きを取り入れる） ○ゲーム① ○振り返り 　（学習の進め方について全体で確認する。） ○ゲーム② ○整理運動（使った部位をゆっくりとほぐす） ○まとめ 　①学習の進め方について、振り返る。 　②次時の学習内容を知る。	**2　やさしい規則でゲームをしよう** POINT：はじめの規則を理解し、きまりを守って友達とゲームに取り組む。 **[主な学習活動]** ○集合・あいさつ ○準備運動 ○体慣らし（主運動につながる動きを取り入れる） ○ゲーム① ○ゲーム② ○ゲーム③ ○整理運動（使った部位をゆっくりとほぐす） ○まとめ 　①規則について、全体で振り返る。 　②次時の学習内容を知る。

授業改善のポイント

主体的・対話的で深い学びの実践に向けて

　ゲーム領域の運動は、チームでの運動が主になるため、友達との関わりに必然性が生まれるという特徴がある。それを活用することが、子供が主体的・対話的で深い学びを実現することの鍵となる。それを踏まえ、以下の3点が授業改善のポイントとなる。

①チーム内における自分の役割の達成を学習課題とすること。

②対話を通して、課題解決を図ること。

③学習課題を振り返り、課題を修正したり、新たな課題を設定したりすること。

　このことから、1単位時間の中にチームで対話をする場面を意図的に設け、課題解決に意欲的に取り組ませるようにしていきたい。チームで作戦を立てることにより、チーム内における自分の役割を明確にもって運動に取り組むことで、主体的な学びとなるようにする。

　また、「学習カード」を用いて、話し合いの中で見つかった動きのよさや課題を簡潔に記入し、課題の修正や新たな学びを設定することで、深い学びの実践を図っていく。

8 体ほぐしの運動・多様な動きをつくる運動

9 小型ハードル走

10 表現（宇宙探検）

11 ゴール型ゲーム（ラインサッカー）

12 跳び箱運動

単元の目標

○知識及び技能
・基本的なボール操作とボールを持たないときの動きを身に付け、易しいゲームをすることができる

○思考力、判断力、表現力等の基礎
・規則を工夫したり、簡単な作戦を選んだりするとともに、考えたこと友達に伝えることができる。

○学びに向かう力、人間性等
・規則を守り、勝敗を受け入れたり、友達の考えを認めたりするとともに、安全に気を付けることができる。

3・4時	5・6時
[第二段階] 自分たちで工夫した規則で、簡単な作戦を立ててゲームを楽しむ。	
ラインサッカーの規則を工夫し、チームで協力してゲームを楽しむことができる。	チームで簡単な作戦を立てたり選んだりして、友達と協力してよりゲームを楽しむことができる。
3・4　規則を工夫して、ゲームを楽しもう POINT：誰もが楽しくゲームに参加できるような規則やコートの工夫について、友達と話し合う。 [主な学習活動] ○集合・あいさつ ○準備運動 ○体慣らし（主運動につながる動きを取り入れる） ○ゲーム①（前後半の間によい動きの確認をする） ○振り返り 　（全体で規則の工夫について話し合う） ○ゲーム②（前後半の間によい動きの確認をする） ○整理運動（使った部位をゆっくりとほぐす） ○まとめ 　①チームごとに学習を振り返る。 　②次時の学習内容を知る。	5・6　簡単な作戦を立てて、ゲームを楽しもう POINT：ボールを持っている人と、ボールを持っていない人の役割を踏まえた作戦を選ぶ。 [主な学習活動] ○集合・あいさつ ○準備運動（主運動につながる動き取り入れる。） ○チームタイム（作戦の確認や練習をする） ○ゲーム①（前後半の間に作戦の確認をする） ○ゲーム②（前後半の間に作戦の確認をする） ○整理運動（使った部位をゆっくりとほぐす） ○まとめ 　①友達やチームのよかったところについて、全体で振り返る。 　②次時の学習内容を知る。（第6時では単元全体でよくなったことについて、振り返る）

子供への配慮の例

①運動が苦手な子供

　ボール操作が苦手な子供には、操作しやすいボールを使ったり、数的優位な状況を作ったり、ボールを触る空間を確保したりするなど、ボールを保持する条件を易しくするとともに、ボールを保持した際に周囲の状況を確認できるよう、言葉掛けを工夫する。

　また、ボール保持者と自分の間に守るものがいない空間に移動することが苦手な子供には、ICTで撮影した動画を活用して助言するなど、具体的な場面をイメージできるよう配慮する。

②意欲的でない子供

　教師は子供が安心して運動に取り組むことができ、かつもっている力を存分に発揮して楽しめる学習になっているかを、考える必要がある。

　ボールが怖くて恐怖心を抱き、ゲームに意欲的に取り組めない子供には、柔らかいボールを使用するなどの配慮をする。判定に納得しなかったりゲームに勝てなかったりすることで、意欲的に取り組めない子供には、より易しい規則へ変更するなどして、ゲームに勝つ経験を味わえるような配慮をする。

本時案

ラインサッカーの 進め方を知ろう

本時の目標

ラインサッカーの学習内容を知り、ボールの操作の仕方を覚え、友達とゲームを楽しむことができる。

評価のポイント

ラインサッカーの学習内容を理解し、友達と楽しくゲームに取り組む。

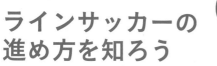

週案記入例		

[目標]
ラインサッカーの学習内容を知り、ゲームを楽しむ。

[活動]
ボールを使った準備運動や、ラインサッカーのゲームをする。

[評価]
ラインサッカーの学習内容を知り、ゲームを楽しむことができたか。

[指導上の留意点]
子供の実態に合ったはじめの規則、用具、コートを設定し、あらかじめ力が均等になるようなチーム編成をしておく。

本時の展開

	時	子供の活動
はじめ	5分	**集合・あいさつ** ○チームごとに、ゼッケンを着て、整列する。 **1** ○本時の学習内容、ラインサッカーの進め方を知る。
準備運動	5分	**準備運動をする** ○足や足首等を中心に、体の各部位を温める。 ○軽いジョギングなどの、動的な運動で体を温める。
体慣らし	5分	**ボールを使って体慣らしをする** ○ボールを使ったいろいろな運動をする。 ○ボールを使った簡単なゲームをする。
ゲーム①	15分	**ゲームをする** ○楽しく安心して運動するためのきまりを確認する。 ○ゲームの「はじめの規則」や進め方の確認をする。 **2** ○対戦相手やコートの確認をする。 ○チーム内の役割の確認をする。 **3** ○ゲームをする。
振り返り	5分	**ゲームをしてみて、共通理解すべきことを確認する** ○困ったことや、判定で迷ったことなどを確認する。
ゲーム②	5分	**ゲームをする** ○振り返りで確認したことを確かめながら、ゲームをする。
整理運動	2分	**運動で使った部位をゆっくりとほぐす** ○特に足や、足首を中心に運動で使った部位をよくほぐす。
まとめ	3分	**(1)今日の学習について振り返り、学習カードに記入する** ○チームごとに学習を振り返る。 ○学習カードの使い方を知る。 **(2)次時の学習内容を確認する**

1 チーム編成

○技能の習得状況、リーダー性、人間関係などを考慮し、男女混合でできるだけ力が均等になるようなチーム編成をしておく。

○単元の活動期間で意欲が持続し、チームの関わりを通して、成長が見られるようなチーム編成を心がけるようにする。

○キャプテン、ゼッケン係、学習カード係、盛り上げ係など、一人一人に役割があるようにして、チーム内において自分が必要だということを実感できるようにする。

（今回は32人学級、8人×4チームの編成を想定）

2 はじめの規則、学習の進め方

○コート中央から、ボールを足で蹴ってゲームを始める。（キックオフ）

○相手のチームのゴールラインをボールが越えたら1点とする。ただし、高さはゴールマンの頭の高さまでとする。

○得点後は相手チームのキックオフからゲームを再開する。

○ラインマンとゴールマンは手を使ってよいこととする。

○タッチラインから出たボールは、一番近くのラインマンがボールを入れて再開する。

○ラインマンは転がしてボールを入れる。

※この「はじめの規則」は、単元を通して変更・修正を加えていくことを、第1時で子供に伝える。「誰もがゲームに楽しく参加できる」というねらいを達成するために、どんな規則にすればよいかを話し合い、学級オリジナルのラインサッカーを作り上げていく。

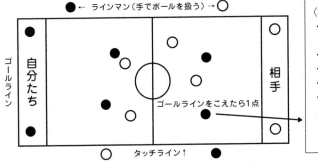

〈準備するもの〉
・サッカーボール
　（実態に合ったもの）
・デジタルタイマー
・対戦表
・規則の掲示物
・得点板
　※ルールを理解することに重点を置くため、あえて得点板を使用しなくてもよい。

3 チーム内の役割分担

○はじめの規則での役割分担
　・フィールドプレイヤー　4人
　・ラインマン　2人
　・ゴールマン　2人

※学習が進むにつれて、役割分担も工夫していけるとよい。

※ゲームのコートは2面用意し、相互審判で行う。

※毎回役割が同じにならないよう、チーム内で確認するよう指導する。

7 浮く・泳ぐ運動

8 体ほぐしの運動・多様な動きをつくる運動

9 小型ハードル走

10 表現（宇宙探検）

11 ゴール型ゲーム（ラインサッカー）

12 跳び箱運動

本時案

やさしい規則で ゲームを楽しもう

本時の目標

ラインサッカーの規則を確認し、きまりを守って友達とゲームを楽しむことができるようにする。

評価のポイント

ラインサッカーの「はじめの規則」を理解し、規則を守って友達とゲームに取り組む。

週案記入例

[目標]
ラインサッカーのルールを確認しながら、ゲームを楽しむ。

[活動]
ラインサッカーのルールやきまりを守ってゲームをする。

[評価]
ラインサッカーのルールやきまりを守ってゲームを楽しむことができたか。

[指導上の留意点]
はじめのルールを模造紙に書いて掲示するなどして、視覚的に確認できるようにする。

本時の展開

	時	子供の活動
はじめ	5分	**集合・あいさつ** ○チームごとに、ゼッケンを着て、整列する。 ○本時の学習内容（学習課題、流れ、対戦表）を知る。 **1**
準備運動	4分	**準備運動をする** ○足や足首等を中心に、体の各部位を温める。 ○体と心がほぐれるような、動的な運動を取り入れる。 **2**
体慣らし	5分	**ボールを使って体慣らしをする** ○ボールを使ったいろいろな運動をする。 ○ボールを使った簡単なゲームをする。 **3**
ゲーム①	7分	**ゲームをする** ○チーム内の役割を確認する。 ○ゲームをする。
ゲーム②	7分	**ゲームをする** ○チーム内の役割を確認する。 ○ゲームをする。
ゲーム③	7分	**ゲームをする** ○チーム内の役割を確認する。 ○ゲームをする。
整理運動	2分	**運動で使った部位をゆったりとほぐす** ○特に足や、足首を中心に運動で使った部位をよくほぐす。
まとめ	8分	(1)**今日の学習について振り返り、学習カードに記入する** ○チームごとに学習を振り返る。 (2)**次時の学習内容を確認する**

11　ゴール型ゲーム（ラインサッカー）

7
浮く・泳ぐ運動

8
体ほぐしの運動・多様な動きをつくる運動

9
小型ハードル走

10
表現（宇宙探検）

11
ゴール型ゲーム（ラインサッカー）

12
跳び箱運動

1 きまりの確認

・みんなが楽しく、安心して運動するために必要なきまりを掲示して確認する。

> みんなが楽しく、安心して運動するためのラインサッカーのきまり
> ・ゲームの初めと終わりには、整列して元気よくあいさつをしよう。
> ・相手をけったりおしたりせず、フェアプレーでラインサッカーをしよう。
> ・友だちや味方に文くを言わず、はげまし合ってプレーしよう。
> ・はんていにこまったら、話し合ってみよう。　→　話し合って決まらなかったら、じゃんけんで決めよう。
> ・前半と後半で、ポジションを交代して、みんなで楽しもう。

※学習が進むにつれて追加するきまりがあれば、書き足していく。

2 準備運動の例（アイスブレイク）

　授業の導入部分で、気分を盛り上げたり、主運動へのきっかけとなったりするような活動（アイスブレイク）を積極的に取り入れていくとよい。おにごっこなど、準備が少なく、手軽にできる運動が好ましい。

○手つなぎおに

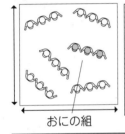

おにの組

・手つなぎでおにごっこをする。
・タッチしたら鬼は交代する。
・手つなぎの数を2人、3人、4人と徐々に増やす。

○こおりおに

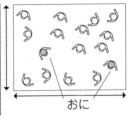

おに

・ゲームと同サイズのコートでこおりおにを行う。
・おには2〜3人
・氷をとかす動きを工夫する。→タッチ
　　　　→またくぐり　等

3 体慣らしの運動の例（ボールを使って）

○一人でできるボール慣れの例

①ボールタッチ
（足の内側や裏側で）

②ボールを蹴る

③ボールを止める

○友達とできるボール慣れの例

①的あて

（発展）コーンの上にマーカーを置いてボールを当てて落とす。

②パスゲーム

（発展）二人の間にコーンを2本置いて、その間を通してパスをする。

本時案

規則を工夫して
ゲームを楽しもう

本時の目標

　ラインサッカーの規則を工夫し、チームで協力してゲームを楽しむことができるようにする。

評価のポイント

　誰もが楽しくゲームに参加できるような規則の工夫について、考えながら運動している。

週案記入例

[目標]
ラインサッカーの規則を工夫してゲームを楽しむ。

[活動]
ラインサッカーの規則を工夫して、ゲームをしている。

[評価]
ラインサッカーの規則を工夫して、ゲームを楽しむことができたか。

[指導上の留意点]
模造紙に書いた、はじめの規則に追加・修正してクラスで考えた工夫を明らかにする。

本時の展開

	時	子供の活動
はじめ	3分	**集合・あいさつ** ○チームごとに、ゼッケンを着て、整列する。 ○本時の学習内容（学習課題、流れ、対戦表）を知る。
準備運動	4分	**準備運動をする** ○足や足首等を中心に、体の各部位を温める。 ○体と心がほぐれるような、動的な運動を取り入れる。
体慣らし	4分	ボールを使って体慣らしをする ○ボールを使ったいろいろな運動をする。 ○ボールを使った簡単なゲームをする。
ゲーム①	10分	**ゲームをする** ○ゲームをする。（前半4分－2分－後半4分）　**1** ○前後半の間に、チームで振り返りをする。
振り返り	7分	**規則の工夫について全体で考える**　**2**　**3** ○「誰もが楽しくゲームに参加できる」という視点で話し合う。 ○すぐにできそうな規則の工夫については、追加する。
ゲーム②	10分	**ゲームをする** ○ゲームをする。（前半4分－2分－後半4分） ○前後半の間に、チームで振り返りをする。
整理運動	2分	**運動で使った部位をゆっくりとほぐす** ○特に足や、足首を中心に運動で使った部位をよくほぐす。
まとめ	5分	**(1)今日の学習について振り返り、学習カードに記入する** ○チームごとに学習を振り返る。 **(2)次時の学習内容を確認する**

7 浮く・泳ぐ運動

8 体ほぐしの運動・多様な動きをつくる運動

9 小型ハードル走

10 表現（宇宙探検）

11 ゴール型ゲーム（ラインサッカー）

12 跳び箱運動

1 ゲーム中の安全に対する配慮事項

・学習が進み、ゲームに慣れたことで勝敗にこだわる様子が出てくると思われる。夢中になるという点ではよいことなので、その姿を認めつつ、全員が安心して運動に取り組めるよう安全について、教師が以下の点を気にして、指導していく。

> ・力いっぱいボールを蹴るときには、周囲の安全に気を付けさせる。
> ・グラウンドに不要なボールが転がっていないか声をかけ、ボールを進んで片付けるなど、安全に配慮した行動を取っている子供を称賛する。
> ・ボールを怖がっている様子があった際には、子供たちと対話しながら、ボールの種類を工夫したり、相手の場所に応じて蹴り方を変えるなどの工夫をしたりする。
> ・前半と後半で、ポジションを交代して、みんなで楽しもう。

2 規則を工夫するポイント

○得点の工夫
・ファーストゴール３点 → 子供がそのゲームで１回目に決めたゴールについては３点とする。２回目以降の得点は１点とする。
○ラインマンについて
・ラインマンは蹴ってボールを入れてもよいこととする。
・ラインマンがボールを持っていられる時間を制限する。
○ゴールマンについて
・ゴールマンも攻撃に参加できるようにする。 → 攻めるときの数的優位の確保。
・フィールドプレイヤーの人数を１人減らして、ゴールマンを３人に増やす。
○その他
・得点をした人は10秒間コート外に出る。（点を取られたチームを数的優位にして、得点の機会を増やすため。また、得点者が得点板を操作することで、点数のカウントを正確に行うため）

3 規則の工夫の掲示

子供が工夫した規則を、「はじめの規則」に書き加えて掲示する。

はじめの規則	追加・修正した規則
○コート中央から、ボールを足で蹴ってゲームを始める。（キックオフ） ○相手のチームのゴールラインをボールが越えたら１点とする。高さはゴールマンの頭の高さまでとする。 ○得点後は相手チームのキックオフからゲームを再開する。 ○ラインマンとゴールマンは手を使ってよいこととする。 ○タッチラインから出たボールは、一番近くのラインマンがボールを入れて再開する。 ○ラインマンは転がしてボールを入れる。	○ファーストゴールは３点、２回目以降のゴールは１点とする。 ○ゴールマンも、ゴールエリアを出て攻撃に参加することができる。（ただしゴールエリアを出たら手は使えない） ○得点した人は一度コートの外に出て、ストップウォッチで10秒間測ってから、ゲームに参加する。

本時案

コートを工夫して ゲームをしよう ④/⑥

本時の目標

コートの工夫をして、友達とゲームを楽しむことができるようにする。

評価のポイント

コートを工夫して、よりゲームを楽しもうとしている。

本時の展開

	時	子供の活動
はじめ	3分	**集合・あいさつ** ○チームごとに、ゼッケンを着て、整列する。 ○本時の学習内容（学習課題、流れ、対戦表）を知る。
準備運動	4分	**準備運動をする** ○足や足首等を中心に、体の各部位を温める。 ○体と心がほぐれるような、動的な運動を取り入れる。
体慣らし	4分	**ボールを使って体慣らしをする** ○ボールを使ったいろいろな運動をする。 ○ボールを使った簡単なゲームをする。
ゲーム①	10分	**ゲームをする** ○新しいコートの確認をする。 **1** ○ゲームをする。（前半4分 – 2分 – 後半4分） ○前後半の間に、チームで振り返りをする。
振り返り	7分	**チームごとにゲーム①を振り返る** ○コートの工夫により、チーム全体でどのように攻めたり守ったりすればよいかを話し合う。
ゲーム②	10分	**ゲームをする** ○振り返りを生かしてゲームをする。 （前半4分 – 2分 – 後半4分） ○前後半の間に、チームで振り返りをする。
整理運動	2分	**運動で使った部位をゆっくりとほぐす** ○特に足や、足首を中心に運動で使った部位をよくほぐす。
まとめ	5分	**(1)今日の学習について振り返り、学習カードに記入する** ○チームごとに学習を振り返る。 **(2)次時の学習内容を確認する**

7	浮く・泳ぐ運動
8	体ほぐしの運動・多様な動きをつくる運動
9	小型ハードル走
10	表現（宇宙探検）
11	ゴール型ゲーム（ラインサッカー）
12	跳び箱運動

1 コートの工夫

①ゴールライン上にコーンを置いて、ゴールを2つ作る。

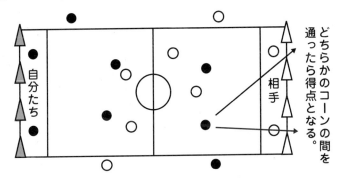

②ゴールライン上にコーンを置いて、ゴールを1つ作る。

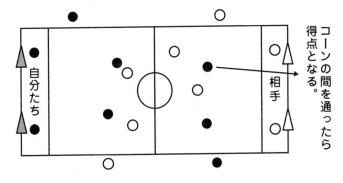

③ゴールライン上とタッチライン上にコーンを置いて、ゴールを2つ作る。

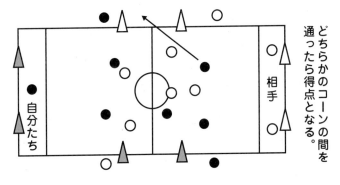

※①・②は元のゲームからの発展と考える。ゴールが狭くなることで、課題が変わり、ゲームの変容が見られると予測される。

※③は、攻める方向が変わるので、大きなゲームの変容が予測される。前時までの様子から子供の実態に合わせて、工夫するとよい。

作戦を立てて
ゲームをしよう

本時の目標

チームで簡単な作戦を立てたり選んだりして、友達と協力してよりゲームを楽しむことができるようにする。

評価のポイント

自分たちのチームに合った作戦の立て方を知り、楽しくゲームができるようにする。

週案記入例

[目標]
チームに合った作戦を立てたり選んだりして、ゲームを楽しむ。

[活動]
チームで作戦を選び、ラインサッカーのゲームをする。

[評価]
チームに合った作戦を立てたり選んだりして、ゲームを楽しむことができたか。

[指導上の留意点]
子供たちが主体的に作戦を考えられるようにする。一方、考えることが難しいチームには作戦の例を提示するなどして、支援する。

本時の展開

	時	子供の活動
はじめ	2分	**集合・あいさつ** ○チームごとに、ゼッケンを着て、整列する。 ○本時の学習内容（学習課題、流れ、対戦表）を知る。
準備運動	4分	**準備運動をする** ○足や足首等を中心に、体の各部位を温める。 ○体と心がほぐれるような、動的な運動を取り入れる。
チームタイム	8分	**チームで作戦を考え、その作戦に合う練習をする** ○チームごとに作戦を立てたり、選んだりする。■1 ○作戦に合った練習をする。
ゲーム①	12分	**ゲームをする** ○作戦を生かして、ゲームをする。（前半5分 – 2分 – 後半5分） ○前後半の間に、チームで作戦の振り返りをする。■2
ゲーム②	12分	**ゲームをする** ○作戦を生かしてゲームをする。 （前半5分 – 2分 – 後半5分） ○前後半の間に、チームで作戦の振り返りをする。
整理運動	2分	**運動で使った部位をゆっくりとほぐす** ○特に足や、足首を中心に運動で使った部位をよくほぐす。
まとめ	5分	**⑴今日の学習について振り返り、学習カードに記入する** ○チームごとに学習を振り返る。■3 **⑵次時の学習内容を確認する**

1 チームの作戦を立てるポイント

●チームに合った作戦を立てるよう指導する。子供たちだけで考えるのが難しい場合には、以下のような作戦例を提示して、助言する。

○作戦の例
- ・ゴールが見えたら、思い切って強くシュートしよう。
- ・パスをつないで、攻めよう。
- ・ラインマンにパスを出して、よいところで折り返しのパスを受けよう。
- ・ボールに集まらず、コート全体を広く使って攻めよう。
- ・ボールをもらったら、前に蹴り出して攻めよう。
- ・全員で動いて、前に行ったり後ろに行ったりして攻めよう。

2 チームの作戦に合った練習

○コーンあてゲーム（シュート中心の作戦）

○パス通しゲーム（パス中心の作戦）

○パス＆ゴーゲーム
（ラインマンを生かす作戦）

○ボール蹴り出しゲーム
（全員が常に動く作戦）

3 学習の振り返り

○1時間のまとめに行う振り返りでは、学習カードを活用して、チームの作戦について具体的に振り返るようにさせる。

○作戦の「よかったところ」「もう少しだったところ」の両面を考えさせ、成果と課題の確認をする。教師は子供たちの成果を認めつつ、「もう少しだったところ」にも着目し、チームの課題解決のための具体的な方法を助言する。その際には答えを直接伝えるのではなく、「○○がうまくいかなかったんだね。次はどうすればうまくいくかな？」などというように問いかけ、子供たちが主体的に課題解決に向かえるような、教師と子供の対話を心掛ける。

※第4時と5時の内容については子供の実態に合わせて、順序を入れ替えたり、第4時から作戦を立てることに重きを置いたりするなどの、単元計画にしてもよい。

7 浮く・泳ぐ運動

8 体ほぐしの運動・多様な動きをつくる運動

9 小型ハードル走

10 表現（宇宙探検）

11 ゴール型ゲーム（＝ラインサッカー）

12 跳び箱運動

本時案

学習したことを
生かしてゲームを楽しもう

6/6

本時の目標

　学習の成果を生かして、友達と協力してよりゲームを楽しむことができるようにする。

評価のポイント

　自分たちのチームに合った作戦の立て方を知り、楽しくゲームができるようにする。

週案記入例

[目標]
学習の成果を生かして、チームで協力し合い、ゲームを楽しむ。

[活動]
規則を守り、作戦を立てたり選んだりして、友達と協力してゲームをする。

[評価]
学習の成果を生かして、ゲームを楽しむことができたか。

[指導上の留意点]
チームで立てた作戦を生かしてゲームをしたり、自分のめあてを意識して運動したりするなど、よい子供の姿を積極的に称賛する。

本時の展開

	時	子供の活動
はじめ	2分	**集合・あいさつ** ○チームごとに、ゼッケンを着て、整列する。 ○本時の学習内容（学習課題、流れ、対戦表）を知る。
準備運動	4分	**準備運動をする** ○足や足首等を中心に、体の各部位を温める。 ○体と心がほぐれるような、動的な運動を取り入れる。
チームタイム	8分	**チームで作戦を考え、その作戦に合う練習をする** ○チームごとに作戦を立てたり、選んだりする。 ○作戦に合った練習をする。
ゲーム①	12分	**ゲームをする** **1** ○作戦を生かして、ゲームをする。（前半5分‒2分‒後半5分） ○前後半の間に、チームで作戦の振り返りをする。
ゲーム②	12分	**ゲームをする** ○作戦を生かしてゲームをする。 　（前半5分‒2分‒後半5分） ○前後半の間に、チームで作戦の振り返りをする。
整理運動	2分	**運動で使った部位をゆっくりとほぐす** ○特に足や、足首を中心に運動で使った部位をよくほぐす。
まとめ	5分	**(1)今日の学習について振り返り、学習カードに記入する** ○チームごとに学習を振り返り、よくなったことや楽しかったことなどを学習カードに記入する。 ○子供たちが単元を通してよくなったことを教師から伝えたり、子供たちでよさを認め合ったりする。 **2**

7 浮く・泳ぐ運動

8 体ほぐしの運動・多様な 動きをつくる運動

9 小型ハードル走

10 表現（宇宙探検）

11 ゴール型ゲーム （ラインサッカー）

12 跳び箱運動

1 評価の規準

　第6時でのみ評価するのではなく、単元全体を通して教師が評価し、指導に生かすことで、3つの資質・能力をバランスよく育めるように留意する。

〈知識・技能〉

●基本的なボール操作

　○ボールを止める。

　○ドリブル

　　・周りをよく見てドリブルをする。

　　・前後左右、自分が向かいたい方向へ動く。

　　・ボールをなるべく足元から離さずに、ドリブルをする。

　○パス

　　・ねらったところに、できるだけ正確に蹴る。

　○シュート

　　・ゴールが見えたときに、思い切り強くシュートをする。

　　・ゴールマンの動きを見て、空いているところをねらってシュートする。

●ボールを持たないときの動き

　○ボール保持者と自分の間に守る相手がいない空間に移動すること。また、相手の動きに応じて、その動きを繰り返すこと。

　○ボール保持者とゴールまたは相手の間に体を入れ、シュートやパスを防ぐ。

　○人にぶつからないよう、周りの様子をよく見たり、素早く動いて相手をよけたりする。

〈思考・判断・表現〉

　○「誰もが楽しくゲームに参加できる」ように、規則を選んだり、工夫したりする。

　○ゲームで、ボールを持っている人と、持っていない人の役割を踏まえた作戦を立てたり選んだりする。

　○個人やチームの課題の解決のために考えたことを友達に伝える。

〈主体的に学習に取り組む態度〉

　○ゲームの規則を守り、誰とでも仲よくする。

　○ゲームで使用する用具などの準備や片付けを、友達と一緒にする。

　○ゲームの勝敗を受け入れる。

　○ゲームやそれらの練習の中で互いに動きを見合ったり、話し合ったりして見つけた動きのよさや課題を伝え合う際に友達の考えを認める。

　○ゲームやそれらの練習の際に、使用する用具などを片付けて場の危険物を取り除くなど、周囲を見て場や用具の安全を確かめる。

2 単元全体の振り返り

○よかったところや楽しかったことを中心に振り返えるようにさせる。

○子供たちが主体的に学習を振り返ることが大切であるが、教師からも学習のまとめとしてよくなったところを伝えるようにする。

　※教師は適切な評価を行い、第5学年の学習への意欲につなげられるようにする。

「ラインサッカー」学習カード＆資料

使用時 **第1〜6時**

本カードは第1時から第6時まで、単元全体を通して使用する。ラインサッカーの毎時間の結果や子供の学習への意欲や技能の変容だけでなく、思考・判断・表現等の変容を見取るためのカードである。記述欄に子供が書いた内容から、試合の結果だけでなく学習の中で見つかった動きのよさや課題を見いだし、課題の修正や新たな学びを設定することにつなげていきたい。

収録資料活用のポイント

①使い方

　授業の初めに本カードを子供一人一人に板目紙とセットで配布する。第1〜4時までは学習カード①を使用する。第5・6時からは学習カード②を使用する。板目の裏面に学習資料「作戦のポイント」を貼り、話し合いで活用する。授業の終わりに、学習の振り返りを行うように指示する。

②留意点

　学習カード①は、ラインサッカーの規則を理解したり、規則の工夫をしたりすることに活用していく。学習カード②は、作戦を立てそれに伴う自分の役割を明確にしたり、チームのポジションや動きを決めたりすることに活用していく。記述欄に自分の考えを言語化することで、子供が学習の振り返りを適切に行うとともに、教師が子供の思考・判断・表現等の見取りをできるようにしていく。

💿 学習カード 4-11-1

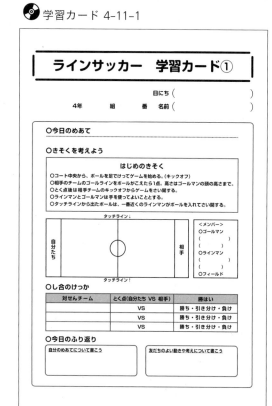

💿 学習カード 4-11-2

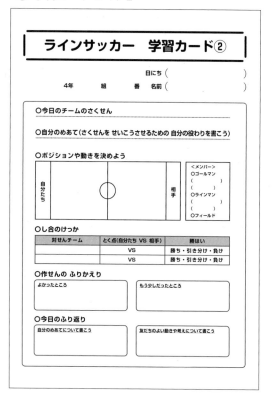

ラインサッカー　さくせんのポイント

4年　　　組　　　番　名前（　　　　　　　　　　）

○ゴールが見えたら、思い切って強くシュートしよう。
　→「まとあてゲーム」で練習しよう

> 相手の間をねらって、
> 思い切りけろう！
> けりたい方向へ体を向けよう！

○パスをつないで、せめよう。
　→「パス通しゲーム」で練習しよう

> パスが通る場所へ
> すばやく動こう。
> 友だちの動きをよく見て、
> パスを出すはんだんを早くしよう！

○ラインマンにパスを出して、よいところでおり返しのパスを受けよう。
　→「パス＆ゴーゲーム」で練習しよう

> パスを出したら、すぐにゴール前へ
> 走ろう！
> ラインマンは手を使って、すばやく
> 味方がけりやすいパスを出そう！

○全員で動いて前に行ったり後ろに行ったりしてせめよう。
　→「ボールけり出しゲーム」で練習しよう

> ボールを持ったら、人がいない
> 場所へ動こう！
> 取られたボールはすぐに
> 取り返しにいこう！

7 浮く・泳ぐ運動

8 体ほぐしの運動・多様な動きをつくる運動

9 小型ハードル走

10 表現（宇宙探検）

11 ゴール型ゲーム（ラインサッカー）

12 跳び箱運動

12 跳び箱運動

5 時間

【単元計画】

1 時	2 時
[第一段階] 跳び箱運動の学習の進め方や技を知り、自分の課題もつ。	
オリエンテーション 学習の進め方や既習の技のできばえを知る時間。	技の行い方や技のポイントを知る。 自分の課題を知る時間。
1　学習の進め方を知ろう POINT：固定のグループで活動する。学習の進め方を知り、自分のできる技を調べる。跳び箱運動につながる運動感覚を養う。 **[主な学習活動]** ○集合・あいさつ ○今日の学習の流れを確認する ○準備運動 ○跳び箱運動につながる運動感覚を養う ○場の準備 ○今できる技を確かめる ○片付け・整理運動 ○取り組む技を決める ○学習を振り返る	**2　技の行い方を知り、自分の課題を見付けよう** POINT：固定のグループで活動する。技のポイントを知り、身に付けたい技を決め、次時以降の学習計画を立てる。 **[主な学習活動]** ○集合・あいさつ ○今日の学習の流れを確認する ○準備運動 ○跳び箱運動につながる運動感覚を養う ○場の準備 ○切り返し系と回転系の技のポイントを知る ○片付け・整理運動 ○取り組む技を決めて学習計画を立てる ○学習の振り返り

授業改善のポイント

主体的・対話的で深い学びの実践に向けて

　子供が主体的に学ぶためには、運動に対する課題意識をもつことが重要となる。

　学習の第一段階で、技を示し、経験させた上で、身に付けたい技を子供に決めさせる。子供が学習課題を選択することで主体的な学びとなる。

　さらに、技を習得してくために、グループによる対話的な学習を行う。各技の見合う視点を掲示物や学習カード等で明確にしておくことで、対話的な学習がより効果的に行われる。

　第一段階の技を知り、学習課題を決める段階では3〜4人を1グループとする、技能が異なるグループで学習を進める。

　第二段階の課題に取り組む活動では、同じ課題（技）をもつ子供同士でグループを組み、対話的な学習を進める。

　対話的な学習を進める際には、できていない点だけではなく、できている点も伝えることにより、学びに向かう力も向上してくる。また、動きを自分自身でも確認できるようにするために、タブレット等のICT機器の活用も積極的に取り入れる。

7 浮く・泳ぐ運動

8 体ほぐしの運動・多様な動きをつくる運動

9 小型ハードル走

10 表現（宇宙探検）

11 ゴール型ゲーム（ラインサッカー）

12 跳び箱運動

単元の目標

○知識及び技能

・開脚跳び等の切り返し系の技や台上前転等の回転系の技をすることができる。

○思考力、判断力、表現力等

・課題を見付け、課題解決の活動を工夫し、方法を友達に伝えることができる。

○学びに向かう力、人間性等

・きまりを守り仲よく運動したり、安全に気を付けたりすることができる。

3・4時	5時
[第二段階] 課題解決のために、運動を工夫したり、仲間と協力したりして取り組む。	
技の習得・習熟を目指し練習に取り組む時間。 新たな課題を見付ける時間。	技の習得・習熟を目指し練習に取り組む時間。 発表会　お互いの技を見合う時間。
3・4　自分の課題に取り組み、技ができるようになろう。 POINT：自己の課題（技）解決に向けて、対話的な学びが行い易いように、技別のグループで活動する。実態に合わせて発展技にも挑戦する。 [主な学習活動] ○集合・あいさつ ○今日の学習の流れを確認する ○準備運動 ○跳び箱運動につながる運動感覚を養う ○場の準備 ○課題（技）別のグループに分かれて、運動に取り組む ○片付け・整理運動 ○学習の振り返り	5　技を発表し合い、互いの学習の成果を認め合う POINT：固定グループで発表し合うことで、互いの成長を確かめる。 [主な学習活動] ○集合・あいさつ ○今日の学習の流れの確認 ○準備運動 ○跳び箱運動につながる運動感覚を養う ○技別グループに分かれて、運動に取り組む ○固定グループに分かれて発表会をする ○片付け・整理運動 ○学習のふり返り

子供への配慮の例

①運動が苦手な子供

　開脚跳びが苦手な子供は、マットの上に跳び箱を1段置いて、手を着きやすくしたり、跳び越しやすくしたりして、踏切り―着手―着地までの一連の動きが身に付くようにする。

　台上前転が苦手な子供は、マットを数枚重ねた場で腰を上げて回転する動きをしたり、マットの上で、速さのある前転をしたりする。

　首はね跳びが苦手な子供は、マットを数枚重ねた場や低く設置した跳び箱、ステージなどを利用して体を反らせてブリッジをしたり、場で作った段差と補助を利用して首はね起きをしたりする。

②意欲的でない子供

　技への恐怖心がある子供には、落ちても痛くないようにマットを敷いて場を工夫するなどの配慮をする。

　技に繰り返し取り組もうとしない子供には、タブレットで録画したものを見せ自己評価できるようにする。

　また、自分から関わろうとしない子供は、他の子供が運動しているときに、着手や着地の位置を確かめる役割等をするなど配慮をする。

本時案

学習の
進め方を知ろう

本時の目標

　学習の進め方や跳び箱運動につながる運動感覚の動きを知り、自分が今できる技を確かめることができるようにする。

評価のポイント

　学習の進め方や跳び箱運動につながる運動感覚の動きをしっかり理解できたか。

週案記入例

[目標]
跳び箱運動の学習の仕方を知る。

[活動]
跳び箱運動につながる運動感覚の動きを行う。自分ができる技を確かめる。

[評価]
学習の仕方を理解できたか。自分のできる技を確かめることができたか。

[指導上の留意点]
安全に運動するためのきまりや約束をしっかりと確認させる。

本時の展開

	時	子供の活動
はじめ	5分	**集合・あいさつ** ○今日の学習内容を知る。
準備運動	5分	**本時の学習で使う部位をよくほぐす** ○足や足首、手や手首、首、肩のストレッチ運動をする。 ○伸ばしている部分を意識させるよう言葉掛けをする。
跳び箱運動につながる運動	5分	**跳び箱運動につながる運動感覚を養う** **1** ○ゆりかご、カエルの足うち、カエル倒立、ウサギ跳び、馬跳び、手押し車など跳び箱運動につながる運動を行う。
場の準備	3分	**安全に気を付けて、協力して場の準備をすすめる** **2** ○事前に決めておいた配置場所に跳び箱等を配置する。
技調べ	20分	**今できる技を確かめる** **3** ○今もっている力でどんな技ができるか調べる。 　取り組む技は、基本的な技（開脚跳び・台上前転・首はね跳び）と発展技（かかえ込み跳び）に取り組む。
片付け整理運動	2分	**場の片付けの後、運動で使った部位をほぐす** ○安全に気を付けて、協力して片付ける。 ○肩、首、手首を中心にほぐす。
学習の見通しをもつ学習の振り返り	5分	**今日の学習の振り返りをする** ○次時以降、切り返し技と回転技に取り組むことを知り、見通しをもつ。 ○本時の振り返りを行う。 **あいさつ**

7

浮く・泳ぐ運動

8

体ほぐしの運動・多様な
動きをつくる運動

9

小型ハードル走

10

表現（宇宙探検）

11

ゴール型ゲーム
（ラインサッカー）

12

跳び箱運動

1 跳び箱運動につながる運動感覚を養う

ゆりかごからしゃがむ

馬とび

うさぎとび

カエル足打ち

カエル倒立

手押し車

2 場の準備の配慮

○事前に場の設置を指導者が決めて、印を付けておく。

○２分程度の音楽を流して準備させると子供は、曲の長さに合わせて準備を進めることができるので、時間のマネージメントができる。

○跳び箱を運ぶときには、まとめて前後で持って運び、下ろすときには声をかけるように指導する。１段は逆さにして運ぶと安定する。

3 開脚跳び・台上前転技のポイント

○**開脚跳び**

動きのポイント

・両足をそろえて踏み切る。

・跳び箱の奥側に両手でいっしょに手を着く。

・遠くを見て、手で強く突き放す。

○**台上前転**

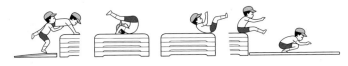

動きのポイント

・跳び箱の手前側に両手を着いて、しっかりと体を支える。

・あごを引いて背中を丸め、手を着いた場所のそばに頭の後ろを着け、前転する。

・胸に膝をつけるようにしながら、回転し着地する。

本時案

自分の
課題を決めよう

本時の目標

技の行い方を知り、身に付けたい技を決めることができるようにする。

評価のポイント

技の行い方やポイントを理解し、自己の能力に適した身に付けたい技を決めることができたか。

週案記入例

[目標]
技の行い方を知り、身に付けたい技を決める。

[活動]
技のポイントを理解し、安全に気を付けて技に取り組む。

[評価]
自己の能力に適した身に付けたい技を決めることができたか。

[指導上の留意点]
発展技の行い方を段階的に指導し、決して無理して行わないように取り組ませるようにする。

本時の展開

	時	子供の活動
はじめ	5分	**集合・あいさつ** ○今日の学習内容を知る。
準備運動	5分	**本時の学習で使う部位をよくほぐす** ○足や足首、手や手首、首、肩のストレッチ運動をする。 ○伸ばしている部分を意識させるよう言葉掛けをする。
跳び箱運動につながる運動	5分	**跳び箱運動につながる運動感覚を養う** ○ゆりかご、カエルの足うち、カエル倒立、ウサギ跳び、馬跳び、手押し車など跳び箱運動につながる運動を行う。
場の準備	3分	**安全に気を付けて、協力して場の準備をすすめる** ○事前に決めておいた配置場所に跳び箱等を配置する。
技のポイントを知り、取り組む	20分	**かかえ込み跳び、伸膝台上前転、首はね跳び、頭はね跳びの技のポイントを知り、安全に取り組む** ○発展技の行い方や技のポイントを知り、取り組む。
片付け整理運動	2分	**場の片付けの後、運動で使った部位をほぐす** ○安全に気を付けて、協力して片付ける。 ○肩、首、手首を中心にほぐす。
学習の見通しをもつ学習の振り返り	5分	**今日の学習の振り返りをする** ○次時以降自分が取り組む切り返し系・回転系の技の技を1つずつ決める。 ○本時の振り返りを行う。 **あいさつ**

かかえ込み跳び、伸膝台上前転、頭はね跳びの技のポイント

○ **かかえ込み跳び**

動きのポイント
・しっかり両足で踏み切って、手を跳び箱の前方に着き、しっかり体を支える。
・膝を胸に近付け、腰をできるだけ高く上げる。
・目線は下げず前を見る。ひざをしっかり曲げて着地する。

○ **伸膝台上前転**

動きのポイント
・しっかり両足で踏み切って、跳び箱の手前に手を着き、腰を高く上げる。
・ひざとつま先を伸ばして、ゆっくり回転する。
・ひざをしっかり曲げて着地する。

○ **首はね跳び**

動きのポイント
・しっかり両足で踏み切り、跳び箱の中央に手を着く。腰を高く上げる。
・着手して肩と後頭部を着ける。足を伸ばしたまま頭の真上にきたら、足を振り出し、両手で跳び箱を押す。ひじをしっかり伸ばす。
・ひざをしっかり曲げて着地する。

○ **頭はね跳び**

動きのポイント
・しっかり両足で踏み切り、跳び箱の中央に手を着く。腰を高く上げる。
・着手とおでこで体を支えて腰が頭の真上にきたら、足を振り出し、両手で跳び箱を押す。ひじをしっかり伸ばす。
・ひざをしっかり曲げて着地する。

7 浮く・泳ぐ運動

8 体ほぐしの運動・多様な動きをつくる運動

9 小型ハードル走

10 表現（宇宙探検）

11 ゴール型ゲーム（ラインサッカー）

12 跳び箱運動

本時案

技の習得・習熟を目指そう①

本時の目標

　自己の能力に適した技に取り組み、その習得に向けた練習の場や段階を選んで取り組む。

評価のポイント

　技の習得に向けて、練習方法を工夫したり、仲間と助け合って練習に取り組んだりすることができたか。

週案記入例

[目標]
自己の能力に適した技に取り組む。

[活動]
練習の場や段階を選んで取り組む。

[評価]
練習を工夫し、助け合って練習に取り組めたか。

[指導上の留意点]
技の習得のために段階的に運動に取り組ませる。望ましい練習や学び合いをしているグループの姿を全体に価値付け、手本とするようにしていく。

本時の展開

	時	子供の活動
はじめ	5分	**集合・あいさつ** ○今日の学習内容を知る。
準備運動	5分	**本時の学習で使う部位をよくほぐす** ○足や足首、手や手首、首、肩のストレッチ運動をする。 ○伸ばしている部分を意識させるよう言葉掛けをする。
跳び箱運動につながる運動	5分	**跳び箱運動につながる運動感覚を養う** ○ゆりかご、カエルの足うち、カエル倒立、ウサギ跳び、馬跳び、手押し車など跳び箱運動につながる運動を行う。
場の準備	3分	**安全に気を付けて、協力して場の準備をすすめる** 1 ○事前に決めておいた配置場所に跳び箱等を配置する。
課題解決に向けて取り組む	20分	**自己の学習課題にした技の習得・習熟に取り組む** 2 ○技別のグループを組み取り組む。 ○前時に決めた切り返し系、回転技系の技に取り組む。 ○技の習得に向けて段階的に取り組ませていく。
片付け整理運動	2分	**場の片付けの後、運動で使った部位をほぐす** ○安全に気を付けて、協力して片付ける。 ○肩、首、手首を中心にほぐす。
学習の見通しをもつ学習の振り返り	5分	**今日の学習の振り返りをする** ○本時の振り返りを行う。 **あいさつ**

7	浮く・泳ぐ運動
8	体ほぐしの運動・多様な動きをつくる運動
9	小型ハードル走
10	表現（宇宙探検）
11	ゴール型ゲーム（ラインサッカー）
12	跳び箱運動

1 場の設置の工夫

　跳び箱の位置を体育館中央に向かって助走をとるように設定することで、子供の運動方向が同じになり、教師が多くの子供の動きを把握しやすくなる。

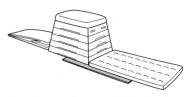

滑り止めシートは、跳び箱とマットの両方に重なるように置く。

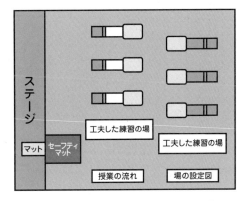

2 グループで学習を進めるときの配慮

　技の習得に向け、お互いが見合い、教え合えるグループ学習を展開していく。3〜4人でグループを組み「運動に取り組む子供」と「見てアドバイスをする子供」に分かれる。
　数回取り組んだらペアごと入れ替わると運動する時間の無駄が少なくなる。

本時案

技の習得・習熟を
目指そう②

本時の目標

　自己の能力に適した技に取り組み、その習得に向けた練習の場や段階を選んで取り組む。

評価のポイント

　技の習得に向けて、練習方法を工夫したり、仲間と助け合って練習に取り組んだりすることができたか。

週案記入例

[目標]
自己の能力に適した技に取り組む。

[活動]
練習の場や段階を選んで取り組む。

[評価]
練習を工夫し、助け合って練習に取り組めたか。

[指導上の留意点]
沢の習得のために段階的に運動に取り組ませる。望ましい練習や学び合いをしているグループの姿を全体に価値付け、手本とするようにしていく。

本時の展開

	時	子供の活動
はじめ	5分	**集合・あいさつ** ○今日の学習内容を知る。
準備運動	5分	**本時の学習で使う部位をよくほぐす** ○足や足首、手や手首、首、肩のストレッチ運動をする。 ○伸ばしている部分を意識させるよう言葉掛けをする。
跳び箱運動につながる運動	5分	**跳び箱運動につながる運動感覚を養う** ○ゆりかご、カエルの足うち、カエル倒立、ウサギ跳び、馬跳び、手押し車など跳び箱運動につながる運動を行う。
場の準備	3分	**安全に気を付けて、協力して場の準備をすすめる** ○事前に決めておいた配置場所に跳び箱等を配置する。
課題解決に向けて取り組む	20分	**自己の学習課題にした技の習得・習熟に取り組む** **1** ○技別のグループを組み取り組む。 ○前時に決めた切り返し系、回転技系の技に取り組む。 ○技の習得に向けて段階的に取り組ませていく。
片付け整理運動	2分	**場の片付けの後、運動で使った部位をほぐす** ○安全に気を付けて、協力して片付ける。 ○肩、首、手首を中心にほぐす。
学習の見通しをもつ学習の振り返り	5分	**今日の学習の振り返りをする** ○本時の振り返りを行う。 **あいさつ**

7 浮く・泳ぐ運動

8 体ほぐしの運動・多様な動きをつくる運動

9 小型ハードル走

10 表現（宇宙探検）

11 ゴール型ゲーム（ラインサッカー）

12 跳び箱運動

1 段階的な技の取り組みをするための場作り

かかえ込み跳びの場

踏み切り位置を高くし、腰を上げやすく。腰が上がらないときは、段差跳び箱の場で腰を上げる感覚を身に付ける。

ひざの引きつけが十分でないときは、ステージ上へウサギ跳びを行い、引きつける感覚を身に付ける。

着地を高くして抵抗感を小さく。着地に不安があるときには、着地のマットを重ねて着地の感覚を身に付ける。

着地への恐怖心があるときは、調整板を2個入れ、跳び箱を横向きにして飛び越す感覚を身に付ける。

伸膝台上前転の場

跳び箱の上で前転に恐怖心があるときは、着地のマットを重ねて回転の感覚を身に付ける。

腰が高く上がらないときは、段差跳びを利用して、腰の高い位置から回転感覚を身に付ける。

ゴムひも

腰を上げて、ひざを伸ばす意識をもたせるには、ゴムひもを張り、踏み切りをしっかり意識させる。

本時案

友達と成果を見合おう

本時の目標
　自己の課題解決に向けて取り組んだ成果を見合って、認め合う。

評価のポイント
　自己の課題とした切り返し系、回転系の技の習得をすることができたか。

本時の展開

	時	子供の活動
はじめ	5分	**集合・あいさつ** ○今日の学習内容を知る。
準備運動	5分	**本時の学習で使う部位をよくほぐす** ○足や足首、手や手首、首、肩のストレッチ運動をする。 ○伸ばしている部分を意識させるよう言葉掛けをする。
跳び箱運動につながる運動	5分	**跳び箱運動につながる運動感覚を養う** ○ゆりかご、カエルの足うち、カエル倒立、ウサギ跳び、馬跳び、手押し車など跳び箱運動につながる運動を行う。
場の準備	3分	**安全に気を付けて、協力して場の準備をすすめる** 1 ○事前に決めておいた配置場所に跳び箱等を配置する。
課題解決に向けて取り組む発表会を行う	20分	**自己の学習課題にした技の習得・習熟に取り組む** ○技別のグループを組み取り組む固定グループ（生活班等）で発表会を行う。 2 ○自分が取り組んできた技を発表する。 ○仲間の発表を見て、気が付いたことを言葉で伝える。
片付け整理運動	2分	**場の片付けの後、運動で使った部位をほぐす** ○安全に気を付けて、協力して片付ける。 ○肩、首、手首を中心にほぐす。
学習の振り返り	5分	**今日の学習の振り返りをする** 3 ○本時の振り返りを行う。 ○跳び箱運動を通して身に付いたことや気が付いたことを発表する。 **あいさつ**

1 段階的な技の取り組みをするための場作り

首はね跳び、頭はね跳びの場

肩倒立、頭倒立から足を振り出すタイミングと体を反らす感覚を身に付ける。

ステージ上からゆっくり回転をして、跳ね動作と同時に腕を伸ばして突き放す感覚を身に付ける。

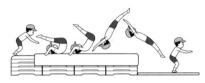

同じ高さの連結した跳び箱で、腰が高い位置から、回転に入り、くの字の状態でためて、足を振り出す感覚を身に付ける。

高さの違う連結した跳び箱で、回転動作と跳ね、突き放しのタイミングを身に付ける。

2 発表会について

　課題解決の取り組みによって、技ができるようになった楽しさや喜びを味わうために発表会を行う。互いの学習の成果を認め合える場になるようにする。

　学級全体の前で発表となると時間がかかるため、グループ内やグループ同士での発表会を行うとよい。

3 学習の振り返り

○第1時からの自分の変容が分かるように、振り返りをさせる。
○跳び箱運動動の学習を終えての感想を書く。
○努力の様子や技能の伸びなどについて、教師の評価を記入し、5年生の跳び箱運動に向けて意欲をもって学習を終えられるようにする。

7
浮く・泳ぐ運動

8
体ほぐしの運動・多様な動きをつくる運動

9
小型ハードル走

10
表現（宇宙探検）

11
ゴール型ゲーム（ラインサッカー）

12
跳び箱運動

「跳び箱運動」学習カード＆資料

使用時 **第1〜5時**

カードを使って子供たち自身の変容を記録し、自己の課題を解決していく学習を助ける。

収録資料活用のポイント

①使い方

　画用紙を半分に折り、表紙には、「跳び箱運動」のタイトルと名前を書かせる。裏表紙には、印刷した技のできばえシートを貼る。開いた内側に学習カードを貼る。できばえシートは、技調べ、課題解決学習のときに活用すること、授業の終わりに、学習の振り返りを行うように指示をする。

②留意点

　本カードは子供のめあての変容を記録するものである。子供が、自己の能力に合っていない技に取り組んでいたり、課題に合っていない練習方法で取り組んでいたりする場合は、コメントを残して積極的にめあての修正する。記入の時間を多く設けることはせず、できるだけ運動の時間を確保できるようにする。

📀 学習カード 4-12-1

とび箱運動　学習カード

4年　　組　　番　名前（　　　　　　　　　　）

○1時間目

〈わざ調べ〉
自分ができるわざをたしかめよう

切り返しとびグループわざ	できたわざ
回転とびグループわざ	できたわざ

◎：よくできた　○：できた　△：もう少し

学習のふり返り	◎	○	△
・自分のできるわざを知ることができた。			
・安全に気をつけて取り組むことができた。			
・学習の進め方を理かいすることができた。			

○2時間目

〈取り組むわざについて〉
自分のか題にするわざを決めよう

切り返しとびグループわざ	身につけたいわざ
回転とびグループわざ	身につけたいわざ

◎：よくできた　○：できた　△：もう少し

学習のふり返り	◎	○	△
・自分が取り組むわざを決めることができた。			
・わざのポイントを知ることができた。			
・安全に気をつけて取り組むことができた。			

📀 学習カード 4-12-2

○3時間目　　　　　（　　月　　日）

◎：よくできた　○：できた　△：もう少し

学習のふり返り	◎	○	△
・自分のか題に進んで取り組むことができた。			
・安全に気をつけて取り組むことができた。			
・グループでおたがいにアドバイスをし合って学習を進めることができた。			

○4時間目　　　　　（　　月　　日）

◎：よくできた　○：できた　△：もう少し

学習のふり返り	◎	○	△
・自分のか題に進んで取り組むことができた。			
・安全に気をつけて取り組むことができた。			
・グループでおたがいにアドバイスをし合って学習を進めることができた。			

○5時間目　　　　　（　　月　　日）

◎：よくできた　○：できた　△：もう少し

学習のふり返り	◎	○	△
・自分のか題をたっ成することができた。			
・安全に気をつけて取り組むことができた。			
・グループの仲間のよいところを見つけて、つたえることができた。			

わざのできばえチェックシート

4年　　　組　　　番　名前（　　　　　　　　　）

・わざ調べやわざの習じゅくを確かめる。
・自分のできばえをかくにんして、できたところの□にチェックを入れる。

○開きゃくとび

着手
足を開いて、とび箱の前方に上から手を着く。

つきはなし
とび箱をおして、前を見る。

ふみ切り
両足をそろえておすようにふみ切る。

着地
ひざを曲げて止まる。

○台上前転

着手
とび箱の手前に手を置きこしを高く上げる。

回転
あごを引き、せなかを丸めて回る。

ふみ切り
両足をそろえて強くおすようにふみ切る。

着地
ひざを曲げてフワリと止まる。

○かかえこみとび

着手
前方に上から手を着き、ひざをとじて、こしを頭くらいに上げる。

つきはなし
とび箱を強くおして、前を見る。

ふみ切り
両足をそろえて強くふみ切る。

着地
ひざを曲げて止まる。

○大きな台上前転

着手
手前に手を着き、ひざをのばして、こしを高く上げる。

回転
ひざとつま先をのばしてゆっくり回る。

ふみ切り
両足をそろえて強くおすようにふみきる。

着地
ひざを曲げてフワリと止まる。

○首はねとび

着手
とび箱の中央に手を着き、ひざをのばす。

ため
ひざをのばしたまま足をのこしてためる。

はね
足をふり出すと同時に両足で強くとび箱をおしてひじをのばす。

ふみ切り
両足をそろえて強くおすようにふみ切る。

着地
ひざを曲げて止まる。

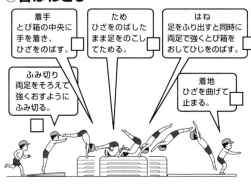

○頭はねとび

着手
うででささえながらとび箱の中央に頭の前のあたりを着け、ひざをのばす。

はね
こしが頭の真上にきたら、足をふり出し、両手でとび箱をおしてひじをのばす。

ふみ切り
両足をそろえて強くおすようにふみ切る。

着地
ひざを曲げて止まる。

7 浮く・泳ぐ運動
8 体ほぐしの運動・多様な動きをつくる運動
9 小型ハードル走
10 表現（宇宙探検）
11 ゴール型ゲーム（ラインサッカー）
12 跳び箱運動

走・跳の運動

13 幅跳び・高跳び

6 時間

【単元計画】

1 時	2 時
[第一段階] いろいろな幅跳びや高跳びをして運動を楽しむ。	
幅跳びの学習内容を知り、いろいろな幅跳びをしながら、遠くへ跳ぶ運動を楽しむ。	高跳びの学習内容を知り、いろいろな高跳びをしながら、高く跳ぶ運動を楽しむ。
1　幅跳びをやってみよう POINT：今の自分の記録を知るために、今できる跳び方で記録を測定する。 [主な学習活動] ○集合・あいさつ ○主運動につながる準備運動 ○幅跳び 　①今の自分の記録を測定する。 　②短い助走からいろいろな幅跳びをする。 ○使った部位をほぐす整理運動 ○まとめ 　①クラス全体で本時の学習を振り返る。 　②次時の学習内容を知る。	**2　高跳びをやってみよう** POINT：今の自分の記録を知るために、今できる跳び方で記録を測定する。 [主な学習活動] ○集合・あいさつ ○主運動につながる準備運動 ○高跳び 　①今の自分の記録を測定する。 　②短い助走からいろいろな高跳びをする。 ○使った部位をほぐす整理運動 ○まとめ 　①クラス全体で本時の学習を振り返る。 　②次時の学習内容を知る。

授業改善のポイント

主体的・対話的で深い学びの実践に向けて

　走・跳の運動においては、自己の能力に適した学習課題を見付け、その解決のための活動を工夫していく。幅跳び・高跳びでは、「助走」「踏み切り」「着地」において、以下の3点が運動のポイントとなる。①中学年では助走は短くするが、助走しながら跳ぶ体勢になるよう加速しているか。②踏み切り位置や踏み切り方が適切に行われているか。③膝を柔らかく曲げて、足から安全に着地しているか。

　運動のポイントを見合うために、2人組や3人組をつくり、動きを見合いながら学習を進める。見るポイントを決め、跳んだ直後に気付いたことを伝え合う。欠点の指摘だけではなく、上達するための助言やよかった点も伝えるようにする。2人組や3人組での対話的な学びが生まれることで、運動のポイントをつかみ、意欲的に練習に取り組めるように仕向けていく。

　その際、「学習カード」を活用して、対話的な学びで気付いたことを簡潔に記入し、主体的な学びになるようにする。このことで、子供自身が学びのプロセスを振り返り、技能の向上などが見えるようにしていく。

単元の目標

○**知識及び技能**

・運動の行い方を知り、短い助走から強く踏み切って遠くへ跳んだり、高く跳んだりすることができる。

○**思考力、判断力、表現力等**

・自己の能力に適した課題を見付け、活動や競争の仕方を工夫したり、考えを伝え合ったりすることができる。

○**学びに向かう力、人間性等**

・きまりを守り、誰とでも仲よく運動したり、場や用具の安全に気を付けたりすることができる。

3・4時	5・6時
[第二段階] **幅跳びや高跳びの仕方や競争を工夫して運動を楽しむ。**	
記録を得点化して、友達と競争しながら、遠くへ跳んだり、高く跳んだりする運動を楽しむ。	グループ対抗の得点競争をしながら、遠くへ跳んだり、高く跳んだりする運動を楽しむ。
3・4　記録を得点化して友達と競争しよう①② POINT：記録を得点化して友達と競争することを楽しみながら、自分の記録を伸ばす。 **[主な学習活動]** ○集合・あいさつ ○主運動につながる準備運動 ○第3時：幅跳び、第4時：高跳び 　①いろいろな幅跳びや高跳びをする。 　②記録を得点化して、友達と競争する。 ○使った部位をほぐす整理運動 ○まとめ 　①クラス全体で本時の学習を振り返る。 　②次時の学習内容を知る。	**5・6　グループ対抗の得点競争をしよう①②** POINT：グループ対抗の得点競争を楽しみながら、自分の記録を伸ばす。 **[主な学習活動]** ○集合・あいさつ ○主運動につながる準備運動 ○第5時：幅跳び、第6時：高跳び 　グループ対抗の競争をする。 ○使った部位をほぐす整理運動 ○まとめ 　①本時や単元全体の学習を振り返る。 　②学習カードに記入する。

子供への配慮の例

①運動が苦手な子供

幅跳び・高跳びともに、踏み切りが苦手な子供には、3～5歩程度と助走を短くしたり、一定のリズムの助走から跳んだりする場を設定し、利き足で強く踏み切ることができるようにする。

また、踏み切りで立ち止まってしまう子供には、リズミカルな助走を促し、助走と踏み切りが一連の動きとなるよう助言する。

着地位置が固いと、子供は安心して跳べないので、場を工夫することも大切である。

②意欲的でない子供

幅跳びや高跳びを行う場所に、子供が恐怖を感じる箇所がないかをチェックする。

幅跳びの着地点は、砂を掘り起こして柔らかくする。砂場の囲いが高くて跳びにくくないかも確認する。高跳びの着地点も固くないかを確認する。木や竹のバーが当たることへの恐怖心がある場合は、ゴム紐を使用するなどして解決する。

また、競争的に行い、友達との比較を嫌がる場合は、チーム戦にするなど、個人の伸びを認め、称賛するようにする。

本時案

幅跳びを
やってみよう

本時の目標

　幅跳びの学習内容を知り、いろいろな幅跳びをしながら、遠くへ跳ぶ運動を楽しむことができる。

評価のポイント

　短い助走から工夫した場でいろいろな幅跳びを行い、楽しく遠くへ跳ぶことができたか。

週案記入例

[目標]
学習内容を知り、いろいろな幅跳びをして楽しむ。

[活動]
今できる跳び方で記録を測定したり、いろいろな幅跳びをしたりして運動を楽しむ。

[評価]
学習内容が分かり、いろいろな幅跳びを楽しむことができたか。

[指導上の留意点]
生活班で活動するため、自分たちで安全に計測できるようにすることを指導の重点とする。

本時の展開

	時	子供の活動
はじめ	3分	**集合・あいさつ** ○生活班（4人程度）ごとに整列する。 ○幅跳びの学習内容を知り、単元全体の見通しをもつ。
準備運動	7分	**主運動につながる準備運動** ○ひざや足首、足の付け根、手首、肩のストレッチ運動をする。 　→伸びているところを意識して運動できるように声かけをする。
幅跳び	25分	(1)**今の自分の記録を測定する** 1 ○今の自分の記録を知るために、今できる跳び方で幅跳びの記録を測定する。 (2)**短い助走からいろいろな幅跳びをする** 2 3 ○5〜7歩程度の短い助走から、踏み切り足を決めて強く踏み切り、遠くへ跳ぶ。
整理運動	5分	**運動で使った部位をほぐす整理運動** ○ひざや足首、足の付け根を中心にストレッチ運動をする。
まとめ	5分	(1)**クラス全体で本時の学習を振り返る** ○本時の学習を振り返り、学習カードに記入する。 　①力いっぱい運動することができたか。 　②友達と協力して学習することができたか。 　③めあてに向かって運動することができたか。 ○頑張っていた友達について発表し合う。 (2)**次時の学習内容を知る。**

13 幅跳び・高跳び

14 ゴール型ゲーム（ハンドボール）

15 ベースボール型ゲーム

16 多様な動きをつくる運動

17 ネット型ゲーム（ソフトバレーボール）

18 マット運動

1 計測の仕方

踏み切った
足のつま先

踏み切り線に近いほうの
足のかかと

2 工夫した場で
いろいろな幅跳びをする

踏み切ってからななめ上へ跳び出す
ように跳び箱やダンボールを置く

踏み切り３歩前
を強く踏み込む

リズミカルに助走するために踏
み切り板や輪などの目印を置く

3 幅跳びの動きのポイント

スピードにのった助走

地面を強くたたくよ
うに踏み切る

目線を高くする

最後の３歩はす
ばやく走る

両足で着地

かかと→足裏全体
地面を強くたたく
音を意識する

本時案

高跳びを
やってみよう

本時の目標

高跳びの学習内容を知り、いろいろな高跳びをしながら、高く跳ぶ運動を楽しむことができる。

評価のポイント

短い助走から工夫した場でいろいろな高跳びを行い、楽しく高く跳ぶことができたか。

本時の展開

	時	子供の活動
はじめ	3分	**集合・あいさつ** ○生活班（4人程度）ごとに整列する。 ○高跳びの学習内容を知り、単元全体の見通しをもつ。
準備運動	7分	**主運動につながる準備運動** ○ひざや足首、足の付け根、手首、肩のストレッチ運動をする。 　→伸びているところを意識して運動できるように声かけをする。 ○補助運動をする。 **1**
高跳び	25分	**(1)今の自分の記録を測定する** ○今の自分の記録を知るために、今できる跳び方で高跳びの記録を測定する。 **(2)短い助走からいろいろな幅跳びをする** **2** **3** ○3～5歩程度の短い助走から踏み切り足を決めて強く踏み切り、高く跳ぶ。
整理運動	5分	**運動で使った部位をほぐす整理運動** ○ひざや足首、足の付け根を中心にストレッチ運動をする。
まとめ	5分	**(1)クラス全体で本時の学習を振り返る** ○本時の学習を振り返り、学習カードに記入する。 　①力いっぱい運動できたか。 　②友達と協力して学習できたか。 　③めあてに向かって運動できたか。 ○頑張っていた友達について発表し合う。 **(2)次時の学習内容を知る。**

1 準備運動の例
～体全体を引き上げる動き～

力強く踏み切って、
つま先を引き上げる

力強く踏み切って、
肩を引き上げる

2 いろいろな助走で高跳びをする

次は5歩で
やってみよう

ひざを曲げて
着地だよ

助走のリズムが
いいね

正面からの
助走は合うかな？

左足で踏み
切ったよ

踏み切り位置のめやす
片腕をまっすぐ
伸ばした位置が
めやす（約
50cm）

助走のリズム
踏み切り足と反対の足を輪の
中に入れ
「1・2・3！」（3歩）、
「1・2、1・2・3！」（5
歩）のリズムで跳ぶ

3 高跳びの動きのポイント

腕を振り上げる

踏み切り足を
高く上げる

足から着地

3～5歩の
リズミカルな助走

かかとから
踏み切る

14
ゴール型ゲーム
（ハンドボール）

15
ベースボール型ゲーム

16
多様な動きを
つくる運動

17
ネット型ゲーム
（ソフトバレーボール）

18
マット運動

本時案

幅跳びの記録を
得点化してみよう

本時の目標

　記録を得点化して友達との競争を楽しみながら、記録を伸ばすことができる。

評価のポイント

　記録を得点化する方法を知り、友達との競争を楽しみながら、自分の課題を意識して遠くへ跳ぶことができたか。

> ### 週案記入例
>
> **[目標]**
> 自分の記録を伸ばすことができる。
>
> **[活動]**
> 自分の記録を得点化して、同じグループ内の友達と競争して楽しむ。
>
> **[評価]**
> 競争を楽しみながら記録を伸ばすことができたか。
>
> **[指導上の留意点]**
> 記録を得点化して友達との競争を楽しみながら、自分の記録を伸ばすことを指導の重点とする。

本時の展開

	時	子供の活動
はじめ	3分	**集合・あいさつ** ○生活班（4人程度）ごとに整列する。 ○本時の学習内容を知る。
準備運動	7分	**主運動につながる準備運動** ○ひざや足首、足の付け根、手首、肩のストレッチ運動をする。 　→伸びているところを意識して運動できるように声かけをする。 ○班ごとに立ち幅跳びを行い、記録を測定する。
幅跳び	25分	**(1)いろいろな幅跳びをする** ○スピードのある助走（5〜10m程度）から前方に強く踏み切り、遠くへ跳ぶ。 **(2)記録を得点化して、友達と競争する** 1 2 ○同じグループ内の友達との競争を楽しみながら、自分の記録を伸ばす。 　→高得点を目指しながら、自分の記録を伸ばすことを意識させる。
整理運動	5分	**運動で使った部位をほぐす整理運動** ○ひざや足首、足の付け根を中心にストレッチ運動をする。
まとめ	5分	**(1)クラス全体で本時の学習を振り返る** ○本時の学習を振り返り、学習カードに記入する。 　①友達と力いっぱい競争できたか。 　②自分の目標記録に挑戦できたか。 　③めあてを意識して運動できたか。 ○頑張っていた友達について発表し合う。 **(2)次時の学習内容を知る。**

1 幅跳びの記録の得点化の例

●自分の立ち幅跳びの記録をめやすとして得点化する例

○立ち幅跳びの記録＋110cm… 1 点

○立ち幅跳びの記録＋120cm… 2 点

○立ち幅跳びの記録＋130cm… 3 点

※実態に合わせた早見表を用意する

●青グループの例

A君　　幅跳び　240cm（立ち幅跳び120cm）　＋120cm）→ 2 点

B さん　幅跳び　260cm（立ち幅跳び130cm）　＋130cm）→ 3 点

C さん　幅跳び　230cm（立ち幅跳び120cm）　＋110cm）→ 1 点

D君　　幅跳び　240cm（立ち幅跳び110cm）　＋130cm）→ 3 点

2 記録を得点化して、同じグループ内の友達と競争する

○ E 君の幅跳びの記録は260cm だ。

　　立ち幅跳びが130cm だったから、＋130cm で 3 点だ。

○ F さんの幅跳びの記録は250cm だね。

　　立ち幅立ち幅跳びが120cm だったから、＋130cm で 3 点だね。E 君と F さんは同点だね。

本時案

高跳びの記録を得点化してみよう

本時の目標

記録を得点化して友達との競争を楽しみながら、記録を伸ばすことができる。

評価のポイント

記録を得点化する方法を知り、友達との競争を楽しみながら、自分の課題を意識して高く跳ぶことができたか。

週案記入例

[目標]
自分の記録を伸ばすことができる。

[活動]
自分の記録を得点化して、同じグループ内の友達と競争して楽しむ。

[評価]
競争を楽しみながら記録を伸ばすことができたか。

[指導上の留意点]
記録を得点化して友達との競争を楽しみながら、自分の記録を伸ばすことを指導の重点とする。

本時の展開

	時	子供の活動
はじめ	3分	**集合・あいさつ** ○生活班（4人程度）ごとに整列する。 ○本時の学習内容を知る。
準備運動	7分	**主運動につながる準備運動** ○ひざや足首、足の付け根、手首、肩のストレッチ運動をする。 　→伸びているところを意識して運動できるように声かけをする。 ○補助運動をする。
高跳び	25分	**(1)いろいろな高跳びをする** ○リズミカルな助走（5〜7歩程度）から上方に強く踏み切り、高く跳ぶ。 **(2)記録を得点化して、友達と競争する** ⚊1 ⚊2 ○同じグループ内の友達との競争を楽しみながら、自分の記録を伸ばす。 →高得点を目指しながら、自分の記録を伸ばすことを意識させる。
整理運動	5分	**運動で使った部位をほぐす整理運動** ○ひざや足首、足の付け根を中心にストレッチ運動をする。
まとめ	5分	**(1)クラス全体で本時の学習を振り返る** ○本時の学習を振り返り、学習カードに記入する。 　①友達と力いっぱい競争できたか。 　②自分の目標記録に挑戦できたか。 　③めあてを意識して運動できたか。 ○頑張っていた友達について発表し合う。 **(2)次時の学習内容を知る。**

14

ゴール型ゲーム
（ハンドボール）

15

ベースボール型ゲーム

16

多様な動きを
つくる運動

17

ネット型ゲーム
（ソフトバレーボール）

18

マット運動

1 高跳びの記録の得点化の例

●自分の身長をめやすとして得点化する例
　○身長 ×0.4… 1 点
　○身長 ×0.5… 2 点
　○身長 ×0.6… 3 点
　※実態に合わせた早見表を用意する

高さ　　身長	125	130	135	140
50	1 点	1 点	1 点	1 点
55	2 点	1 点	1 点	1 点
60	3 点	2 点	2 点	2 点

●赤グループの例
　A さん　　高跳び　70cm（身長140cm）→ 2 点
　B 君　　　高跳び　65cm（身長130cm）→ 2 点
　C 君　　　高跳び　60cm（身長135cm）→ 1 点
　D さん　　高跳び　75cm（身長130cm）→ 3 点

2 記録を得点化して、同じグループ内の友達と競争する

60cm
70cm
80cm

○○さん
跳べたら 2 点だよ

次は 3 点を
めざして
跳ぼう

80cm が跳べた
から 3 点だ！

○E 君の記録は75cm だ。身長が130cm だから、表から 3 点だ。
○F さんの記録は70cm だね。身長が140cm だから、表から 2 点だね。E 君の勝ちだね。

本時案

グループ対抗の
幅跳び競争をしよう

本時の目標

　グループ対抗の得点競争を楽しみながら、自分の記録を伸ばすことができる。

評価のポイント

　グループ対抗の得点競争を楽しみながら、自分の課題を意識して遠くへ跳ぶことができたか。

週案記入例

[目標]
グループで競争しながら、自分の記録を伸ばすことができる。

[活動]
自分の記録を得点化して、グループ対抗の得点競争を楽しむ。

[評価]
競争を楽しみながら記録を伸ばすことができたか。

[指導上の留意点]
グループ対抗の得点競争を楽しみながら、自分の記録を伸ばすことを指導の重点とする。

本時の展開

	時	子供の活動
はじめ	3分	**集合・あいさつ** ○生活班（4人程度）ごとに整列する。 ○本時の学習内容を知り、競争の仕方を確認する。　**1**
準備運動	7分	**主運動につながる準備運動** ○ひざや足首、足の付け根、手首、肩のストレッチ運動をする。 　→伸びているところを意識して運動できるように声かけをする。 ○補助運動をする。
幅跳び	25分	**記録を得点化して、グループ対抗の得点競争をする　2** ○グループ対抗の得点競争を楽しみながら、自分の記録を伸ばす。 　→高得点を目指しながら、自分の記録を伸ばすことを意識させる。 ○跳ぶ回数は、全員同じにする。 ○競争の仕方は、対戦グループごとに話し合って決める。
整理運動	5分	**運動で使った部位をほぐす整理運動** ○ひざや足首、足の付け根を中心にストレッチ運動をする。
まとめ	5分	**⑴クラス全体で本時の学習を振り返る** ○本時の学習を振り返り、学習カードに記入する。 　①力いっぱい競争できたか。 　②自分の目標記録に挑戦できたか。 　③めあてを意識して運動できたか。 ○頑張っていた友達について発表し合う。 **⑵次時の学習内容を知る**

1 グループ対抗の得点競争の例

① 1人2回跳んで、点数のよかった方をその人の得点とし、グループの合計得点を競う。

② 1人2回跳んで、2回の点数の合計をその人の得点とし、グループの合計得点を競う。

③ 1対1でどちらの得点が高かったかを競い、勝ち負けの数の合計で勝敗を決める。

[得点競争をするときの留意点]

○跳ぶ回数は、全員同じにする。

○競争の仕方は、対戦グループごとに話し合って決める。

2 記録を得点化して、グループ対抗の得点競争をする

本時案

グループ対抗の 高跳び競争をしよう

6/6

本時の目標
グループ対抗の得点競争を楽しみながら、自分の記録を伸ばすことができる。

評価のポイント
グループ対抗の得点競争を楽しみながら、自分の課題を意識して高く跳ぶことができたか。

週案記入例

[目標]
グループで競争しながら、自分の記録を伸ばすことができる。

[活動]
自分の記録を得点化して、グループ対抗の得点競争を楽しむ。

[評価]
競争を楽しみながら記録を伸ばすことができたか。

[指導上の留意点]
グループ対抗の得点競争を楽しみながら、自分の記録を伸ばすことを指導の重点とする。

本時の展開

	時	子供の活動
はじめ	3分	**集合・あいさつ** ○生活班（4人程度）ごとに整列する。 ○本時の学習内容を知り、競争の仕方を確認する。 **1**
準備運動	7分	**主運動につながる準備運動** ○ひざや足首、足の付け根、手首、肩のストレッチ運動をする。 　→伸びているところを意識して運動できるように声かけをする。
高跳び	25分	**記録を得点化して、グループ対抗の得点競争をする** **2** ○グループ対抗の得点競争を楽しみながら、自分の記録を伸ばす。 　→高得点を目指しながら、自分の記録を伸ばすことを意識させる。 ○跳ぶ回数は、全員同じにする。 ○競争の仕方は、対戦グループごとに話し合って決める。
整理運動	5分	**運動で使った部位をほぐす整理運動** ○ひざや足首、足の付け根を中心にストレッチ運動をする。
まとめ	5分	**(1)クラス全体で本時の学習を振り返る** ○本時の学習を振り返り、学習カードに記入する。 　①力いっぱい競争できたか。 　②自分の目標記録に挑戦できたか。 　③めあてを意識して運動できたか。 ○頑張っていた友達について発表し合う。 **(2)次時の学習内容を知る。**

1 グループ対抗の得点競争の例

①1人2回跳んで、点数のよかった方をその人の得点とし、グループの合計得点を競う。

②1人2回跳んで、2回の点数の合計をその人の得点とし、グループの合計得点を競う。

③1対1でどちらの得点が高かったかを競い、勝ち負けの数の合計で勝敗を決める。

[得点競争をするときの留意点]

○跳ぶ回数は、全員同じにする。

○競争の仕方は、対戦グループごとに話し合って決める。

2 記録を得点化して、グループ対抗の得点競争をする

「幅跳び・高跳び」学習カード＆資料

使用時 第1〜6時

本カードは第1時から第6時まで、単元全体を通して使用する。記録の変容だけでなく、興味・関心や技能の変容も見取るカードである。記録だけに固執しないよう、記録を伸ばすために工夫や努力したこと、友達と協力してよかったことなどにも注目できるように配慮したい。

収録資料活用のポイント

①使い方

　授業のはじめに本カードを子供一人一人に板目紙とセットで配付する。カードの裏面には幅跳びや高跳びの得点表をプリントしておく。次に、学習の進め方を補説し、裏面の得点表の使い方も説明する。授業の終わりに、学習の振り返りを行うように指示する。

②留意点

　本カードは、毎時間の自分の記録を記入するため、記録だけに目がいったり、それを友達と比べたりすることが考えられる。個々の記録には個人差があり、単純に比べられるものではないことや、それよりも自分がいかに工夫して自己の記録を伸ばす努力をしたかを大切にするよう配慮したい。記入するために時間を多く設けることはせず、できるだけ運動の時間を保障したい。

学習カード 4-13-1

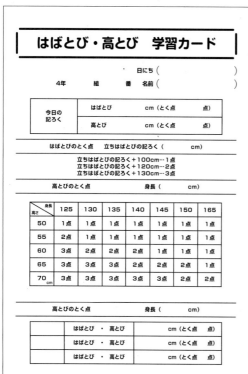

学習カード 4-13-2

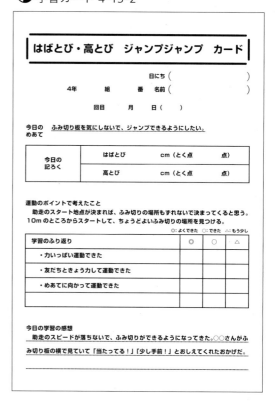

ジャンプジャンプ　運動のポイント

4年　　　組　　　番　名前（　　　　　　　　　）

○はばとびのいろいろな助走

とぶときに、両手をふって、
いきおいよくとぶようとび箱を置く

ななめ上にとぶ

ふみ切り3歩前を
強くふみこむ

リズミカルに助走するため
ふみ切り板や輪などの目印をおく

> ななめ上にとぶようにしよう

> ふみきる3歩前を強く
> ふみこもう

○高とびの体全体を高く上げる感かく

力強くふみ切る

かたを引き上げる

> 力強くふみきって、つま先を
> 引き上げよう

> 力強くふみきって、かたを
> 引き上げよう

○高とびの助走

3歩　　　　5歩

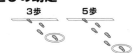

ふみ切りと反対の足を目印の中に入れ「1・2・3!」、「1・2・
1・2・3!」、のリズムでとぶ

> ふみきり足と反対の足を
> わの中に入れよう

> 「1・2・3!」（3歩）、
> 「1・2・1・2・3!」（5歩）、
> とリズムをとろう

○はばとび・高とびの動きのポイント

助走　　　　ふみ切り　　　　空中しせい　　　　着地
(5〜10m)　　　　　地面を強くた（かがみとび）
　　　　　　　　　　　たく　　　　　　　　目線を高くする

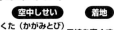

スピードにのった
助走

タン・タ・タと
リズムアップする

両足で着地
かかと→足のうら全体
地面を強くたたく音を意しきする

助走　　　ふみ切り　　　空中しせい　　　着地
　　　　　　　　　　　　（はさみとび）
　　　　　　　　　　　　　　　　ふみ切り足を高くふり上げる

うでをふり上げる

足から着地

3〜5歩の
リズミカルな助走

かかとからふみ切る

13
幅跳び・高跳び

14
ゴール型ゲーム（ハンドボール）

15
ベースボール型ゲーム

16
多様な動きをつくる運動

17
ネット型ゲーム（ソフトバレーボール）

18
マット運動

14 ゴール型ゲーム（ハンドボール）

[5 時間]

【単元計画】

1時	2・3時
［第一段階］ **ハンドボールの行い方を知り、** **規則を工夫してゲームを楽しむ。**	
ハンドボールの行い方や学習の進め方を知り、ゲームを楽しむ。	準備運動やボール慣れにおいて基本的なボール操作に触れる。また、ゲームの中においてボールを
1　ハンドボールをやってみよう POINT：3年生のときの学習を想起しながら、今の自分の力でゲームを楽しむ。 **【主な学習活動】** ○集合・あいさつ ○本時の学習につながる準備運動をする。 ○ハンドボールの規則を確認する。 ○試しのゲームをする。 ○整理運動をする。 ○誰もが楽しくゲームに参加できるという視点で規則を中心に振り返りをする。	**2・3　総当たりのリーグ戦に取り組もう** POINT：勝つためにチームみんなが同じ考えで取り組むことを作戦として、どうすれば勝てるようになるかを考えながら取り組むようにする。 **【主な学習活動】** ○場や用具の準備・集合・あいさつ ○ゲームにつながる準備運動をする。 ○ゲーム①　A–B C–D E–F　／　A–D B–F C–E ○振り返り①　チームのよい取組を取り上げる。 ○ゲーム②　A–C B–E D–F　／　A–E B–D C–F ○整理運動をする。 ○振り返り② 　①クラス全体で今日の学習について振り返る。 　②次時の学習内容を知る。

授業改善のポイント

主体的・対話的で深い学びの実践に向けて

　ゲームでは集団対集団で友達と力を合わせて競い合う楽しさや喜びに触れることが学習の中心となる。勝つために活動を工夫することを自己の課題解決の中にもつ必要がある。また、運動が苦手な子供も楽しめるように活動を工夫する。「チームのみんなが得点する」のような学級全体のねらいを提示して、そのためにチームで作戦を選び、話し合いや活動の工夫をする学習を展開する。

　他の領域に比べてチームでの活動が中心とな

るため、チーム内での活動を大切にして、チームに応じた指導や助言が大切となってくる。子供が目指すチームの姿を把握して、その実現に向けた助言を大切にしてく。

　ハンドボールの学習を通して何が身に付いたか、身に付いたことは他の種目や領域にどのように生かせるかといった視点を大切にして指導したい。

13	幅跳び・高跳び
14	ゴール型ゲーム（ハンドボール）
15	ベースボール型ゲーム
16	多様な動きをつくる運動
17	ネット型ゲーム（ソフトバレーボール）
18	マット運動

単元の目標

○**知識及び技能**

・ハンドボールの行い方を知るとともに、基本的なボール操作とボールを持たないときの動きによってゲームをすることができる。

○**思考力、判断力、表現力等の基礎**

・誰もが楽しくゲームに参加できるように規則を工夫したり、型に応じた簡単な作戦を選んだりするとともに、考えたことを友達に伝えることができる。

○**学びに向かう力、人間性等**

・運動に進んで取り組み、規則を守り誰とでも仲よく運動をしたり、勝敗を受け入れたり、友達の考えを認めたり場や用具の安全に気を付けたりすることができる。

4時	5時
[第二段階] チームで作戦を選んだり立てたりしてゲームを楽しむ。	
持たないときの動きを取り上げ、ハンドボールならではの楽しさに触れる。	作戦を生かして攻守入り交じって得点を取り合うことを楽しむ。
4　総当たりのリーグ戦に取り組もう POINT：チームごとに作戦が異なるため、チームの作戦に応じて助言する。作戦の実行に向けて活動できているチームを称賛する。	**5　作戦を試すチームを選び対戦しよう** POINT：誰もが楽しくゲームに参加できるという視点を大切にしながら、作戦が実現するとより楽しくなるということを確認して取り組む。
【主な学習活動】 ○場や用具の準備・集合・あいさつ ○ゲームにつながる準備運動をする。 ○ゲーム①　A-F B-C D-E ○振り返り①　作戦が生かせているチームを取り上げる。 ○作戦の実現に向けてチームで活動する。 ○整理運動をする。 ○振り返り② 　①クラス全体で今日の学習について振り返る。 　②次時の学習内容を知る。	**【主な学習活動】** ○場や用具の準備・集合・あいさつ ○ゲームにつながる準備運動をする。 ○ゲーム①　対戦相手を事前に指名して取り組む。 ○振り返り①　作戦の実現に向けてチーム内で振り返りをする。 ○ゲーム②　同一チームともう一度対戦する。 ○整理運動をする。 ○まとめ 　①自分のチームのよさを伝え合う。 　②ハンドボールの楽しさを共有する。

子供への配慮の例

①運動が苦手な子供

ボール保持者と自分の間に守る者がいない空間に移動することが苦手な子供には、まずは自分が得点できる場所に移動することを指導する。次に、ボール保持者より斜め前方にいることを伝える（前方では真後ろからパスを受けるため）。

さらに、自分が動くことでスペースができ、味方を生かすことができることを伝え、同じ場所に留まらず、思い切って逆サイドまで行ったり、時にはボール保持者に近付いたりすることを伝える。

②意欲的でない子供

ボールが固くて恐怖心を抱きゲームに意欲的に取り組めない子供には、柔らかいボールを用意する。ボールは小さいと投げやすい反面キャッチやドリブルがしにくくなり、大きいと投げにくくなるが、パスはつながりやすくなる。子供や学級の実態に応じて配慮する。

場や規則が難しいと感じ、ゲームに意欲的に取り組めない子供には、反則を文字やイラスト等を用いて掲示しながら説明するとともに、より易しい規則に変更するなどの配慮をする。

本時案

ハンドボールを
やってみよう

本時の目標

ハンドボールの行い方や学習の進め方を知り、ゲームを楽しむことができるようにする。

評価のポイント

ハンドボールの行い方を知り、規則を守り進んでゲームに取り組むことができたか。

週案記入例

[目標]
ハンドボールの行い方や学習の進め方を知り、試しのゲームを楽しむ。

[活動]
試しのゲームを通してハンドボールの行い方を知る。

[評価]
規則を守り、進んでゲームに取り組むことができたか。

[指導上の留意点]
安全に運動するためのきまりや約束をしっかりと確認させる。

本時の展開

	時	子供の活動
はじめ	7分	**集合、あいさつをし、本単元への見通しをもつ** ○単元のねらいや大切にすることを知る。 　・３年生のときの学習を大切にし、ハンドボールの楽しさや喜びを確認する。 　・チームのみんなで協力して、全員が得点できるチームを目指していく。
準備運動	10分	**ゲームにつながる準備運動を行う** ○ボール慣れを行う。　・投げ上げキャッチ　など。 ○ナンバリングパスを行う。　**1**
ゲーム	20分	**試しのゲームを行う**　**2** ○ゲームの行い方を知る。　・掲示資料による説明を聞く。 ○ゲームを行う。　・３分×2 **全体で振り返りをする。** ○ゲームの規則で分からないことや困ったことを全体で確認する。 ○２回目のゲームを行う。
整理運動	3分	**体をほぐす** ○体を伸ばしたり、使った部位をほぐしたりする。 　→体をほぐすとともに、ゲームの勝敗の結果などによる気持ちの高揚も鎮めるようにゆったりとしたリズムの中で行う。
まとめ	5分	**本時の学習のまとめをする。** ○ゲームの行い方、規則で混乱していることを整理する。　**3** ○次時の学習内容を確認する。 ○分担にしたがって、場と用具の後片付けをする。

13 幅跳び・高跳び

14 ゴール型ゲーム（ハンドボール）

15 ベースボール型ゲーム

16 多様な動きをつくる運動

17 ネット型ゲーム（ソフトバレーボール）

18 マット運動

1 準備運動・ボール慣れ

ハンドボールで使用する部位をほぐし、ボール慣れの時間を多く確保する。投げ上げキャッチのような簡単なものから取り組む。

ナンバリングパス
ゼッケンの番号順にパスをしていく。ボールをもらえる場所に移動することを中心に指導する。

3対2
攻めが3人、守りが2人で行う。サークル内でパスを受け取ることができたら得点。

2 場や用具の配慮

○ボール

・スポンジ製や軽量ボールなど当たっても痛くないボールを使用する。片手でつかめるものだと、シュートがしやすい。

・ドリブルを認める場合はある程度大きく弾みやすいものを、ドリブルなしの場合は小さくキャッチしやすいものを、という具合に実態に応じて扱いやすいものを選択する。

○コート・ゴール

・縦20m前後、横15m前後が望ましいが、人数や実態に応じて柔軟に変更することが求められる。縦が短いとロングシュートが多用されるようになり、得意な子供のみが得点をあげることになるので、味方陣地からのシュートを禁ずるなどの配慮が必要である。

・ジュニア用のハンドボールやサッカーゴールなどがあればそれを使用する。守備者の顔の付近にシュートが行くことで恐怖心を抱く場合は、ゴールを寝かすなどの配慮をする。

3 ハンドボールの規則

ボールをもったまま走ることがないようにするためであり、厳密に反則をとるとゲームが中断することが多くなるので実態に応じて判断する。

危険なプレイについては毅然とした態度で反則をとる。誰もが楽しくゲームを行うためにみんなが守ることであることを周知する。

本時案

総当たりの
リーグ戦に取り組もう①

本時の目標

学級全体が楽しむことができる規則の工夫を
することができるようにする。

評価のポイント

誰もが楽しくゲームに参加できるように、規
則の工夫を選んだり考えたりすることができた
か。

週案記入例

[目標]
学級全体が楽しむことができる規則の工夫をする。

[活動]
ゲーム、振り返りを繰り返し、規則の工夫について考える。

[評価]
規則の工夫を選んだり考えたりすることができたか。

[指導上の留意点]
誰もがゲームを楽しめる視点で振り返らせ、規則を整理する。

本時の展開

	時	子供の活動
はじめ	5分	**場や用具の準備をする** ○役割分担にしたがって、得点板やボール等の準備をする。 　集合、あいさつをし、本時の学習内容を確認する。 　「みんなが楽しめる規則の工夫をしよう」
準備運動	13分	**ゲームにつながる準備運動を行う** ○ボール慣れを行う。 ○チーム内で3対2のパスゲームをする。
ゲーム	20分	**ゲーム①を行う　A–B C–D E–F** ◀**1** ○3分×2　前後半でゲームの役割を交代する。 **ゲームの振り返りをする。** ○ゲームの規則で分からないことや困ったことを全体で確認する。◀**2** ◀**3** **ゲーム②を行う。　A–C B–E D–F** ○3分×2　前後半でゲームの役割を交代する。
整理運動	2分	**体をほぐす** ○体を伸ばしたり、使った部位をほぐしたりする。 　→体をほぐすとともに、ゲームの勝敗の結果などによる気持ちの高揚も鎮めるようにゆったりとしたリズムの中で行う。
まとめ	5分	**本時の学習のまとめをする** ○ゲーム②の振り返りをし、チーム内の友達のよい動きや考えを共有する。 ○次時の学習内容を確認する。 ○分担にしたがって、場と用具の後片付けをする。

13
幅跳び・高跳び

14
ゴール型ゲーム（ハンドボール）

15
ベースボール型ゲーム

16
多様な動きをつくる運動

17
ネット型ゲーム（ソフトバレーボール）

18
マット運動

1 集団編成の仕方の例

チームの力が均等になるように男女混合で編成する。単元を通して同一チームで行う。

○**チーム編成の方法の例**
- キャプテンにとって大切なことは何かを話し合い、立候補などで選出する。教師とキャプテンで話し合ってチームを編成する。
- ハンドボールが好きな子供がキャプテンに立候補する。次に苦手意識をもっている子供がチームを選んで入る。最後に残った子供がチームの力のバランスを考えてチームに入る。
- 他にもゼッケンや必要な用具を準備するマネージャーなどの役割を設定し、チームへの参画意識を高める。

2 規則の工夫の例

- ドリブルを使わないで、パスだけでゲームをする。
- 得点をした人がゴールキーパーになる。
- 勝っているときは同じ人が連続得点はできない。
  →得意な子供だけでなく、みんなが楽しめるようにするため。

- ゴールエリアはゴールキーパーしか入れない。
  →シュートがたくさん入る楽しさや喜びを味わうため。

- ゴール内に的を置き、的に当てたら2点入る。
  →ゴールの隅など得点につながりやすい場所への意識を高めるため。

みんながゲームを楽しめるという視点をもって規則を工夫するよう配慮する。

3 運動が苦手な子供への配慮

○**パスを出すことが苦手な子供**
- 同じチームの子供に声かけをし、ボールをもらえる位置に動いて呼ぶようにさせる。運動が得意な子供にパスをすることを決めておき、その子供がマークを外してパスをもらえる位置に動くようにするなど、チームのみんなで課題を解決するよう助言する。

○**シュートをすることが苦手な子供**
- ボール慣れのときに、守備がいない状況でシュートをし、どこからのシュートが入りやすいかをつかませる。シュートを外しても「ドンマイ！」と声をかけられるチームを称賛することで、安心してシュートを打てる雰囲気を醸成する。

本時案

総当たりの
リーグ戦に取り組もう②

3/5

本時の目標

チームで作戦を選んだり立てたりして、規則を守ってゲームに取り組むことができる。

評価のポイント

「どうしたら勝つことができるか」という学習課題に対して、簡単な作戦を選んだり立てたりしてゲームに取り組むことができたか。

週案記入例

【目標】
チームで作戦を立ててゲームに取り組む。

【活動】
規則の工夫をするとともに、チームで作戦を立ててゲームに取り組む。

【評価】
簡単な作戦を選んだり立てたりしてゲームに取り組めたか。

【指導上の留意点】
規則の工夫から作戦を立てて課題の解決を図る活動に指導の重点を移していく。

本時の展開

	時	子供の活動
はじめ	5分	**場や用具の準備をする** ○役割分担にしたがって、得点板やボール等の準備をする。 　集合、あいさつをし、本時の学習内容を確認する。 　「どうしたら勝つことができるかチームで作戦を選んでゲームをしよう」
準備運動	13分	**ゲームにつながる準備運動を行う** ○ボール慣れを行う。○3対2のパスゲームをする。
ゲーム	20分	**ゲーム①を行う　A-D B-F C-E** ○3分×2　前後半でゲームの役割を交代する。 **ゲームの振り返りをする。** ○どのようにプレイをしたら得点が取れたのかを学級全体で共有し、その中から次のゲームに向けてチームで作戦を選んだり立てたりする。■1 ■2 **ゲーム②を行う。　A-E B-D C-F** ■3
整理運動	2分	**体をほぐす** ○体を伸ばしたり、使った部位をほぐしたりする。 　→体をほぐすとともに、ゲームの勝敗の結果などによる気持ちの高揚も鎮めるようにゆったりとしたリズムの中で行う。
まとめ	5分	**本時の学習のまとめをする** ○ゲーム②の振り返りをし、よい動きや考えを共有する。 ○次時の学習内容を確認する。 ○分担にしたがって、場と用具の後片付けをする。

13
幅跳び・高跳び

14
ゴール型ゲーム（ハンドボール）

15
ベースボール型ゲーム

16
多様な動きをつくる運動

17
ネット型ゲーム（ソフトバレーボール）

18
マット運動

1 作戦の例

三角形作戦
ボールを持っている人よりも前に

パス＆ゴー作戦
パスを出したら前に

サイドこうげき作戦
サイドを使う

速こう作戦
ボールをうばったら、相手ゴール前にいどう

攻守入り交じりのゴール型の行動原則として、ゲームの中で「ボールを持っている人よりも前に行こう」「パスを出したら前に走ろう」「味方がボールをもったら相手ゴールに向かって走ろう」ということを説明したうえで、簡単な作戦を提示し、その中から自分たちのチームに合ったものを選ばせる。

2 作戦に対する助言の例

○**三角形作戦**
「パスをする場所が一つよりも二つあった方が安心だし、守る方もどっちについていいか分からないから困るよね」

○**パス＆ゴー作戦**
「パスをすると相手はボールを見るから、その間に前に走るとマークを外せるよ」
「パスをしたら役割が終わりではなく、もう一度パスをもらえる場所に走ろう」

○**サイド攻撃作戦**
「守りはゴールとボールを結んだ線に立つから、一度サイドを使うと相手の守りをくずすことができるよ」

○**速攻作戦**
「下がりながら守るのはとても難しいことだから、相手の守りが整う前に先に攻めよう」
「走るのが速い○○さんのよいところを生かそう」

3 意欲的でない子供への配慮の例

○学習の仕方が分からないためにゲームに意欲的に取り組めない子供
　・単位時間の取組の手順を掲示物で確認できるようにし、学習の見通しをもたせる。
　・ゲームの時間をプログラムタイマーや音楽を使って理解できるように配慮する。
○審判の判定に納得しなかったり、ゲームに勝てなかったりすることでゲームに意欲的に取り組めない子供
　・フェアなプレイをしている子供やチームを振り返りの時間に取り上げることで意識を高めていく。こうした子供が判定や勝敗を受け入れた際はみんなの前で称賛する。

本時案

総当たりの
リーグ戦に取り組もう③

本時の目標

チームで作戦を選んだり立てたりして、みんなでゲームを楽しむことができるようにする。

評価のポイント

パスを出したりシュートをしたりしてゲームをすることができたか。

週案記入例

[目標]
チームで作戦を選んだり立てたりして、みんなでゲームを楽しむ。

[活動]
作戦の実現に向けてチームでの活動に取り組む。

[評価]
基本的なボール操作やボールを持たないときの動きによってゲームができたか。

[指導上の留意点]
課題の解決を図る中で、よいパスや動き、位置取りを称賛して、学級全体に広げる。

本時の展開

	時	子供の活動
はじめ	5分	**場や用具の準備をする** ○役割分担にしたがって、得点板やボール等の準備をする。 　集合、あいさつをし、本時の学習内容を確認する。 「チームで作戦を選んだり立てたりしてみんなでゲームを楽しもう」
準備運動	13分	**ゲームにつながる準備運動を行う** ○ボール慣れを行う。　○チームごとに練習をする。
ゲーム	10分	**ゲーム①を行う　A-F B-C D-E** ○3分×2　前後半でゲームの役割を交代する。 **ゲームの振り返りをする** ○チームごとに作戦について話し合う。 **1**
チームの時間	10分	**作戦の実現に向けてチームで活動する** ○作戦について話し合ったり、実際に動いたりしながら確認をする。 **2**
整理運動	2分	**体をほぐす** ○体を伸ばしたり、使った部位をほぐしたりする。 　→体をほぐすとともに、ゲームの勝敗の結果などによる気持ちの高揚も鎮めるようにゆったりとしたリズムの中で行う。
まとめ	5分	**本時の学習のまとめをする** ○総当たりのリーグ戦を振り返る。 ○次時の学習内容を確認する。 ○分担にしたがって、場と用具の後片付けをする。

13 幅跳び・高跳び

14 ゴール型ゲーム（ハンドボール）

15 ベースボール型ゲーム

16 多様な動きをつくる運動

17 ネット型ゲーム（ソフトバレーボール）

18 マット運動

1 作戦を振り返るための記録カードの活用

💿 学習カード 4-14-3

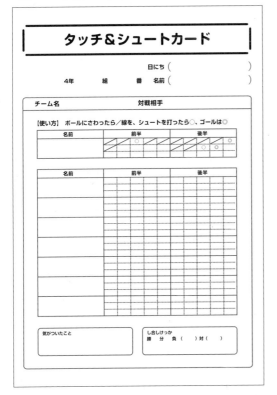

💿 学習カード 4-14-4

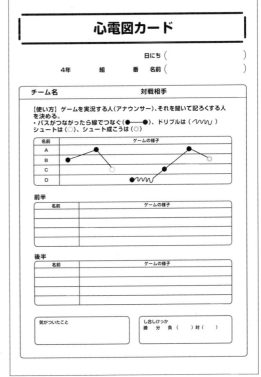

誰が何回ボールにさわり、何回シュートを打つことができたが分かるカードである。みんながゲームの楽しさを味わえているかを振り返ることができる。また、ゲームに出ていない子供が記録をすることで、ゲームを見る目や戦術への理解も高めることができる。

サイド攻撃や速攻など、チームで決めた作戦や役割分担を実行できているかを客観的に振り返ることができる。こうした記録カードを活用することで、勝敗だけでなく作戦がうまくいったかどうかを確認することができ、自分のチームの課題解決について振り返ることができる。

2 チーム内でのミニゲーム

運動量を確保するために、話し合いの時間は少なくし、動きながら作戦を確認するよう助言する。チーム内で攻めと守りに分け、ハーフコートでミニゲームをすることで、すべてのチームが活動できる。作戦ボードを準備し、自分がどこに動けばよいかを理解したうえで実際に試す。

作戦を試してみたい
チームを選び対戦しよう

本時の目標

　チームで作戦を選んだり立てたりしてゲームに取り組むとともに、友達と協力して学習に取り組むことができる。

評価のポイント

　運動に進んで取り組み、規則を守り、友達と仲よくゲームをすることができたか。

週案記入例

[目標]
チームで作戦を選んだり立てたりしてゲームに取り組むとともに、友達と協力して学習に取り組む。

[活動]
対戦相手を指名して対抗戦をする。単元のまとめをする。

[評価]
運動に進んで取り組み、規則を守り、友達と仲よくゲームをすることができたか。

[指導上の留意点]
単元のまとめとして、友達と仲よく、フェアなプレイができたかを振り返らせる。

本時の展開

	時	子供の活動
はじめ	5分	**場や用具の準備をする** ○役割分担にしたがって、得点板やボール等の準備をする。 　集合、あいさつをし、本時の学習内容を確認する。 「チームで選んだり立てたりした作戦を生かしてゲームをしよう」
準備運動	13分	**ゲームにつながる準備運動を行う** ○ボール慣れを行う。○作戦を動きながら確認する。
ゲーム	20分	**ゲーム①を行う。　対戦相手を指名してゲームをする。** 1 ○3分×2　前後半でゲームの役割を交代する。 **ゲームの振り返りをする** ○作戦について振り返りをし、次のゲームに向けて確認する。 **ゲーム②を行う** ○ゲーム①と同一のチームと試合をする。
整理運動	2分	**体をほぐす** ○体を伸ばしたり、使った部位をほぐしたりする。 　→体をほぐすとともに、ゲームの勝敗の結果などによる気持ちの高揚も鎮めるようにゆったりとしたリズムの中で行う。
まとめ	5分	**単元全体の振り返りを行う** ○ハンドボールの学習で身に付いたこと、他のゲームの単元に生かせること等を確認する。 2 3 ○分担にしたがって、場と用具の後片付けをする。

1 　対抗戦の行い方

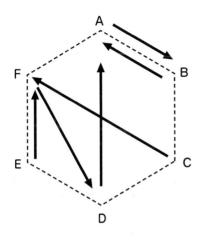

第4時の終了後に、勝敗だけでなく作戦の実現という視点から対戦したいチームを指名して対抗戦を行う。

左の図のようになった場合は、総当りのリーグ戦で負けが多かったチームの希望を優先させるようにする。

ゲーム①			ゲーム①の 作戦に対する 振り返り		ゲーム②	
前半	3分				前半	3分
後半	3分				後半	3分

同じチームと再び対戦することで、課題解決を図る

2 　単元全体の振り返りの例

ホワイトボードを活用し、ハンドボールの学習で身に付いたことを確認する。

ハンドボールの学習で身に付いたこと
・みんなと協力してゲームができた
・作戦を意識してプレーができた
・パスがつながるようになった
・シュートができた

他の学習に生かせそうなこと
・あいさつ
・規則を守ること
・勝敗を受け入れること
・役割を分担すること
・パスを受けやすい位置が分かった

3 　チームの解散を大切にする

今まで協力してきたことを振り返らせ、仲間がいるからプレーができるということを実感させる。

一人ずつよかったところを伝え合う、ハイタッチをする、握手をするなどチームごとに工夫をさせることで、余韻をもって単元を終えることができる。

13 幅跳び・高跳び

14 ゴール型ゲーム（ハンドボール）

15 ベースボール型ゲーム

16 多様な動きをつくる運動

17 ネット型ゲーム（ソフトバレーボール）

18 マット運動

「ハンドボール」学習カード＆資料

使用時 第1〜5時

本カードは第1時から第5時まで、単元全体を通して使用する。集団対集団で友達と力を合わせて競い合うという特性から、チームへの帰属意識を高めるためチームカードのみを使用する。単元前半は自分のチームのよさに気が付けるよう、単元の後半は作戦を意識した活動ができるような記述項目とした。

収録資料活用のポイント

①使い方

ハンドボール学習カード①は、第1時の振り返りの際に使用する。自分のチームのよさを見付け、これから目指していきたいチームの姿を明確にしていく。ハンドボール学習カード②は、目指すチームの姿に近付くことができたかと、作戦につながるよいプレーへの意識付けを行っていく。

②留意点

勝敗だけにこだわらず、目指すチームの姿に近く付くことができたかを大切にする。誰もがゲームを楽しむという共通のねらいのもと、チームに応じた課題解決を図っていく。また、作戦を選ぶことができるように作戦カードを提示し、自分のチームのよさを生かしながら、自分たちに合った作戦を実行できるよう助言していく。

 学習カード 4-14-1

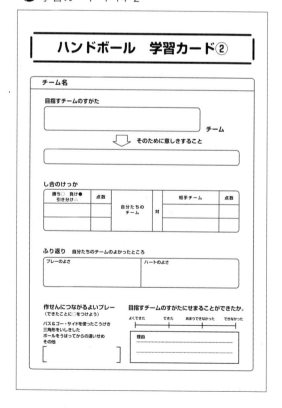 学習カード 4-14-2

ハンドボール作戦カード

チーム名

自分のチームの特ちょうに合った作せんをえらんで実行してみよう。

三角形作せん
いつもボールを持っている人よりも
前にいるようにしよう

パス＆ゴー作せん
パスを出したら、かならず前に走ろう

サイドこうげき作せん
サイドを使ったこうげきをしよう

速こう作せん
ボールをうばったら、だれよりも先に
相手ゴール前にいどうしてパスを待とう

(　　　　　　　　) 作せん
自分たちで考えた作せんを書こう

(　　　　　　　　) 作せん
自分たちで考えた作せんを書こう

13 幅跳び・高跳び

14 ゴール型ゲーム（ハンドボール）

15 ベースボール型ゲーム

16 多様な動きをつくる運動

17 ネット型ゲーム（ソフトバレーボール）

18 マット運動

15 ベースボール型ゲーム

（6時間）

【単元計画】

1時	2・3時
[第一段階]	
ゲームの行い方を知り、今もっている力で楽しくゲームをする。	
本単元で学習するゲームの行い方、動き方を知る。	チームで動き方（攻め方や守り方）を考えてゲームをする。
【主な学習活動】 ○単元の学習内容・活動を知り、見通しをもつ ○主運動につながる運動を行う 　・ストレッチ 　・動きづくり ○はじめの規則や基本的な動きを知り、ゲームを行う 　・ゲーム ○整理運動 ○本時の学習を振り返り、意見を交換・共有する 　・よかったこと、次時の学習課題 　・規則の工夫	**【主な学習活動】** ○本時の学習内容・活動を知り、見通しをもつ ○主運動につながる運動を行う 　・ストレッチ 　・動きづくり ○攻め方や守り方の工夫を学習課題とし、ゲームを行う 　・ゲーム①　　→振り返り、学習課題の修正 　・ゲーム② ○整理運動 ○本時の学習を振り返り、意見を交換・共有する 　・よかったこと、次時の学習課題 　・規則の工夫

授業改善のポイント

主体的・対話的で深い学びの実践に向けて

主体的な学び

　本単元はゲームを通して、捕る、投げる、打つ、走るなどの多様な動きを経験できる運動である。一人一人が攻撃する機会があるので、誰もが得点を入れ、チーム勝利に貢献する楽しさや喜びを味わえるようにすることで、よりよく学習課題を解決し、次の学びにつなげていく態度を身に付けることが期待できる。

対話的な学び

　ベースボール型ゲーム特有の「間」を活用することで、友達の動きを観察する力、チームの作戦を考える力、チームや個人の学習課題を解決する力、チームの勝利を目指して協調性を養うことが期待できる。

深い学び

　子供たちの「野球離れ」が指摘されている。子供たちの実態をもとに、運動が苦手な子供、関心・意欲の低い子供も運動の楽しさを十分に味わえるようにすることが、「する・見る・支える・学ぶ」の体育の見方・考え方を働かせていくことにもつながるものである。

13
幅跳び・高跳び

14
ゴール型ゲーム（ハンドボール）

15
ベースボール型ゲーム

16
多様な動きをつくる運動

17
ネット型ゲーム（ソフトバレーボール）

18
マット運動

単元の目標

○知識及び技能

・打つ、捕る、投げるなどのボール操作と得点をとったり防いだりする動きによって、易しいゲームをすることができる。

○思考力、判断力、表現力等

・規則を工夫したり、簡単な作戦を選んだりするとともに、考えたことを友達に伝えることができる。

○学びに向かう力、人間性等

・運動に進んで取り組み、規則を守り誰とでも仲よく運動をしたり、勝敗を受け入れたり、友達の考えを認めたり、場や用具の安全に気を付けたりすることができる。

4時	5・6時
[第二段階] **チームで作戦を考え、動き方を工夫して楽しくゲームをする。**	
チームで作戦を選択し、動き方を工夫してゲームをする。	チームで作戦を工夫し、身に付けた技能を生かしてゲームをする。
【主な学習活動】 ○本時の学習内容・活動を知り、見通しをもつ ○主運動につながる運動を行う 　・ストレッチ 　・動きづくり ○工夫した規則を守り、作戦を選択してゲームを行う 　・ゲーム ○整理運動 ○本時の学習を振り返り、意見を交換・共有する 　・よかったこと、次時の学習課題 　・作戦の工夫	【主な学習活動】 ○本時の学習内容・活動を知り、見通しをもつ ○主運動につながる運動を行う 　・ストレッチ 　・動きづくり ○作戦の工夫を学習課題とし、ゲームを行う 　・ゲーム①　→振り返り、学習課題の修正 　・ゲーム② ○整理運動 ○本時（単元）の学習を振り返り、意見を交換・共有する 　・よかったこと、次時の学習課題 　・作戦の工夫

子供への配慮の例

①運動が苦手な子供

　ボールをフェアグラウンド内に打つことが苦手な子供には、大きなボールや軽いボールを用いたり、手や大きなバット、軽いバット、ラケットなどを用いて打ったり、静止したボールを打ったりしてもよいように配慮する。

　投げる手と反対の足を一歩前に踏み出してボールを投げることが苦手な子供には、的当てゲームを取り入れたり、紙鉄砲やタオルを用いて遊ぶ場を設定したりして、投げる動きが自然に身に付くような練習を行うなどの配慮をする。

②意欲的でない子供

　用具をうまく操作できず意欲的に取り組めない子供には、大きさや重さなどを変えた数種類のボールを用意するなどの配慮をする。

　場や規則が難しいと感じて意欲的に取り組めない子供には、掲示物などの具体物を用いて説明したり、より易しい規則に変更したりするなどの配慮をする。

　勝てないことで意欲的に取り組めない子供には、判定に従うことやフェアなプレイの大切さについて継続して伝えていくなどの配慮をする。

本時案

ベースボール型 1/6
ゲームの行い方を知ろう

本時の目標

ベースボール型ゲームの行い方（規則や動き方など）を知り、仲よくゲームをすることができる。

評価のポイント

ゲームの行い方を理解し、仲よくゲームを行い、進んで楽しさを味わおうとしているかどうかを評価する。

本時の展開

	時	子供の活動
はじめ	5分	**集合・整列・あいさつし、ベースボール型ゲームの学習を知る** ○チームごとに整列する。 1 ○ベースボール型ゲームの行い方を知る。 ・単元の目標、学習の進め方、安全確保のための約束など。 2 ・学習カードや資料の使い方など。 ○本時の学習の流れ、内容を知る。
準備運動 動きづくり	15分	**ゲームにつながる準備運動を行う** ○肩、肘、手首や脚、足首を中心にストレッチ運動をする。 ○ボールを使った運動を行う。 ・捕る、投げる（一人、二人組）。 ・打つ（一人、チーム）。
ゲーム	18分	**「はじめの規則」を知り、ゲーム（総当たり戦①）を行う** ○はじめの規則、マナーについて確認する。 3 4 ○対戦相手、コートについて確認する。 ○チーム内の役割（打順、守備位置）について話し合う。 ○基本的な動き方を確認しながら、仲よくゲームを行う。 ○勝敗を確認する。
整理運動	2分	**運動で使った部位をほぐす** ○特に肩や腕、脚、手首、足首を中心に動かす。
まとめ	5分	**本時の学習を振り返り、意見を交流・共有する** ○チームごとに本時のゲームを振り返り、カードに記入する。 ○よかったこと、次時の課題について発表し合う。 ○規則の工夫について話し合う。

13
幅跳び・高跳び

14
ゴール型ゲーム（ハンドボール）

15
ベースボール型ゲーム

16
多様な動きをつくる運動

17
ネット型ゲーム（ソフトバレーボール）

18
マット運動

1 チーム編成のポイント

○1チーム5〜6名、4〜6チーム編成とする（2〜3コート）。
○単元を通してチームを固定することでチームの凝集性が高まることが期待できる。しかし、チームの力に差が生じてしまった際は、チーム替えをした方が意欲の低下を防止できる。
○チームごとに色別のビブスを着用することやチーム名を考えることは、子供たちのチーム意識を高めることにつながる。

2 安全面の指導のポイント

○周りをよく見て、人がいないことを確かめてからバットを振る。
○バットを使用する際は、打った後、バットは枠の中に置く（絶対に投げない）。
○ボールを投げるときも、周囲の安全をよく確かめる（同じ方向で行うとよい）。
○打球を追っているときは、捕球体制に入ったら「オーライ」などの声を出す。

3 ゲームの行い方（はじめの規則）

○子供たちが今もっている力で楽しめるような「はじめの規則」を提示する。ゲームを進めながら、学級のみんなが楽しいと思えるよう、規則の工夫を重ねていく。

【はじめの規則（例）】

・ボールは素手でも扱いやすいウレタン製を使用。
・バッティングティーまたはコーン上に置いたボールを手で打つ。
・攻撃は、守備者よりも早くコーンにタッチできたら「1点」とする。
・守備側が、打者よりも早くボールを持ってサークルに集まれば「アウト」とする。
・相互審判とし、判断が難しいときはジャンケンで決める。
・チームの全員が攻撃したら攻守交替とし、両チーム2回の攻撃の得点の合計を競い合い、勝敗を決する。

4 マナーの指導のポイント

○ゲームの学習指導では、公正に行動する態度、特に勝敗をめぐって正しい態度や行動がとれるようにすることも大切な学習内容になる。

・ゲームの規則を守り、誰とでも仲よくすること
・ゲームの勝敗を受け入れること　など

本時案

チームで攻め方を考えてゲームをしよう

本時の目標

より多くの点を取るために、攻め方を考えてゲームをすることができる。

評価のポイント

基本的なボール操作とボールを持たないときの動きについて理解し、進んでゲームを楽しもうとしているかを評価する。

週案記入例

[目標]
チームで攻め方を考えて、仲よくゲームをする。

[活動]
より多くの点を取るために、攻め方を工夫してゲームをする。

[評価]
進んでゲームに取り組み、みんなが楽しめる規則や攻め方を考えている。

[指導上の留意点]
作戦を選んでゲームをするために必要な知識・技能を身に付けることができるようにする。

本時の展開

	時	子供の活動
はじめ	5分	**集合・整列・あいさつし、本時の学習の見通しをもつ** ○チームごとに整列する。 ○本時の学習内容・活動を知り、見通しをもつ。 **1** 　・規則の工夫について。 　・本時の対戦相手・コート。 　・チームのめあて。
準備運動 動きづくり	8分	**ゲームにつながる準備運動を行う** ○肩、肘、手首や脚、足首を中心にストレッチ運動をする。 ○ボールを使った運動を行う。 **2** 　・投げる、捕る（一人、二人組）。 　・打つ（三人組、チーム）。
ゲーム	25分	**攻め方の工夫を課題として、ゲーム（総当たり戦①）を行う** ○チーム内の役割、攻め方について話し合う。 **3** ○ゲーム①を行う。 ○ゲーム①を振り返り、ゲーム②の攻め方を話し合う。 ○ゲーム②を行う。
整理運動	2分	**運動で使った部位をほぐす** ○特に肩や腕、脚、手首、足首を中心に動かす。
まとめ	5分	**本時の学習を振り返り、意見を交流・共有する** ○チームごとに本時のゲームを振り返り、カードに記入する。 ○よかったこと、次時の課題について発表し合う。 ○規則の工夫について話し合う。

13	幅跳び・高跳び
14	ゴール型ゲーム（ハンドボール）
15	ベースボール型ゲーム
16	多様な動きをつくる運動
17	ネット型ゲーム（ソフトバレーボール）
18	マット運動

1 学習の見通しをもてるようにする

○第1・4時はゲームは1回のみだが、第2・3時、第5・6時は各時間にゲームを2回ずつ行う。これは、子供たちが今もっている力でゲームを楽しみ、楽しくゲームを行う中で技能を身に付けていけるようにするためである。

○子供たちが主体的に学習に取り組むためには、学習課題を明確にし、その達成に向けた見通しをもてるようにすることが大切である。

○チームのめあての中身について

・目標の設定 … 「◇◇チームとのゲームに勝つ！」

・課題の選択 … 「得点をたくさん取れるようにする」

・活動の決定 … 「守備がいないところに打てるように練習する」

より具体化できるように支援する

2 基本的なボール操作のポイント

　ベースボール型ゲームでは、その特性に触れる楽しさを味わうために、打つ、捕る、投げるなどの動きを身に付けることが求められる。経験が少ない子供たちには、ゲームの前にボールを使った各種の運動を経験させておきたい。

打　つ

【握り方】
・右打ちの場合、左手が下、右手を上にしてバットを握る。
【構え方・振り方】
・足を肩幅に開き、腰を回転させ、腕を水平に振る。
・打ち終わった後は、軸足（後ろ足）のかかとが上がる。
・「イチ・ニー・サン」のリズムで力強く打つ。

---

3 攻め方の工夫について

より多くの得点を取るためにどう攻めたらよいかをチームで考えてゲームができるようにする。

（例）

・人がいないところへ打つ。

・打球を遠くへ飛ばすなどの攻め方が考えられる。

・アウトになってもよいので、多くの得点をねらう。

・無理をして走らない。

ここでの経験が作戦の工夫だけでなく、規則の工夫にもつながっていく。

本時案

チームで守り方を
考えてゲームをしよう

③/⑥

本時の目標

　相手の攻撃を防ぐために、守り方を考えて
ゲームをすることができる。

評価のポイント

　基本的なボール操作とボールを持たないとき
の動きについて理解し、進んでゲームを楽しも
うとしているかを評価する。

週案記入例

[目標]
チームで守り方を考えて、仲よくゲームをする。

[活動]
相手チームの攻撃を防ぐために、守り方を工夫し
てゲームをする。

[評価]
進んでゲームに取り組み、みんなが楽しめる規則
や守り方を考えている。

[指導上の留意点]
作戦を選んでゲームをするために必要な知識・技
能を身に付けることができるようにする。

本時の展開

	時	子供の活動
はじめ	5分	**集合・整列・あいさつし、本時の学習の見通しをもつ** ○チームごとに整列する。 ○本時の学習の見通しをもつ。**1** 　・規則の工夫について。 　・本時の対戦相手・コート。 　・チームのめあて。
準備運動 動きづくり	8分	**ゲームにつながる準備運動を行う** ○肩、肘、手首や脚、足首を中心にストレッチ運動をする。 ○ボールを使った運動を行う。**2** 　・投げる、捕る（一人、二人組）。 　・打つ（三人組、チーム）。
ゲーム	25分	**守り方の工夫を課題として、ゲーム（総当たり戦①）を行う** ○チーム内の役割、守り方について話し合う。**3** ○ゲーム①を行う。 ○ゲーム①を振り返り、ゲーム②の守り方を話し合う。 ○ゲーム②を行う。
整理運動	2分	**運動で使った部位をほぐす** ○特に肩や腕、脚、手首、足首を中心に動かす。
まとめ	5分	**本時の学習を振り返り、意見を交流・共有する** ○チームごとに本時のゲームを振り返り、カードに記入する。 ○よかったこと、次時の課題について発表し合う。 ○規則の工夫について話し合う。

13 幅跳び・高跳び

14 ゴール型ゲーム（ハンドボール）

15 ベースボール型ゲーム

16 多様な動きをつくる運動

17 ネット型ゲーム（ソフトバレーボール）

18 マット運動

1 安全面の指導

○ボールを投げるときも、周囲の安全をよく確かめる（同じ方向で行う）。

○打球を追っているときも、捕球体勢に入ったら声を出す。

2 ボールを使った運動（動きづくり）のポイント

投げる

【握り方】・親指と2本指または3本指で握る

【投球動作】

・足を前後に開き（軸足が後ろ）、肘を上げる。

・腰を回転させ、腕を振る。投げる腕と逆の腕で上体をリードする。

・投げ終わった後、軸足のかかとが上がる。

・「イチ・ニー・サン」のリズムで体重移動のコツをつかむ

・遠くへ投げるときは、斜め45度の方向に投げる。

捕　る

・足を動かし、いつも正面に入るように心がける

【キャッチボール】

・足は肩幅くらいに開き、胸の前で捕る。

【ゴロ】

・足は肩幅より広げ、腰は膝の高さに落とす。

【フライ】

・肘を曲げ、手のひらを上に向ける

○動きづくりを目的として行う運動であるが、ゲーム化することでより楽しく取り組むことができる。

3 守り方の工夫

○得点を取るために友達と協力して攻めることと同様、得点されないように友達と協力して守ることも、ゲーム領域の楽しさである。

○野球のポジションを参考に提示するとよい。内野と外野に分かれる、アウトサークルを意識して配置する、相手打者に応じて守備位置を変えるなどの工夫が考えられる。

本時案

チームで作戦を
選んでゲームをしよう

4/6

本時の目標

　チームで作戦を選び、基本的な動きを身に付けてゲームをすることができる。

評価のポイント

　ゲームを楽しむために必要な技能を身に付け、選んだ作戦をもとにゲームをしているかを評価する。

週案記入例

[目標]
チームで作戦を選び、楽しくゲームをすることができる。

[活動]
チームで作戦を選び、工夫してゲームをする。

[評価]
簡単な作戦を選び、基本的な動きを身に付けてゲームをしている。

[指導上の留意点]
作戦を選んでゲームをするために必要な知識・技能を身に付けることができるようにする。

本時の展開

	時	子供の活動
はじめ	5分	**集合・整列・あいさつし、本時の見通しをもつ** ○チームごとに整列する。 ○工夫した規則やコートの確認をする。 **1** ○本時の学習の流れ、内容を知る。 　・本時の対戦相手・コート。 　・チームのめあて・作戦。
準備運動動きづくり	15分	**ゲームにつながる準備運動を行う** ○肩、肘、手首や脚、足首を中心にストレッチ運動をする。 ○チームごとに、ボールを使った運動を行う。 　・投げる、捕る、打つ。 　・攻め方、守り方。
ゲーム	18分	**「工夫した規則」を守り、ゲーム（総当たり戦②）を行う** **2** ○本時の作戦を選ぶ。 ○チーム内の役割（打順、守備位置）について話し合う。 ○作戦を意識しながら、チームで協力してゲームを行う。 ○勝敗を確認する。
整理運動	2分	**運動で使った部位をほぐす** ○特に肩や腕、脚、手首、足首を中心に動かす。
まとめ	5分	**本時の学習を振り返り、意見を交流・共有する** **3** ○チームごとに本時のゲームを振り返り、カードに記入する。 ○よかったこと、次時の課題について発表し合う。 ○次時の作戦について話し合う。

13
幅跳び・高跳び

14
ゴール型ゲーム（ハンドボール）

15
ベースボール型ゲーム

16
多様な動きをつくる運動

17
ネット型ゲーム（ソフトバレーボール）

18
マット運動

1 規則の工夫、コートの工夫

規則は、学級の誰にとっても楽しいと思えるゲームになるよう工夫を重ねていく。
○規則の変更のポイント
　・手打ちではなく、バットやラケットを使用できるようにする。
　・打者走者は走る距離を選択でき、得点の仕方にバリエーションをもたせる。
　・ホームランラインを設ける。
　・打球をノーバウンドで補球した場合は「アウト」にする。
　・コート（フェアゾーン）の角度を変える（広げれば攻撃優位、狭めれば守備優位になる）。

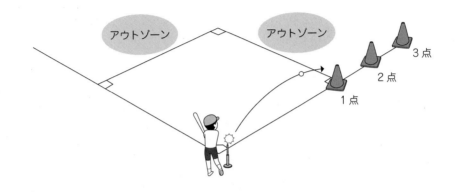

2 ゲームの行い方

ゲームの行い方として、総当たり戦、対抗戦、トーナメント戦がある。
　①総当たり戦
　　すべてのチームと対戦するので、各チームとの力関係が明らかになり、自チームのよさや課題を把握しやすくなる。対戦結果から各チームの順位も見えてくるので、チームの勝利に対する意欲も高まる。一方、負けが込んだチームは意欲を低下させてしまうこともある。
　②対抗戦
　　1単位時間の中で同じチームとゲームを2回行うので、1回目の結果を生かして作戦を修正し2回目のゲームを行うことができる。
　③トーナメント戦
　　勝利したチームが勝ち上がるので、勝敗に対するこだわりが強くなる。得点差が大きくなると、ゲーム中でも意欲を低下させてしまうチームが出ることもある。

3 振り返りのポイント

○学習カード（チームカード）をもとに、本時の学習を振り返るとともに、本時の課題を次時の学習に生かせるように声掛けをする。
○ゲームで課題となったことを明らかにし、その課題を解決するために考えた方法を「作戦」と考える。

本時案

チームで作戦を工夫してゲームをしよう①

本時の目標

チームで作戦を考え、基本的な動きを身に付けてゲームをすることができる。

評価のポイント

ゲームを楽しむために必要な技能を身に付け、選んだ作戦をもとにゲームをしているかを評価する。

週案記入例

[目標]
チームで作戦を考え、楽しくゲームをすることができる。

[活動]
チームで作戦を考え、工夫してゲームをする。

[評価]
簡単な作戦を選び、基本的な動きを身に付けてゲームをしている。

[指導上の留意点]
チームで選んだ作戦をもとに、互いに見合い、声を掛け合って楽しくゲームができるようにする。

本時の展開

	時	子供の活動
はじめ	5分	**集合・整列・あいさつし、本時の学習の見通しをもつ** ○チームごとに整列する。 ○本時の学習の見通しをもつ。 ・本時の対戦相手・コート。**1** ・チームのめあて・作戦。**2**
準備運動 動きづくり	8分	**ゲームにつながる準備運動を行う** ○肩、肘、手首や脚、足首を中心にストレッチ運動をする。 ○チームごとに、ボールを使った運動を行う。**3** ・投げる、捕る、打つ。 ・攻め方、守り方。
ゲーム	25分	**作戦の工夫を学習課題として、ゲーム（総当たり戦②）を行う** ○チーム内の役割、作戦について話し合う。 ○ゲーム①を行う。 ○ゲーム①を振り返り、ゲーム②の作戦を話し合う。 ○ゲーム②を行う。
整理運動	2分	**運動で使った部位をほぐす** ○特に肩や腕、脚、手首、足首を中心に動かす。
まとめ	5分	**本時の学習を振り返り、意見を交流・共有する** ○チームごとに本時のゲームを振り返り、カードに記入する。 ○よかったこと、次時の課題について発表し合う。 ○次時の作戦について話し合う。

13 幅跳び・高跳び

14 ゴール型ゲーム（ハンドボール）

15 ベースボール型ゲーム

16 多様な動きをつくる運動

17 ネット型ゲーム（ソフトバレーボール）

18 マット運動

1 用具の工夫

○カラーコーンの上に、牛乳パックやペットボトルを乗せることで、簡易バッティングティーを作ることができる。バッティングを行う場を増設でき、子供たちが打つ楽しさを味わう機会を増やすことができる。

○牛乳パックやペットボトルの高さを変えたり、大きさの異なるコーンを用意したりすることで自分の好きな高さのボールを打つことができる。

○規則の工夫により、「塁」を設置する際は、フラットなフラフープを使用するとよい。接触を避けることができ、安全に行うことができる。1塁、2塁、3塁を色別にすると、野球に親しみのない子にも分かりやすくなる。

2 作戦の工夫（選択）

　前時までに学習した、攻め方や守り方について、作戦を考え、それを意識してゲームを行う。提示された作戦の中から自チームに合った作戦を選ぶことから始め、必要に応じて修正を加え、よりよいものにしていく。

3 チーム練習

ゴロを転がし合う

フライを投げ合う

胸をめがけて投げ合う

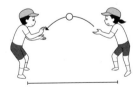

2人組で移動しながら落とさないように

ワンバウンドさせて捕りやすいように

打者と守備に分かれて行う

本時案

チームで作戦を工夫してゲームをしよう② 6/6

本時の目標

チーム作戦を考え、身に付けた技能を生かしてゲームをすることができる。

評価のポイント

ゲームを楽しむために必要な技能を身に付け、選んだ作戦をもとにゲームをしているかを評価する。

本時の展開

	時	子供の活動
はじめ	5分	**集合・整列・あいさつし、本時の学習の見通しをもつ** ○チームごとに整列する。 ○本時の学習の見通しをもつ。 **1** 　・本時の対戦相手・コート 　・チームのめあて・作戦 **2**
準備運動 動きづくり	8分	**ゲームにつながる準備運動を行う** ○肩、肘、手首や脚、足首を中心にストレッチ運動をする。 ○チームごとに、ボールを使った運動を行う。 **3** 　・投げる、捕る、打つ 　・攻め方、守り方
ゲーム	25分	**作戦の工夫を学習課題として、ゲーム（総当たり戦②）を行う** ○チーム内の役割、攻め方について話し合う。 ○ゲーム①を行う。 ○ゲーム①を振り返り、ゲーム②の攻め方を話し合う。 ○ゲーム②を行う。
整理運動	2分	**運動で使った部位をほぐす** ○特に肩や腕、脚、手首、足首を中心に動かす。
まとめ	5分	**本単元の学習を振り返り、意見を交流する** ○チームごとに本時のゲームを振り返り、カードに記入する。 ○本単元の学習を振り返り、よかったことや楽しかったこと、できるようになったことなどを発表し合う。 ○規則について話し合う。

13

幅跳び・高跳び

14

ゴール型ゲーム（ハンドボール）

15

ベースボール型ゲーム

16

多様な動きをつくる運動

17

ネット型ゲーム（ソフトバレーボール）

18

マット運動

1　楽しさや喜びに触れる

○中学年では、低学年の「楽しさに触れる」から「楽しさや喜びに触れる」ことが求められている。これは、運動の楽しさ（ゲームでは集団対集団で勝敗を競い合うこと）だけでなく、友達と協力して得られる達成感や課題を解決した成就感などの喜びに触れることを意図したものである。

2　思考力、判断力、表現力等を身に付ける

○規則を工夫する（選ぶ）こと、ゲームの型に応じた簡単な作戦を選ぶこととともに、課題解決のために考えたことを友達に伝えることが、思考力、判断力、表現力等の学習内容になる。

○その前提となるのは、子供たちが自己の運動の課題を見付けることである。子供たちが自己の能力に適した運動の課題を見付けることができるための、教師の支援が求められる。チーム内で互いの動きを見合う際、ICT機器を活用して課題を見付けられるようにするとよい。

（例）向かってくるボールの正面に移動する（入る）ことについて、友達の動きのよさを動作や言葉、絵図などを使って、友達に伝えること。

3　投力向上

○子供たちの生活（スポーツや外遊びの行い方）の変化により、ボールを投げる機会が減少している。授業の中で、正しい投げ方を指導し、投げる経験を多くさせたい。

○「紙鉄砲」「めんこ」などの投力向上につながる遊びも紹介し、休み時間などに親しめる機会を確保する。

「ベースボール型ゲーム」学習カード＆資料

使用時 **第1〜6時**

本単元では、第1時から第6時まで単元全体を通して使用する「個人カード」と時間ごとに使用する「チームカード」を用意する。ゲーム領域は、主として集団対集団で競い合う楽しさや喜びに触れることができる運動であり、友達と協力してゲームを楽しくすることが重要な学習課題となるので、授業の中で使用するのは「チームカード」が主となる。

収録資料活用のポイント

①使い方

「個人カード」は、子供たち一人一人のめあてと振り返りを一覧にし、その変容が分かるようにしたものである。

「チームカード」は、各チームの学習課題を明確にし、チームとしての動き方（攻め方や守り方）を考えて表せるようにしたものである。

②留意点

学習活動を焦点化し、限られた時間の中で効率的な学習を展開するために、授業の中ではチームカードを使用して学習を進めるとよい。子供たち一人一人の思考・判断・表現や主体的に学習に取り組む態度を評価する材料としては、個人カードが有効になる。

🔘 学習カード 4-15-1　　　　　🔘 学習カード 4-15-2

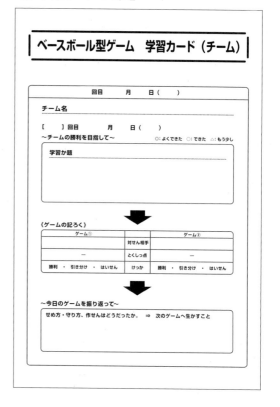

ベースボール型ゲーム　学習資料

4年　　　組　　　番　名前（　　　　　　　　　　　　　　）

投げる　　　　　　　　　　　　　　　「ナイススロー！」

【にぎり方】・親指と2本指または3本指でにぎる。
【投球動作】
・足を前後に開き（じく足が後ろ）、ひじを上げる。
・こしを回転させ、うでを振る。投げるうでと逆のうでで上体をリードする。
・投げ終わった後、じゅく足のかかとが上がる。
・「イチ・ニー・サン」のリズムで体重いどうのコツをつかむ。
・遠くへ投げるときは、ななめ45度の方向に投げる。

とる　　　　　　　　　　　　　　　「ナイスキャッチ！」

・足を動かし、いつも正面に入るように心がける

【キャッチボール】
・足はかたはばくらいに開き、
　むねの前でとる。

【ゴロ】
・足はかたはばより広げ
　こしはひざの高さに落とす。

【フライ】
・ひじを曲げ、手のひらを
　上に向ける

打つ　　　　　　　　　　　　　　　「ナイスバッティング！」

【にぎり方】
・右打ちの場合、左手が下、右手が上になるようにバットをにぎる。
【構え方・ふり方】
・足をかたはばに開き、こしを回転させ、うでを水平にふる。
・打ち終わった後は、じゅく足（後ろ足）のかかとが上がる。
・「イチ・ニー・サン」のリズムで力強く打つ。

13 幅跳び・高跳び
14 ゴール型ゲーム（ハンドボール）
15 ベースボール型ゲーム
16 多様な動きをつくる運動
17 ネット型ゲーム（ソフトバレーボール）
18 マット運動

16 多様な動きをつくる運動

（4時間）

【単元計画】

1・2時
[第一段階] **動きをやってみる**

・大きなボールに乗って、軽く弾んだり転がったりする。 ・棒やタオルなど、操作しやすい用具を振ったり投げたりする。	・力試しの運動や長なわ、短なわを使った組み合わせの動きに取り組む。
POINT：投げる、捕るなどの動きを身に付けるように棒やタオルなどの用具を使用する。	POINT：友達と気付いたことを伝え合いながら、組み合わせの動きを行う。
【主な学習活動】 ○集合・あいさつ ○準備運動 ○用具を操作する運動（大きなボール） ○用具を操作する運動（棒やタオル） ○整理運動 ○まとめ・振り返り	**【主な学習活動】** ○集合・あいさつ ○準備運動 ○力試しの運動 ○用具を操作する運動（長なわ・短なわ） ○整理運動 ○まとめ・振り返り

授業改善のポイント

主体的・対話的で深い学びの実践に向けて

・多様な動きをつくる運動は、自己の学習課題を見付け、その解決のために様々な運動を選んだり工夫したりする。また、そのねらいは、多様な動きを楽しく経験しながら基本的な動きを身に付けることである。どの学年においても子供の運動欲求に火をつけ、自己の学習課題を見付け、それを伝え合ったりするなどの活動を通して、思考力・判断力・表現力を養いながら多様な動きを経験していくことで、結果として基本的な動きを身に付けていく。

・1単位時間の中に「楽しさの散りばめ」を

行う。具体的には、授業内において①学習環境（単元設定・場・用具・教材の工夫）、②学習に勢いを生む導入、③歌遊び、④合言葉など、子供が夢中になって運動に取り組めるような「楽しさ」を1単位時間の中に散りばめていく。

・1・2年生の経験をもとに、「○○ができるようになりたい」という自分の学習課題をもち、試行錯誤しながら課題を解決し、基本的な動きを身に付けていく。

○知識及び技能

・体のバランスをとる動き、体を移動する動き、用具を操作する動き、力試しの動きをし、それらを組み合わせること。

○思考力、判断力、表現力等の基礎

・自己の課題を見付け、その解決のための活動を工夫するとともに、考えたことを友達に伝えること。

○学びに向かう力、人間性等

・運動に進んで取り組み、きまりを守り誰とでも仲よく運動をしたり、友達の考えを認めたり、場や用具の安全に気を付けたりすること。

3・4時	
[第二段階] **動きを選んだり、工夫したり、友達のよい動きを取り入れたりする**	
・力試しの運動や長なわ、短なわを使った組み合わせの動きに工夫して取り組む。	・力試しの運動や長なわ、短なわを使った組み合わせの動きを工夫して取り組む（自分のできるようになりたい動きに取り組む）。
POINT：自分が取り組みたい動きを友達に伝え、互いに見合うことで学びを深める。	POINT：友達と気付いたことを伝え合いながら、組み合わせの動きを身に付ける。
【主な学習活動】 ○集合・あいさつ ○準備運動 ○力試しの運動 ○用具を操作する運動（長なわ・短なわ） ○整理運動 ○まとめ・振り返り	【主な学習活動】 ○集合・あいさつ ○準備運動 ○力試しの運動 ○用具を操作する運動（長なわ・短なわ） ○整理運動 ○まとめ・振り返り

子供への配慮の例

①運動が苦手な子供

・人を押す、引く動きが苦手の子供には、膝を曲げて腰を低くした構えで、安定した姿勢で行えるようにするなどの配慮をする。

・人を運ぶ、支える動きが苦手な子供には、友達に補助してもらいながらゆっくり動いたり、手のひらでしっかりと地面や床を押し付けたりして行うことができるようにするなどの配慮をする。

・物を持ったりかついだりして、バランスを取りながら移動することが苦手な子供には、ものを持たずに移動、または小さい物を持って移動するなどの簡単な動きから始められるな

どの配慮をする。

・回旋する長なわを跳びながらボールを操作することが苦手な子供には、止めた長なわを跳び越しながら操作したり、ボールを持ったまま回旋する長なわを跳んだりするなど、基本的な動きの習熟を図りながら組み合わせた動きに高めていけるようにするなどの配慮をする。

13 幅跳び・高跳び

14 ゴール型ゲーム（ハンドボール）

15 ベースボール型ゲーム

16 多様な動きをつくる運動

17 ネット型ゲーム（ソフトバレーボール）

18 マット運動

本時案

大きなボール、棒を使った運動を楽しもう ①/④

本時の目標

棒やタオルなどを使って、投げる、捕るなどの動きを身に付けることができるようにする。

評価のポイント

安全に留意して、棒やタオルなどを使って、投げる、捕る、振るなどの用具を操作する運動を行う。

週案記入例

[目標]
棒やタオルなどを使って、用具を投げる、捕る、振るなどの動きを身に付けている。

[活動]
棒やタオルなどを使って、用具を操作する運動を行う。

[評価]
棒やタオルなど用具を操作する運動が身に付いたか。

[指導上の留意点]
安全に運動するためのきまりや約束をしっかりと確認させる。

本時の展開

	時	子供の活動
はじめ	5分	**集合・あいさつ** ○生活班や運動を行うグループごとに整列する。 ○今日の学習の流れやめあてを確認し、学習に見通しをもたせる。
準備運動	5分	**心と体のスイッチオン** ○心と体をスイッチオンできるように、いろいろな動きをして体の部位をほぐす。
用具を操作する運動①	15分	**大きなボールを使った運動 1** ○1人1個、グループで1個など、学校の実態に応じたボールの数で行う。 ○1人ずつ交代で乗って軽く弾んだり、転がったりする。 ※よい動きを共有する時間（その後、もう一度取り組む）
用具を操作する運動②	15分	**棒を使った運動 2** ○1人1本、グループで1本など、学校の実態に合わせて行う。 ○棒やタオルを投げる・捕る、のせるなどを動きに取り組む。 ※よい動きを共有する時間（その後、もう一度取り組む）
整理運動	2分	**運動で使った部位をゆったりとほぐす** ○落ち着いてクールダウンをし、使った部位をほぐすように声かけをする。
まとめ	3分	(1)**今日の学習について振り返り、学習カードに記入する** ○楽しかった動きはどんなことかな。 ○上手な動きをしている友達を見付けたかな。 ○きまりを守って、友達と仲よく運動できたかな。 (2)**楽しかったこと、友達のよかったことを共有する**

1 大きなボールを使った運動

ボールの上にのる

背中ではずむ

はずんで前へ

背中で回る

友だちと支え合って

みんなでそろって

2 棒を使った運動

倒さずに手をたたく

前や後ろに回す

投げて捕る（タオル）

足にのせる

手にのせて移動する

友達と入れ替わる

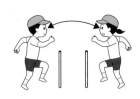

○よい動きを共有する時間は意図的に

　よい動きを共有する時間は、３観点のいずれかに焦点を絞って取り上げる。主体的に運動する価値を伝えたい場合は、何度も取り組む、友達と楽しく運動している姿などを紹介する。思考しながら運動する価値を伝えたい場合は、こつを考えている、友達と教え合っている姿などを紹介する。運動の技能を高めたい場合は、上手に運動している姿などを紹介する。

13 幅跳び・高跳び

14 ゴール型ゲーム（ハンドボール）

15 ベースボール型ゲーム

16 多様な動きをつくる運動

17 ネット型ゲーム（ソフトバレーボール）

18 マット運動

本時案

動きを組み合わせて 楽しもう①

本時の目標
　力試しの運動や、なわを使った運動やそれらを組み合わせた動きをすることができる。

評価のポイント
　力試しの運動や、なわを操作する運動、それらを組み合わせた動きができたか。

週案記入例

［目標］
組み合わせた動きができたか。

［活動］
友達と気付いたことを伝え合いながら、基本的な動きを組み合わせた運動をする。

［評価］
友達と気付いたことを伝えながら、経験した動きを組み合わせて運動できたか。

［指導上の留意点］
運動ができるできないに関係なく、工夫して運動したり、友達と伝え合って運動したりする姿を認めていく。常に子供の学びに向かう力に火を付け、学習への意欲が高まっていくような言葉掛けをする。

本時の展開

	時	子供の活動
はじめ	5分	**集合・あいさつ** ○生活班や運動を行うグループごとに整列する。 ○今日の学習の流れやめあてを確認し、学習に見通しをもたせる。
準備運動	5分	**心と体のスイッチオン** ○心と体をスイッチオンできるように、いろいろな動きをして体の部位をほぐす。
力試しの運動①	10分	**力試しの運動** **1** **2** ○人を押す、引く動きに取り組む。 ○物にぶら下がるなどの動きに取り組む。 　※よい動きを共有する時間（その後、もう一度取り組む）
用具を操作する運動②	20分	**なわを使った運動** **3** ○短なわで跳びながら、歩いたり走ったりする。 ○回旋している長なわを跳びながら、ボールを捕ったり投げたり、ついたりする。長なわでの連続回旋跳びをする。 　※よい動きを共有する時間（その後、もう一度取り組む）
整理運動	2分	**運動で使った部位をゆったりとほぐす** ○落ち着いてクールダウンをし、使った部位をほぐすように声かけをする。
まとめ	3分	**(1)今日の学習について振り返り、学習カードに記入する** ○どうやったらできるようになったかな。 ○友達とどんなことを教え合ってできたかな。 ○工夫して運動できたことはどんなことかな。 **(2)楽しかったこと、友達のよかったことを共有する**

13
幅跳び・高跳び

14
ゴール型ゲーム（ハンドボール）

15
ベースボール型ゲーム

16
多様な動きをつくる運動

17
ネット型ゲーム（ソフトバレーボール）

18
マット運動

1 力試しの運動は安全面を押さえる

　力試しの運動では、友達を押す、引く、運ぶ、支えるなどの動きが含まれる。運動をする前に、痛いことはすぐやめる、無知にやりすぎない、互いの気持ちを考えて運動できるとよい。また、手を持つと滑って抜けてしまうことがあるため、手首を持って引く動きをするなど安全面への留意が大切である。

2 力試しの運動

足を前後に開いて押し合う

手押し車

おしくらまんじゅう

片足で押しずもう

綱引き

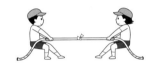

物にぶら下がる

3 なわを使った運動
（長なわ・短なわ）

跳びながら歩く、走る

グーチョキパー跳び

後ろ方向前回し

8の字跳び

ボールキャッチ

十字跳び

本時案

動きを組み合わせて 楽しもう②

本時の目標

基本的な動きを組合わせた動きができる。

評価のポイント

めあてをもって運動し、動きのこつを見付けている。

週案記入例

[目標]
自分の取り組みたい動きのこつを考え、友達に伝えることができる。

[活動]
力試し、用具（長なわ、短なわ）＋移動の動きをする。

[評価]
自分の取り組みたい動きのこつを伝え、友達に伝えることができたか

[指導上の留意点]
基本的な動きを組み合わせる運動の多く取り入れることを指導の重点とする。

本時の展開

	時	子供の活動
はじめ	5分	**集合・あいさつ** ○生活班や運動を行うグループごとに整列する。 ○今日の学習の流れやめあてを確認し、学習に見通しをもたせる。
準備運動	5分	**心と体のスイッチオン** ○心と体をスイッチオンできるように、いろいろな動きをして体の部位をほぐす。
多様な動き 力試しの 運動①	8分	**力試しの運動** 1 ○グループごとに場所を決めて、安全に気を付けている子供を称賛する。 ○うまくいかない子供には、友達のよい動きを真似したり、動きのポイントについて言葉掛けをしたりする。 ※よい動きを共有する時間（その後、もう一度取り組む）
多様な動き 基本的な動 きを組合わ せる②	22分	**長なわや短なわを使った運動** 2 ○いろいろな跳び方をやってみる。 **前回し跳び・後ろ回し跳び・交差跳び・かけ足・片足・グーチョキパーなど** ※よい動きを共有する時間（その後、もう一度取り組む）
整理運動	2分	**運動で使った部位をゆったりとほぐす** ○落ち着いてクールダウンをし、使った部位をほぐすように声かけをする。
まとめ	3分	(1)**今日の学習について振り返り、学習カードに記入する** ○楽しかった動きはどんなことかな。 ○上手な動きをしている友達を見付けたかな。 ○きまりを守って、友達と仲よく運動できたかな。 (2)**楽しかったこと、友達のよかったことを共有する**

1 力試しの運動

足を前後に開いて押し合う

2人で押し合い

3人で綱引き

おんぶをする

腕立てでじゃんけん

物を運ぶ

2 用具を操作する運動（長なわ）

8の字跳び

大勢で跳ぶ

肩を持って跳ぶ

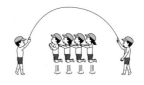

ケンケンで跳ぶ

体じゃんけん

むかえ跳び

13 幅跳び・高跳び

14 ゴール型ゲーム（ハンドボール）

15 ベースボール型ゲーム

16 多様な動きをつくる運動

17 ネット型ゲーム（ソフトバレーボール）

18 マット運動

本時案

動きを組み合わせて 楽しもう③

本時の目標

基本的な動きを組み合わせた動きができる。

評価のポイント

力試しの運動や、なわを操作する運動、それらを組み合わせた動きができたか。

週案記入例

[目標]
なわを回しながら、歩いたり走ったりすることができる。

[活動]
友達と気付いたことを伝え合いながら、基本的な動きを組み合わせた運動をする。

[評価]
短なわや長なわを操作しながら、基本的な動きを組み合わせる動きが身に付いたか。

[指導上の留意点]
場の安全を確認し、組み合わせた運動をすることができる。

本時の展開

	時	子供の活動
はじめ	5分	**集合・あいさつ** ○生活班や運動を行うグループごとに整列する。 ○今日の学習の流れやめあてを確認し、学習に見通しをもたせる。
準備運動	5分	**心と体のスイッチオン** ○心と体をスイッチオンできるように、いろいろな動きをして体の部位をほぐす。
多様な動き 力試しの 運動①	15分	**力試しの運動** ■1 ○グループごとに場所を決めて、安全に気を付けている子供を称賛する。 ○うまくいかない子供には、友達のよい動きを真似したり、動きのポイントについて言葉掛けをしたりする。 ※よい動きを共有する時間（その後、もう一度取り組む）
多様な動き 基本的な動きを組合わせる②	15分	**長なわや短なわを使った運動** ■2 ○いろいろな跳び方をやってみる。 　前まわし跳び・後ろ回し跳び・交差跳び・かけ足・片足・グーチョキパーなど ※よい動きを共有する時間（その後、もう一度取り組む）
整理運動	2分	**運動で使った部位をゆったりとほぐす** ○落ち着いてクールダウンをし、使った部位をほぐすように声かけをする。
まとめ	3分	**(1)今日の学習について振り返り、学習カードに記入する** ○楽しかった動きはどんなことかな。 ○上手な動きをしている友達を見付けたかな。 ○きまりを守って、友達と仲よく運動できたかな。 **(2)楽しかったこと、友達のよかったことを共有する**

13 幅跳び・高跳び

14 ゴール型ゲーム（ハンドボール）

15 ベースボール型ゲーム

16 多様な動きをつくる運動

17 ネット型ゲーム（ソフトバレーボール）

18 マット運動

1 力試しの運動

しゃがんだり、片足立ちで綱引き

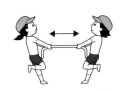

肩の高さで手押し車

コースをつくって進む

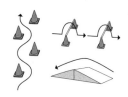

2 用具を操作する運動（短なわ）

友達と同じタイミングで跳ぶ

２人を１つのなわでかけ足跳び

横方向　かけ足跳び

なわを交換して同じタイミングで
かけ足跳び

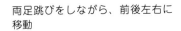

両足跳びをしながら、前後左右に
移動

コースをつくって跳ぶ

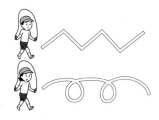

○多様な動きを経験させる

　単元の進行に合わせ、動きに変化をつけて取り組めるように促す。例えば短なわの跳び方を変える、回す速さを変える、友達と一緒に行うなど。友達の動きにも注目させ、どうやってやるのか真似したり、動きのこつを共有したりしながら運動できるとよい。動きの組み合わせにつなげていくため、短なわを跳びながら歩いたり走ったりするなど、多様な動きを経験できるようにする。

○子供の見取り方

　単元序盤は「学びに向かう力」を引き出せるように授業を進める。進んで運動する子供、友達と仲よく運動する子供を称賛する。もっとやりたいという意欲は、できるを目指して思考して運動することにつながる。単元中盤は「思考力、判断力、表現力等」を育めるように授業を進める。「どうやったらできたの」と問い掛け、考えて運動する価値を全体に広げていく。単元終盤では「運動の技能」に焦点を当て、よりできるを目指して運動に取り組めるようにする。最初から高い技能を求めすぎないことが大切である。

「多様な動きをつくる運動」学習カード＆資料

使用時 第1〜4時

本カードは、1単位ごとそれぞれ使用する。体つくり運動を通して、子供の学習状況を把握したり、変容を見取ったりできるようにする。また、学習のねらいとなる3観点で示し、子供の学習の積み重ねとなるようにする。カードの中で学習の価値が高いものは、学級全体に紹介し、全員で共有して学習の質を高めていく。

収録資料活用のポイント

①使い方

　授業のはじめに本カードを子供に配布する。書きやすくするためボードに挟んだり板目紙に貼り付けたりするとよい。記述部分は、子供が何をめあてに学習するのか、また何を振り返ればよいのか分かりやすいように、学習のねらいに沿った文言に整理する。授業後に目を通し、足りない部分は次時の指導改善へとつなげていく。

②留意点

　学習指導要領解説体育編に例示されている動きを楽しく身に付けられるような運動を資料で紹介する。体つくり運動は多くの運動例があるため、単元計画に含まれない運動例も掲載する。

💿 学習カード 4-16-1

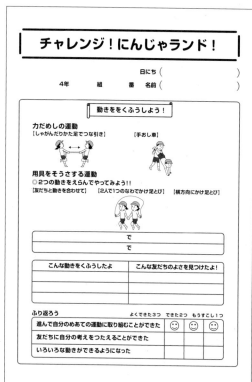

💿 学習カード 4-16-2

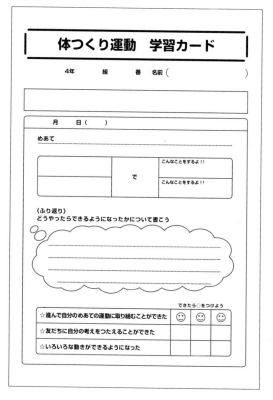

体つくり運動例

4年　　　組　　　番　名前（　　　　　　　　　）

手おし車（引く）

ひざをしっかり持つ。うでよりかたが前にくるように支える。危なくなったらそっと足を地面につけて手をはなす。

大根抜き（引く）

足を持って引く。引かれる方は、地面に手をついたり、友だちとうでを組んだりして引かれないようにふんばる。

力くらべ（引く）

木につかまり、引きぬかれないようにみんなで力を合わせてたえる。

なわを使った運動

コースを作ってとびながら進もう！

タオルやぼうで引き合う（引く）

タオルやぼうを使って引き合う。急に手をはなさないように注意する。

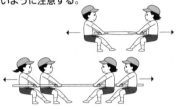

みんなで力を合わせて（はこぶ）

友だちと力を合わせてはこぶ。どんなはこび方ができるかいろいろと試してみる。

たわら返し（押す・引く）

うつぶせにねている友だちをあおむけにひっくり返す。ねている子はたえる。

いろいろなとび方にちょうせんしよう！

13 幅跳び・高跳び

14 ゴール型ゲーム（ハンドボール）

15 ベースボール型ゲーム

16 多様な動きをつくる運動

17 ネット型ゲーム（ソフトバレーボール）

18 マット運動

17 ネット型ゲーム（ソフトバレーボール）

[5 時間]

【単元計画】

1 時	2 時
[第一段階] ソフトバレーボールの行い方を知り、規則を工夫してゲームを楽しむ。	
ゲームの行い方や学習の進め方を知り、易しいゲームを楽しむ。	誰もが楽しめる規則を選んで易しいゲームを楽しむ。
1　ゲームをやってみよう POINT：簡単な規則でゲームをし、誰もが楽しく参加できるよう規則を工夫できることを知らせておく。 [主な学習活動] ○集合・あいさつ ○今日の運動につながる準備運動をする ○ボール慣れ ○ゲーム　ゲームの行い方を知る ○全体で振り返り　誰もが楽しめる規則を選ぶ ○ゲーム　ゲームの行い方を知る ○運動で使った部位をゆったりとほぐす ○まとめ 　①全体で今日の学習について振り返る 　②次時の学習内容を知る	2　簡単な規則を工夫してゲームを楽しもう POINT：どちらの規則の方が誰もが楽しめるか選べるようにしておく。 [主な学習活動] ○集合・あいさつ ○今日の運動につながる準備運動をする ○ボール慣れ ○ゲーム　ゲームの行い方を知る ○全体で振り返り　誰もが楽しめる規則を選ぶ ○ゲーム　ゲームの行い方を知る ○運動で使った部位をゆったりとほぐす ○まとめ 　①全体で誰もが楽しめる規則か振り返る 　②次時の学習内容を知る

授業改善のポイント

主体的・対話的で深い学びの実践に向けて

　ソフトバレーボールのゲームでは、自己の課題を見付け、その解決のための活動を工夫するとともに、誰もが参加できる規則で易しいゲームとなるように次の点に注意する。

①基本的なボール操作で行う。

②プレーヤーの人数を工夫し、ネットを子供が手を伸ばしたあたりの高さにし、柔らかいボールを使うにする。

　このことによって、進んで運動できる環境を整え、運動が苦手な子供にも参加しやすいようにする。また、アタックしやすい位置に気付かせ、意識をもてるようにする。

　全体での振り返りでは、誰もが楽しめる規則になっているか話し合い、よりよい規則となるよう工夫する。チームでの振り返りでは、子供がチームの友達のよかった点やチームの学習課題について、動作や言葉、絵図を使って、学習カード等を活用し伝えることができるようにする。学習のまとめでは、今日の学習で何を学べたか話し合ったり、発表したりして共有し、次時の学習内容を知らせ、見通しをもつことができるようにする。

単元の目標

○知識及び技能
・ラリーを続けたり、ボールをつないだりして、ゲームを楽しく行うことができる。

○思考力、判断力、表現力等
・規則を工夫したり、簡単な作戦を選んだりしてゲームをすることができるようにし、考えたことを伝えることができる。

○学びに向かう力、人間性等
・運動に進んで取り組み、規則を守り仲よく運動したり、勝敗を受け入れたり、場や用具の安全に気を付けたりすることができる

3・4・5時
[第二段階]
簡単な作戦を選んでゲームを楽しむ。

攻め方や守り方を知り、簡単な作戦を選んで易しいゲームを楽しむ。

3・4・5　簡単な作戦を工夫してゲームを楽しもう
POINT：子供の課題に応じて解決方法を示し、チームで話し合って作戦を選ぶことができるようにする。

[主な学習活動]
○集合・あいさつ
○今日の運動につながる準備運動をする
○ボール慣れ
○ゲーム　簡単な作戦を選んでゲームをする
○チームで振り返り
○ゲーム　ゲームの行い方を知る
○運動で使った部位をゆったりとほぐす
○まとめ
　①全体で選んだ作戦について振り返る
　②次時の学習内容を知る

第3時　アタックしやすい位置を知る
第4・5時　役割を工夫する

〔作戦例〕
○ポジションを決める
○トスする場所を決める
○すばやくつなぐ
○おとり・フェイントを使う
○走り込んでアタック

子供への配慮の例

①運動が苦手な子供

　ボールをはじくことが苦手な子供には、ボールをキャッチしてつないだりできる規則にし、誰もが楽しく参加できるようにする。

　ボールの落下点に移動することが苦手な子供には、ワンバウンドを認めたり、落下速度の遅いビニールボールを使用したりできるようにする。ボールが固くて恐がる子供がいる場合、柔らかくて軽いボールを用意する。第1時など導入期には、規則を理解させるために風船を活用することも有効である。

②意欲的でない子供

　動き方が分からず動けない子供には、動きを分かりやすくするためによい動きの友達を見せるようにする。

　ボールに触れることができない子供がいる場合、チームの出場人数を少なくして役割を明確にしたり、触球数を一人1回としたり、全員触ってから返球したりするなどの制限を加えた規則に工夫する。失敗することで相手の得点になるため、仲間の励まし合いが楽しむために大切なことを価値付けるようにする。

本時案

ソフトバレーボールを やってみよう 1/5

本時の目標

ゲームの行い方や学習の進め方を知り、易しいゲームを楽しむことができるようにする。

評価のポイント

ソフトバレーボールの規則を理解したり、学習の進め方を理解したりすることができたか。

週案記入例

[目標]
ソフトバレーボールの行い方を知り、ゲームを楽しもうとする。

[活動]
簡単な規則でゲームをし、規則を理解する。

[評価]
規則を理解し、楽しくゲームをすることができたか。

[指導上の留意点]
学習資料などを準備して、学習の仕方や規則が分かるようにする。

本時の展開

	時	子供の活動
はじめ	5分	**集合・あいさつ** ○チームで整列する。 ○今日の学習内容を知る。◀**1**
準備運動	5分	**本時につながる準備運動をする** ○首、手首、指先、足首等のストレッチをする。 ○ボールを使ってキャッチや打つなどの動きをする。◀**2**
ゲーム1	17分	**ゲーム** ○場の準備をする。◀**3** ○ゲームの行い方を知り、やってみる。
全体の振り返り	5分	**規則を工夫する** ○判定に困ったことはないか話し合う。 ○誰もが楽しめる規則に工夫する。
ゲーム2	5分	**ゲーム** ○規則を確かめてもう一度やってみる。
整理運動	2分	**運動で使った部位をゆったりとほぐす** ○特に手首、足首を中心に動かす。
まとめ	6分	(1)**今日の学習について振り返り、学習カードに記入する** ①楽しく運動できたか。 ②学習の進め方が理解できたか。 ③規則が理解できたか。 (2)**規則を守ろうとしている友達を紹介し合う**

1 チーム編成

　どのチームにも勝てるチャンスがあるように男女混合、均等に編成する。
○学級の実態に応じて、教師主導または、子供参加のどちらの決め方でもよい。
○技能だけでなく、学び方や人間関係、リーダー性等を考慮して編成する。

　チームごとに準備や片付け等の役割を決めておくと学習がスムーズに進む。
役割の例：ネット、支柱、ゼッケン、ボール、得点板、タイマー、学習カード等

2 ボールを使った準備運動

一人で　　　　　　　　　　　　　　　　　　　二人で

サービス・パス　　　　　　　　　　トス・アタック

投げ上げキャッチ　　　両手で山なりキャッチ バウンドキャッチ　　　真上に上げて打つ

3 ゲームの方法の例

○コート　　　　バドミントンコート　ダブルスのライン
○ネット　　　　高さ150cm～160cm（ゴム紐等でも代用できる）
○ボール　　　　ビニール製50g、100g、柔らかい材質の軽量ボール
○チーム人数　　コート内4人　それ以上は、ローテーションで交代
○ゲーム時間　　1ゲーム5分間
○得点と勝敗　　5分間で得点の多い方が勝ち
○サービス　　　サービスラインから相手が捕れる位置に下から両手で投げ入れる

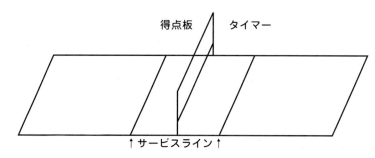

　ゲームの方法で留意する点は、子供の技能、人数、規則等を考慮し、ラリーが続く
よう配慮すること。サービスは、相手が捕れなければやり直すようにするとよい。

13
幅跳び・高跳び

14
ゴール型ゲーム（ハンドボール）

15
ベースボール型ゲーム

16
多様な動きをつくる運動

17
ネット型ゲーム（ソフトバレーボール）

18
マット運動

本時案

規則を工夫して
ゲームを楽しくしよう

本時の目標

よりよい規則を選び楽しくゲームを行うことができるようにする。

評価のポイント

誰もが楽しめる規則となるよう話し合いに参加したり、学習カードに記入したりすることができたか。

週案記入例

[目標]
規則を工夫してゲームを楽しむ。

[活動]
ゲームを楽しめるよう規則を選んでゲームをする。

[評価]
誰もが楽しめる規則を選ぶことができたか。

[指導上の留意点]
どちらの規則の方がより誰もが楽しめるか選択するようにする。

本時の展開

	時	子供の活動
はじめ	2分	**集合・あいさつ** ○チームで整列する。（授業前にゼッケンを着ておく） ○今日の学習内容を知る。
準備運動	5分	**本時につながる準備運動をする** ○首、手首、指先、足首等のストレッチをする。 ○ボールを使ってキャッチや打つなどの動きをする。
ボール慣れ	7分	**ゲームにつながるボール慣れゲームをする** ○円陣パス **1** ○ラリーゲーム
ゲーム1	6分	**ゲーム** ○整列し、あいさつをしてゲームをする。
全体の振り返り	5分	**規則を工夫する** ○判定に困ったことはないか話し合う。 **2** ○誰もが楽しめる規則に工夫する。
ゲーム2 ゲーム3	13分	**ゲーム** ○規則を確かめてゲームをする。
整理運動	2分	**運動で使った部位をゆったりとほぐす** ○特に手首、足首を中心に動かす。
まとめ	5分	**(1)今日の学習について振り返り、学習カードに記入する** ①楽しく運動できたか。 ②友達と仲良く運動できたか。 ③規則を工夫できたか。 **(2)よかった友達を紹介し合う**

13 幅跳び・高跳び

14 ゴール型ゲーム（ハンドボール）

15 ベースボール型ゲーム

16 多様な動きをつくる運動

17 ネット型ゲーム（ソフトバレーボール）

18 マット運動

1 ボール慣れの例

円陣パス

チーム対抗で競い合う
○チームで制限時間内に何回つなげたか。（1分間）
○連続して何回つなげたか。

ラリーゲーム

2チーム合同で達成させる
○制限時間内に何回ネットを越えたか。（2分間）
○落とさずに連続して何回つなげたか。

2 はじめの規則と工夫例

	はじめの規則	工夫した規則
子供の実態と身に付けさせたい内容	①5回以内で返球 ②同じ人が2回続けて打つのは3回目のアタックのみ可 ③すべてキャッチしてよい ④得点が入ると両チームともローテーションする（サービスする人も1回ずつ交替する）	①3回で返球 ②アタック時はキャッチなし ③すべてキャッチしてよい（3秒）
より楽しめる得点の工夫	⑤相手コートに落ちたら1点	⑤3打目をキャッチなしでアタックして決まれば2点 相手がノータッチで得点したらさらにボーナス得点でプラス1点
安全面	⑥ネットに触れたり、相手コートに体が入ったりしないようにする	⑥明らかな違反があれば相手に得点（1点）

本時案

簡単な作戦を選んで ゲームを楽しもう① 3/5

本時の目標

ソフトバレーボールの攻め方を知り、チームで作戦を選んで楽しくゲームを行うことができるようにする。

評価のポイント

チームで簡単な作戦を選び、試しながら動いてゲームができること。

<table>
<tr><td colspan="2" style="text-align:center">週案記入例</td></tr>
<tr><td colspan="2">

[目標]
攻め方を知り、チームで簡単な作戦を選んでゲームを楽しもうとする。

[活動]
攻め方の例から簡単な作戦を選んでゲームをする。

[評価]
チームで話し合って簡単な作戦を選ぶことができたか。

[指導上の留意点]
攻め方の例を動きながら紹介したり、掲示物を活用したりしながら理解しやすいようにしておく。
</td></tr>
</table>

本時の展開

	時	子供の活動
はじめ	5分	**集合・あいさつ** ○チームで整列する。（授業前にゼッケンを着ておく） ○今日の学習内容を知り、簡単な作戦を選ぶ。 **1**
準備運動	5分	**本時につながる準備運動をする** ○首、手首、指先、足首等のストレッチをする。 ○ボールを使ってキャッチや打つなどの動きをする。
ボール慣れ	5分	**ゲームにつながるボール慣れゲームをする** ○円陣パス ○ラリーゲーム
ゲーム1	5分	**ゲーム** **2** **3** ○整列し、あいさつをしてゲームをする。
チームで振り返り	5分	**チームの作戦を修正したり確認したりする** ○作戦を意識してゲームができたか。 ○作戦を修正して次のゲームに生かす。
ゲーム2 ゲーム3	13分	**ゲーム** ○簡単な作戦を立ててゲームをする。
整理運動	2分	**運動で使った部位をゆったりとほぐす** ○特に手首、足首を中心に動かす。
まとめ	5分	(1)**チームで振り返り、学習カードに記入する** **4** ①楽しく運動できたか。 ②友達と仲よく運動できたか。 ③選んだ作戦がどうだったか。 (2)**全体でよかった作戦や友達を紹介し合う**

13	幅跳び・高跳び
14	ゴール型ゲーム（ハンドボール）
15	ベースボール型ゲーム
16	多様な動きをつくる運動
17	ネット型ゲーム（ソフトバレーボール）
18	マット運動

1 攻め方の例

パスをつなぐ作戦

○パスをする人が声をかける
○パスを受ける人が声をかける
○どこでトスをするか決める
○山なりのパスでつなぐ

アタックを決める作戦

○コートの奥に打つ
○相手がいないところをねらって
○トスする人の近くでジャンプ

2 ポジション例

守る場所と攻める場所を決めると役割ができ、動きやすくなる。

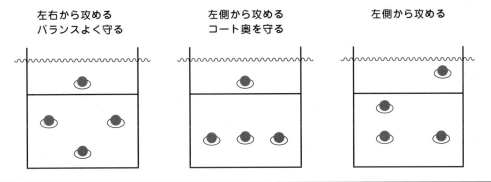

左右から攻める
バランスよく守る

左側から攻める
コート奥を守る

左側から攻める

3 ローテーションの動き方例

1チーム5人で、コート内のプレイヤーが4人の場合の例

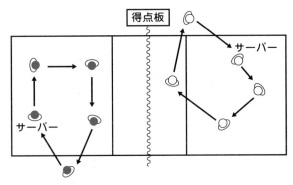

得点板
サーバー
サーバー

●時計回りに動く
●入る人がサーバー。動き方のきまりを決めておく。
●コートの外に出ている人が審判をすることもできる。

4 チームの振り返り

○ゲームの結果を記入する。
○選んだ作戦がどうだったか理由を話し合う。
○友達のよかったプレーや言動には、どんなことがあったか。
○次時の作戦はどうするか。

本時案

簡単な作戦を選んで ゲームを楽しもう②

4/5

本時の目標

ソフトバレーボールの攻め方を知り、チームで作戦を選んで楽しくゲームを行うことができるようにする。

評価のポイント

チームで簡単な作戦を選び、試しながら動いてゲームができること。

週案記入例

[目標]
攻め方を知り、チームで簡単な作戦を選んでゲームを楽しもうとする。

[活動]
攻め方の例から簡単な作戦を選んでゲームをする。

[評価]
チームで話し合って簡単な作戦を選ぶことができたか。

[指導上の留意点]
攻め方の例を動きながら紹介したり、掲示物を活用したりしながら理解しやすいようにしておく。

本時の展開

	時	子供の活動
はじめ	5分	**集合・あいさつ** ○チームで整列する。（授業前にゼッケンを着ておく） ○今日の学習内容を知り、簡単な作戦を選ぶ。**1**
準備運動	5分	**本時につながる準備運動をする** ○首、手首、指先、足首等のストレッチをする。 ○ボールを使ってキャッチや打つなどの動きをする。
ボール慣れ	5分	**ゲームにつながるボール慣れゲームをする** ○円陣パス ○ラリーゲーム
ゲーム1	5分	**ゲーム 2** ○整列し、あいさつをしてゲームをする。
チームで振り返り	5分	**チームの作戦を修正したり確認したりする** ○作戦を意識してゲームができたか。 ○作戦を修正して次のゲームに生かす。
ゲーム2 ゲーム3	13分	**ゲーム** ○簡単な作戦を立ててゲームをする。
整理運動	2分	**運動で使った部位をゆったりとほぐす** ○特に手首、足首を中心に動かす。
まとめ	5分	**(1)チームで振り返り、学習カードに記入する** ①楽しく運動できたか。 ②友達と仲よく運動できたか。 ③選んだ作戦がどうだったか。 **(2)全体でよかった作戦や友達を紹介し合う**

13 幅跳び・高跳び

14 ゴール型ゲーム（ハンドボール）

15 ベースボール型ゲーム

16 多様な動きをつくる運動

17 ネット型ゲーム（ソフトバレーボール）

18 マット運動

1　掲示物の例

○１時間の流れ
○はじめの規則・付け加えた規則
○動き方の基本
○作戦例・ポジション例
○本日の対戦カード

	Ａコート	Ｂコート	Ｃコート
ゲーム①	1 VS 2	3 VS 4	5 VS 6
ゲーム②	1 VS 4	2 VS 5	3 VS 6
ゲーム③	1 VS 4	2 VS 6	3 VS 5

〈今日の流れ〉
①学習内容のかくにん
②じゅんび運動
③ボールなれ
④ゲーム１
⑤チームのふり返り
⑥ゲーム２
⑦ゲーム３
⑧整理運動
⑨学習のふり返り

2　動き方の基本

●サービスのポイント

ボールはおへそ　　　トスは高く上げない　　　手首の付け根で打つ
足は前後にひらく　　ひじを伸ばし、後ろへ　　腕は振り子のように

易しくするポイント
●両手で下から投げ入れる。
●相手が捕れない位置だとやり直す。

●パスがつながるためのポイント
　○ボールの方向に体を向ける
　○ボールの落下点や操作しやすい位置に体を移動する

おでこの前で　　　　　　　手首より
三角形　　　　　　　　　　上の所

ひざを曲げてのばす　　　ひざを曲げてのばす

易しくするポイント
●両手でキャッチあり。
●両手の手のひらをパーで開いてはじく。

●アタックのポイント
　○ジャンプするときは、真上に跳ぶ
　○右からのボールと左からのボールのどちらが打ちやすいか知る（基本的には、右からきたボールは右手の方が打ちやすい）

易しくするポイント
●キャッチしてからアタック。
●ネットの高さを調節する。

本時案

簡単な作戦を選んで ゲームを楽しもう③

本時の目標

ソフトバレーボールの攻め方を知り、チームで作戦を選んで楽しくゲームを行うことができるようにする。

評価のポイント

チームで簡単な作戦を選び、試しながら動いてゲームができること。

本時の展開

	時	子供の活動
はじめ	5分	**集合・あいさつ** ○チームで整列する。（授業前にゼッケンを着ておく） ○今日の学習内容を知り、簡単な作戦を選ぶ。
準備運動	5分	**本時につながる準備運動をする** ○首、手首、指先、足首等のストレッチをする。 ○ボールを使ってキャッチや打つなどの動きをする。
ボール慣れ	5分	**ゲームにつながるボール慣れゲームをする** ○円陣パス ○ラリーゲーム
ゲーム1	5分	**ゲーム** 1 ○整列し、あいさつをしてゲームをする。
チームで振り返り	5分	**チームの作戦を修正したり確認したりする** ○作戦を意識してゲームができたか。 ○作戦を修正して次のゲームに生かす。
ゲーム2 ゲーム3	13分	**ゲーム** ○簡単な作戦を立ててゲームをする。
整理運動	2分	**運動で使った部位をゆったりとほぐす** ○特に手首、足首を中心に動かす。
まとめ	5分	(1)**チームで振り返り、学習カードに記入する** 2 ①楽しく運動できたか。 ②友達と仲よく運動できたか。 ③選んだ作戦がどうだったか。 (2)**全体でよかった作戦や友達を紹介し合う**

13 幅跳び・高跳び

14 ゴール型ゲーム（ハンドボール）

15 ベースボール型ゲーム

16 多様な動きをつくる運動

17 ネット型ゲーム（ソフトバレーボール）

18 マット運動

1 審判のポイント

○原則的には、審判は置かず、相互審判で行う。得点係もチーム内で行い、ゲームに参加する時間をより多く確保する。

○公正に判定することをあらかじめ指導し、公正な判定をしているチームを称賛する。

○両チームで判定が違う場合にはどうするか話し合って決めておく。

2 学習のまとめ

●子供たちが互いのよかったことやできるようになったことを話し合う。
（チームの中で上手になった子はいないか。頑張っていた子はいないかなど。）

●教師が今日の学習でよかったことを紹介する。
（子供同士では気付けなかったよさ、フェアプレイなど。）

○子供から

| パスやアタックがうまくなった |
| ボールを速くつないでアタックできた |
| 失敗したときに声をかけてくれてうれしかった |

| チームで協力できてうれしかった |
| 作戦を考えてうまくいったのがうれしかった |
| みんなが楽しめるルールになってよかった |

○教師から

| 自分のチームが不利になる判定を素直に受けとめていたよ |
| パスをもらいたい人が声をかけて動いていたね |
| アタックする場所を意識してボールをつないでいたよ |

| 作戦を選んで、意識して動けていたね |
| 選んだ作戦を自分たちでアレンジしていたのがよかったよ |

本カードは第1時から第5時まで、単元を通して使用する。チームで学習していることを意識させることや、友達のよかったところを話し合えるよう配慮したい。

収録資料活用のポイント

①使い方

　授業のはじめに本カードを板目紙などの台紙に貼ったり、クリップボードに挟んだりしてチームごとに準備する。次に学習の進め方を解説し、作戦例から選ぶようにさせゲームに臨む。授業のおわりに、本カードをもとに学習の振り返りを行うようにする。

②留意点

　チームが負けたときに話し合いが停滞し、友達のよかったところに目が向かないことが予想される。教師が負けたチームのよかったところを積極的に価値付け、学習できるように配慮したい。

⊚ 学習カード 4-17-1

⊚ 学習カード 4-17-2

ソフトバレーボール　運動のポイント

4年　　　組　　　番　名前（　　　　　　　　　　　）

○落下点に移動してキャッチ

左右に投げてもらい移動してキャッチする。
はじめは規則的に投げる。
どちらに投げてもよいようにすると難しくなる。

> 落下点にすばやく移動しよう

> ボールをよく見てキャッチしよう

○打ちやすいトス

フワッとアタックする人の頭上に投げる。
両手で下から投げると安定したトスになる。

> ネットより高くトスをしよう

○アタックを決める

タ・タ・タタンで真上にジャンプ。
タイミングが合わないときは、コースをねらって返す。

手のひらに当てる。

> 強いアタックをしよう

> あいたところをねらって打とう

○ボールをつないで攻げきする

1人目　キャッチ
2人目　ネット近くでキャッチ
3人目　トスする人に近寄ってアタック

> ネットの近くでアタックできるように組み立てよう

13 幅跳び・高跳び

14 ゴール型ゲーム（ハンドボール）

15 ベースボール型ゲーム

16 多様な動きをつくる運動

17 ネット型ゲーム（ソフトバレーボール）

18 マット運動

18 マット運動

6時間

【単元計画】

1時	2・3時
[第一段階] 基本的な技の行い方を知り、自己の能力に適した課題を見付ける。	
マット運動の行い方を知る	自己の課題を知る
1 マット運動の行い方を理解しよう POINT：毎時間の準備運動として取り扱う運動遊びを理解するとともに、今の自分ができる技について理解する。 [主な学習活動] ○今日の学習を確認する ○準備運動をする ○マットを使った運動遊びを知る 　・ゆりかご　・壁登り逆立ち　・ブリッジ 　・川跳び　　・カエルの足打ち　・坂道転がり ○3学年までの学習を想起する 　・前転、後転等の3学年の既習事項 ○整理運動をする ○学習を振り返る	**2・3 基本の技を知り、自分の課題を見付けよう** POINT：カード等の資料をもとに、回転技と倒立技のそれぞれの行い方を理解するとともに、自己の能力に適した課題を見付ける。 [主な学習活動] ○今日の学習を確認する ○準備運動と運動遊びを行う ○基本的な技のポイントを知る 　第2時：前転、後転、開脚後転、易しい開脚前転 　第3時：側方倒立回転、補助倒立ブリッジ ○基本の技に取り組み、自分の課題を見付ける ○整理運動をする ○学習を振り返る ・今日の学習について　・次時の学習について

授業改善のポイント

主体的・対話的で深い学びの実践に向けて

　マット運動では、自己の能力に適した学習課題を見付け、技ができるようになるための活動を工夫することが大切である。

　本単元では、前転・後転グループの技である「易しい場での開脚前転」「開脚後転」を回転技の中心として取り扱う。また、倒立回転グループの「側方倒立回転」と「補助倒立ブリッジ」を倒立技として位置付けて指導する。

　第一段階で基本的な技と自己の能力に適した学習課題を見付け、第二段階において選択した技の定着を図ることで、子供は自己の能力に応じて主体的に学習を進めることができる。

　それぞれの技の習得のためには、場の準備や補助等、友達との関わりが欠かせない。3人組、4人組の固定グループを設定することで、技のポイントを見合ったり、技の補助をしたりと、対話的な学習が展開できる。学習カードや資料を用いて視点を示すことにより、対話的な学習はより促進される。

　タブレット等のICT機器の活用も、課題解決の活動として有効である。子供の使用が難しい場合には、教師が活用して提示してあげるだけでも、子供の課題解決の思考が高まる。

13	幅跳び・高跳び
14	ゴール型ゲーム（ハンドボール）
15	ベースボール型ゲーム
16	多様な動きをつくる運動
17	ネット型ゲーム（ソフトバレーボール）
18	マット運動

○**知識及び技能**

・運動の行い方を知り、自己の能力に適した基本的な技を身に付け、それらを組み合わせることができる。

○**思考力、判断力、表現力等**

・自己の課題を見付け、解決のための活動を選び、見付けたポイントを伝えることができる。

○**学びに向かう力、人間性等**

・運動に進んで取り組み、きまりを守って仲よく運動し、場の安全に気を付けることができる。

4・5時	6時
[第二段階] **自己の能力に適した課題を解決し、技を組み合わせる。**	
技を選び、組み合わせる	技を発表する
4・5　自分に合った技を選び、組み合わせよう POINT：自己の能力に適した課題の解決を図るとともに、できるようになった基本的な技を組み合わせて、定着を図る。 **[主な学習活動]** ○今日の学習を確認する ○準備運動と運動遊びを行う ○自分に合った技を選び、組み合わせを考える 　第4時：基本的な回転技や倒立技を選択する 　第5時：回転技や倒立技を組み合わせる ○整理運動をする ○学習を振り返る 　・今日の学習について　・次時の学習について	**6　組み合わせた技を発表しよう** POINT：自己の能力に適した技を組み合わせ、その定着を図るとともに、組み合わせた技の発表を通して、互いの伸びを確認する。 **[主な学習活動]** ○今日の学習を確認する ○準備運動と運動遊びを行う ○組み合わせた技の定着を図る ○組み合わせた技を発表し合う 　・技は3つまで組み合わせてよいことにする 　・回転技と倒立技の両方を構成に入れる ○整理運動をする ○学習を振り返る 　・単元の学習について

①運動が苦手な子供

　前転や後転等の基本的な回転技が苦手な子供には、準備運動で「ゆりかご」や「かえるの足打ち」等に取り組んだり、傾斜を利用して勢いよく回れる場を用意したりする等の配慮をする。

　側方倒立回転や壁倒立等の基本的な倒立技が苦手な子供には、準備運動で壁登りや逆立ちや支持での川跳び等に取り組んだり、足を勢いよく振り上げるためにゴムなどを活用したりする等、体を逆さまにして支えたり、腰を伸ばした姿勢で回転できる動きが身に付くようにする。

②意欲的でない子供

　子供が恐怖心を抱いている場合には、回転しやすいように傾斜をつける、首への痛みが軽減できるようにマットを重ねるなどの工夫をする。

　友達と上手く関われない子供のために、友達の補助の仕方を教えたり、見てあげる視点を示したりと、役割を明確にする。

　技を発表する際に、抵抗感を感じている子供も少なくない。その場合は、複数人で同時に発表させたり、チーム内で発表したりと、緊張感を和らげられるよう発表形態を工夫する。

本時案

マット運動の
行い方を理解しよう

1/6

本時の目標

　場の準備の仕方やマット運動の行い方を知り、学習の見通しをもつことができるようにする。

評価のポイント

　いろいろな運動遊びや今できる技に取り組み、力いっぱい運動することができたか。

本時の展開

	時	子供の活動
はじめ	5分	**今日の学習を確認する** ○3人（4人）でグループをつくる。 ○2グループで1チームにして整列する。 ○今日の学習の流れを知る。
準備運動	5分	**運動で使う部位の可動域を広げる** ○足首、手首、首、肩、腰を中心に十分にほぐす。 ○伸びている部位を意識できるよう声掛けする。
マットを使った運動遊び	15分	**マット運動につながる運動遊びの仕方を知る** ○グループで場の準備をする。 **1** ○運動遊びの仕方を理解する。 ○グループごとに場を移動してそれぞれの運動に取り組む。
マット運動	15分	**今までに学習した技を確認する** ○場の準備の仕方や運動のきまりを知る。 **3** ○3学年で学習した運動の仕方を確認する。 **2** 　・前転　・後転 ○グループで場の片付けをする。
整理運動	2分	**運動で使った部位をほぐす** ○手首や足首、首、肩、腰を中心にストレッチする。 **3**
ふりかえり	3分	**(1)今日の学習について振り返り、学習カードに記入する** 　①力いっぱい運動することができたか。 　②友達と協力して準備したり運動したりできたか。 **(2)次時の学習内容を確認する** ○資料をもとに、次時以降の学習内容を理解する。

13 幅跳び・高跳び

14 ゴール型ゲーム（ハンドボール）

15 ベースボール型ゲーム

16 多様な動きをつくる運動

17 ネット型ゲーム（ソフトバレーボール）

18 マット運動

1 マットを使った運動遊びの例

一つ一つの運動のポイントや回数、意図を説明し、運動遊びの行い方を捉えさせる。第2時以降、準備運動として毎時間取り組み、主運動につながる動きの向上を図る。

ゆりかご

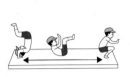

後転の手つき

壁登り逆立ち

壁に近づいていく

ブリッジ

背中を反らし、ひじを伸ばす

坂道転がり

勢いよく回転する

カエルの足打ち

腰を上げて足を打つ

川跳び

両足で強く踏み切り、両手に体重をのせる

2 今までに学習した技

前転と後転を中心に、どの程度定着しているのか第1時で確認することが望ましい。

前転

手は少し遠くへ

へそを見ながら足をふる　　かかとにおしりを引きつける

後転

おしりを遠くにつく　　両手でマットを押す

耳の横で両手を着く

3 指導上の留意点

・マットは3人以上で歩いて運ぶ。　　・マット上は一方通行で通り、横切らない。

・運動後は、次の友達に合図をする。　　・マットの決まった側を通って戻る。

・毎時間の整理運動時に、怪我をした子供がいないか確認する。

・運動後、首が痛むことがあると子供にも知らせ、帰宅後のストレッチを促す。

本時案

基本の技を知り、自分の課題を見付けよう①

2/6

本時の目標

基本的な回転技の行い方を知り、自己の能力に適した課題を見付けることができるようにする。

評価のポイント

開脚後転や易しい場での開脚前転等について、自己に適した課題を見付けることができたか。

本時の展開

	時	子供の活動
はじめ	2分	**今日の学習を確認する** ○今日の学習の流れを知る。 ○回転技について自分の学習課題を見付けることを理解する。
準備運動 運動遊び	15分	**運動で使う部位の可動域を広げる** ○足首、手首、首、肩、腰を中心に十分にほぐす。 ○伸びている部位を意識できるよう声掛けする。 **マット運動につながる運動遊びの仕方を知る** ○グループで場の準備をする。 ○グループごとに場を移動してそれぞれの運動に取り組む。
マット運動	20分	(1)**基本的な回転技のポイントを知る。** 1 ○開脚後転のポイントを知る。 ○易しい場での開脚前転のポイントを知る。 ○場の準備の仕方を理解する。 (2)**ポイントを意識して取り組み、学習課題を見付ける。** 2 ○それぞれの技に取り組み、自己の課題を見付ける。 ○グループで場の片付けをする。
整理運動	3分	**運動で使った部位をほぐす** ○手首や足首、首、肩、腰を中心にストレッチする。
まとめ	5分	(1)**今日の学習について振り返り、学習カードに記入する** 　①友達と協力して準備したり運動したりできたか。 　②回転技について、自分の課題を見付けることができたか。 (2)**次時の学習内容を確認する** ○資料をもとに、次時の学習内容を理解する。

13 幅跳び・高跳び

14 ゴール型ゲーム（ハンドボール）

15 ベースボール型ゲーム

16 多様な動きをつくる運動

17 ネット型ゲーム（ソフトバレーボール）

18 マット運動

1 基本的な回転技の行い方

　基本的な技の行い方を指導する際には、教師が師範できることが望ましいが、難しい場合には、学習資料（カードや映像）をもとに説明する。十分に指導していない段階で手本として子供に実施させることは、安全上の配慮が必要となる。

開脚後転

おしりを遠くにつく　耳の横に両手をしっかりつく　足を開いたら素早くつく　両手で強くマットを押す

易しい場での開脚前転

少し遠くから手をつく　足がマットに着く直前に開く　両手とかかとを同時につく

両足を勢いよく振り下ろす

易しい場の準備例

マットの下に踏み切り板を入れる。　　　　　細いマットを重ねて段差を作る。

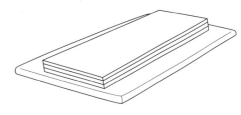

2 課題を見付けるための学び合いの例

　グループの友達同士でポイントを見合うことが定着すると、第二段階でより対話的な学習ができる。技をする子供が、意識するポイントを伝えることから始めるとよい。

足が開くタイミングを見てね

足が着く直前に開くんだよ

○意識する（見てもらう）ポイント例

・おしりを遠くに着いているか見てね。
・膝が伸びているか見てね。
・手を強く着くことを意識するね。
・足を開くタイミングを見てね。　等

本時案

基本の技を知り、
自分の課題を見付けよう②

3/6

本時の目標

基本的な倒立技の行い方を知り、自己の能力に適した課題を見付けることができるようにする。

評価のポイント

側方倒立回転や補助倒立ブリッジ等について、自己に適した課題を見付けることができたか。

週案記入例

【目標】
基本的な倒立技の行い方を知り、自己の能力に適した課題を見付ける。

【活動】
側方倒立回転と補助倒立ブリッジ等に取り組む。

【評価】
自己の能力に適した課題を見付けることができたか。

【指導上の留意点】
友達と協力して安全に運動できるよう、正しい補助の仕方を指導する。

本時の展開

	時	子供の活動
はじめ	2分	**今日の学習を確認する** ○今日の学習の流れを知る。 ○倒立技について自分の学習課題を見付けることを理解する。
準備運動 運動遊び	15分	**運動で使う部位の可動域を広げる** ○足首、手首、首、肩、腰を中心に十分にほぐす。 ○伸びている部位を意識できるよう声掛けする。 **マット運動につながる運動遊びの仕方を知る** ○グループで場の準備をする。 ○グループごとに場を移動してそれぞれの運動に取り組む。
マット運動	20分	**(1)基本的な倒立技のポイントを知る** 1 ○側方倒立回転のポイントを知る。 ○補助倒立ブリッジのポイントを知る。 ○場の準備や補助の仕方を理解する。 2 **(2)ポイントを意識して取り組み、学習課題を見付ける** ○それぞれの技に取り組み、自己の課題を見付ける。 ○グループで場の片付けをする。
整理運動	3分	**運動で使った部位をほぐす** ○手首や足首、首、肩、腰を中心にストレッチする。
まとめ	5分	**(1)今日の学習について振り返り、学習カードに記入する** 　①友達と協力して準備したり運動したりできたか。 　②倒立技について、自分の課題を見付けることができたか。 **(2)次時の学習内容を確認する** ○資料をもとに、次時の学習内容を理解する。

13
幅跳び・高跳び

14
ゴール型ゲーム（ハンドボール）

15
ベースボール型ゲーム

16
多様な動きをつくる運動

17
ネット型ゲーム（ソフトバレーボール）

18
マット運動

1 基本的な倒立技の行い方

　基本的な技の行い方を指導する際には、教師が師範できることが望ましいが、難しい場合には、学習資料（カードや映像）をもとに説明する。十分に指導していない段階で手本として子供に実施させることは、安全上、配慮が必要となる。

側方倒立回転

両手を高く上げる　　腰を上げて足を伸ばして回る

片足ずつ着地する

踏み出す足をしっかり蹴る　　　　　　　　　最後の手でしっかりマットを押す

補助倒立ブリッジ

手を大きくふり上げる　　両足をそろえたらゆっくり倒す　　　肩を手前に引いて背中を反らせる

あごを出してマットを見る　　　足を肩はばくらいに開いて着く

2 補助倒立の補助

　安全に学習を進めるために、補助の仕方を指導してから運動に取り組む。補助する人数や力加減を段階的に減らし、安全に運動できるようにする。

・足が上がらない場合
1人が足を持ち上げ、もう1人が逆の足を上げる。

・自分で足が上がる場合
横に立ち、上がった足をしっかり、受け止めてから後ろに回る。

・1人で補助する場合
足首をつかみにいかず、手のひらで受け止めてからつかむ。

本時案

自分に合った技を 選び、組み合わせよう①

4/6

本時の目標

　基本的の技から選択し、自己の能力に適した課題を解決するための練習の場を選ぶことができるようにする。

評価のポイント

　自己の課題を解決するために練習の場を選んで運動することができたか。

週案記入例

[目標]
基本の技ができるように練習の場を選び、自己の課題を解決する。

[活動]
回転技・倒立技のそれぞれから技を選択し、必要な練習の場を選んで運動に取り組む。

[評価]
課題を解決するための場を選ぶことができたか。

[指導上の留意点]
基本は、グループのマットで場を作るが、練習の場を固定して子供が移動する場合は、グループを再編成してもよい。

本時の展開

	時	子供の活動
はじめ	2分	**今日の学習を確認する** ○今日の学習の流れを知る。 ○学習課題を解決するための練習の場を選ぶことを理解する。
準備運動 運動遊び	13分	**運動で使う部位の可動域を広げる** ○足首、手首、首、肩、腰を中心に十分にほぐす。 ○伸びている部位を意識できるよう声掛けする。 **マット運動につながる運動遊びの仕方を知る** ○グループで場の準備をする。 ○グループごとに場を移動してそれぞれの運動に取り組む。
マット運動	25分	**(1)それぞれの練習の場を知る。** 1 ○資料をもとに回転技・倒立技の練習の場を知る。 ○必要な場の準備や補助の仕方を理解する。 **(2)課題を解決するために必要な場を選んで練習する。** ○グループごとに協力して練習の場を準備する。 ○自己の課題に合った練習の場を選び、運動に取り組む。 ○グループで場の片付けをする。
整理運動	2分	**運動で使った部位をほぐす** ○手首や足首、首、肩、腰を中心にストレッチする。
まとめ	3分	**(1)今日の学習について振り返り、学習カードに記入する** 　①友達と協力して準備したり運動したりできたか。 　②自己の課題に適した課題、練習の場を選ぶことができたか。 **(2)次時の学習内容を確認する** ○次時の学習内容を理解し、組み合わせる技を考える。

1 練習の場の例

練習の場についての資料を掲示してあげることで、自分の課題解決のために必要な練習の場を選ぶことができる。

開脚後転

後転アンテナ
・回りながら足を伸ばす。

坂道後転
・頭越しに足を着く感覚を身に付ける。

易しい場での開脚前転

ゆりかご開脚
・開脚するタイミングを確かめる。

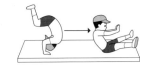

段差マット前転
・起き上がる感覚を身に付ける。

側方倒立回転

手足カード
・マットに置いて順番を意識する。

くるくる側転
・ラインを使って、手手足足のリズムの定着を図る。

斜めゴム側転
・徐々に角度を広げて、腰角を広くする。

ゴム側転
・おへその高さから始めて、膝が伸びるように徐々に高くする。

補助倒立ブリッジ

壁登りブリッジ
・倒立姿勢からブリッジへ移行する。

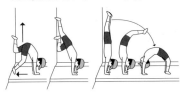

壁倒立
壁に向かってピタッと止まる。

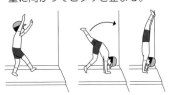

13 幅跳び・高跳び

14 ゴール型ゲーム（ハンドボール）

15 ベースボール型ゲーム

16 多様な動きをつくる運動

17 ネット型ゲーム（ソフトバレーボール）

18 マット運動

本時案

自分に合った技を
選び、組み合わせよう②

本時の目標

　考えた組み合わせ技に繰り返し取り組み、基本的な技を身に付けることができるようにする。

評価のポイント

　組み合わせ技を考えるとともに、基本的な技を身に付けることができたか。

[目標]
技の組み合わせを考えて取り組み、基本的な技を身に付ける。

[活動]
回転技と倒立技を組み合わせ、繰り返し練習に取り組む。

[評価]
回転技と倒立技の基本的な技を身に付けることができたか。

[指導上の留意点]
子供の学習状況に応じて、練習の場を選んで取り組む時間を設けてもよい。

本時の展開

	時	子供の活動
はじめ	2分	**今日の学習を確認する** ○今日の学習の流れを知る。 ○技の組み合わせについて知り、発表に向けて見通しをもつ。
準備運動 運動遊び	13分	**運動で使う部位の可動域を広げる** ○足首、手首、首、肩、腰を中心に十分にほぐす。 ○伸びている部位を意識できるよう声掛けする。 **主運動につながる運動遊びの仕方を知る** ○グループで場の準備をする。 ○グループごとに場を移動してそれぞれの運動に取り組む。
マット運動	25分	**(1)技の組み合わせ方について知る** 1 ○グループごとに協力して練習の場を準備する。 ○組み合わせモデルをもとに構成を考える。 **(2)基本的な技を組み合わせて練習する** ○自分の能力に適した技を組み合わせ練習する。 ○グループで場の片付けをする。
整理運動	2分	**運動で使った部位をほぐす** ○手首や足首、首、肩、腰を中心にストレッチする。
まとめ	3分	**(1)今日の学習について振り返り、学習カードに記入する** 　①友達と協力して準備したり運動したりできたか。 　②技の組み合わせを考え、繰り返し練習できたか。 **(2)次時の学習内容を確認する** ○次時の学習内容を理解する。 ○考えた技の組み合わせを見直す。

18　マット運動
272

13	幅跳び・高跳び
14	ゴール型ゲーム（ハンドボール）
15	ベースボール型ゲーム
16	多様な動きをつくる運動
17	ネット型ゲーム（ソフトバレーボール）
18	マット運動

1 組み合わせモデルの例

組み合わせる技の構成は、3つ程度までとして回転技と倒立技の両方を取り入れるようにする。

易しい場での開脚前転 ─ 前転 ─ 側方倒立回転

補助倒立ブリッジ ─ 側方倒立回転 ─ 開脚後転

開脚後転 ─ 開脚後転 ─ 補助倒立ブリッジ

本時案

組み合わせた技を発表しよう

本時の目標

考えた組み合わせ技に繰り返し取り組み、できるようになった技を友達に発表することができるようにする。

評価のポイント

回転技と倒立技の基本的な技を組み合わせて発表することができたか。

<table>
<tr><td colspan="4">週案記入例</td></tr>
</table>

［目標］
組み合わせ技に繰り返し取り組み、基本的な技の定着を図る。

［活動］
組み合わせ技の練習に取り組み、互いの発表を見合う。

［評価］
回転技と倒立技の基本的な技を身に付けることができたか。

［指導上の留意点］
発表させる際には、複数の場で同時に発表させたり、チーム内で発表したりと発表形態を工夫する。

本時の展開

	時	子供の活動
はじめ	2分	**今日の学習を確認する** ○今日の学習の流れを知る。 ○技の組み合わせについて知り、発表に向けて見通しをもつ。
準備運動 運動遊び	13分	**運動で使う部位の可動域を広げる** ○足首、手首、首、肩、腰を中心に十分にほぐす。 ○伸びている部位を意識できるよう声掛けする。 **主運動につながる運動遊びの仕方を知る** ○グループで場の準備をする。 ○グループごとに場を移動してそれぞれの運動に取り組む。
マット運動	25分	**(1)基本的な技を組み合わせて練習する** 1 ○グループごとに協力して練習の場を準備する。 ○自分の能力に適した技を組み合わせ練習する。 **(2)発表し合い、友達のよいところを見付ける** 2 ○順番に組み合わせ技を発表する。 ○グループで場の片付けをする。
整理運動	2分	**運動で使った部位をほぐす** ○手首や足首、首、肩、腰を中心にストレッチする。
まとめ	3分	**(1)今日の学習について振り返り、学習カードに記入する** 　①友達と協力して準備したり運動したりできたか。 　②自分の課題は、練習を通して解決できたか。 **(2)単元の学習内容を振り返る** ○自己の成長と課題を振り返る。

13	幅跳び・高跳び
14	ゴール型ゲーム（ハンドボール）
15	ベースボール型ゲーム
16	多様な動きをつくる運動
17	ネット型ゲーム（ソフトバレーボール）
18	マット運動

1 支援の声掛けの例

第4時以降、支援が必要な子供には教師が声掛けする。

技	開脚後転	易しい場での開脚前転	側方倒立回転	補助倒立ブリッジ
声掛け	・おしりを遠くに着いて勢いをつけよう。 ・両手を耳の横で着いてみよう。 ・両足をピンと伸ばして回ろう。 ・足を開いたら素早くマットに着けよう。 ・両手で強くマットを押して起き上がろう。	・両手をしっかり着いておへそを見よう。 ・太ももに力を入れて足を伸ばしてみよう。 ・両足を勢いよく振り下ろそう。 ・足はマットのぎりぎりで開こう。 ・手とかかとは同時に着こう。	・強く踏み切ってから手を着こう。 ・手、手、足、足のリズムで回ろう。 ・あごを出してマットを見よう。 ・足をピンと伸ばして回ろう。 ・最後の手でしっかりマットを押そう。	・腕を大きく振り上げよう。 ・あごを出してマットを見よう。 ・ゆっくり足を倒してみよう。 ・肩を前に出そう。 ・背中を反らせよう。 ・足を肩幅くらいに開いて着こう。

2 発表の場の例

　場をいくつか作り、複数人が同時に発表することで、子供の緊張感を和らげられる。発表者以外の子供は、マットから少し離れて安全に見学させるようにする。教師は、全体が見える位置に立つ。その際に、ICT機器を活用すると、子供にフィードバックすることができる。

「マット運動」学習カード＆資料

使用時 **第1〜6時**

本カードは、第1時から第6時まで、単元全体を通して使用する。マット運動に対する主体的に取り組む態度や思考力、判断力、表現力等の変容を見取るためのカードである。どんな技ができるようになったのかという点に終始するのではなく、学習を通して見付けた自己の課題や、課題を解決するために取り組んだ方法等について振り返るために活用していく。

収録資料活用のポイント

①使い方

　本カードは子供一人一人に配布する。基本的な技の行い方とポイントを示した「学習カード」は、各ポイントが達成できたかどうかを学習中に見合い、自己の課題を明確にする。授業後には、「ふり返りカード」で学習を振り返る。

②留意点

　本カードで見付けた課題を単元後半の第二段階で解決していく際に、掲示用資料「マット運動の練習の場」を活用する。第一段階で見付けた課題と第二段階で取り組んだ練習の場が一致するよう、学習中に声掛けすることが必要である。

🔘 学習カード 4-18-1　　　　　　　　　　🔘 学習資料 4-18-1

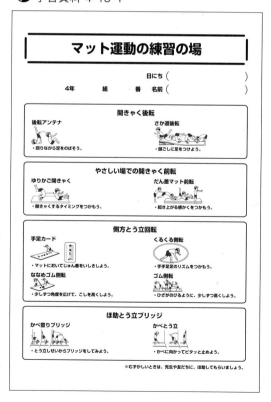

マット運動　学習カード

4年　　　組　　　番　名前（　　　　　　　　　　）

学習する基本のわざ

	技の行い方・ポイント
回転わざ	**前転** ☐ 手を少し遠くにつこう　　☐ おへそを見ながら足をふろう　　☐ かかとをおしりに引きつけよう **後転** ☐ おしりを遠くにつこう　　☐ 耳の横に両手をつこう　　☐ 両手でしっかりマットをおそう **やさしい場での開きゃく前転** ☐ 両手とかかとを同時につこう ☐ 少し遠くから手をつこう　　☐ 両足をいきおいよくふり下ろそう　　☐ 足はマットにつく直前に開こう **開きゃく後転** ☐ おしりを少し遠くにつこう　　☐ 足を開いたらすばやくつこう 　　☐ 耳の横に両手をつこう　　☐ 両手で強くマットをおそう
とう立わざ	**ほ助とう立ブリッジ** ☐ 両手を大きくふり上げよう　　☐ 両足をそろえたらゆっくりたおそう　　☐ 足を少し開いてつこう 　　☐ あごを出してマットを見よう　　☐ かたを手前にひいてせなかをそろう **側方とう立回転** ☐ 両手を大きくふり上げよう　　☐ こしを上げて足をのばそう　　☐ かた足ずつ着地しよう 　　☐ ふみ出す足をしっかりけろう　　☐ 最後の手でしっかりマットをおそう

13 幅跳び・高跳び

14 ゴール型ゲーム（ハンドボール）

15 ベースボール型ゲーム

16 多様な動きをつくる運動

17 ネット型ゲーム（ソフトバレーボール）

18 マット運動

19 表現（海底探検隊　出発！）

[5 時間]

【単元計画】

1 時	2 時
[第一段階]	
表現「海底探検隊　出発！」の学習内容・仕方を知り、題材の特徴やイメージをもち表現を楽しむ。	題材の特徴やイメージをもち、動きやストーリーをペアやグループで作りながら表現を楽しむ。
1　海の生き物に変身してみよう PINT：海の世界を想像して海の生き物に変身する。 [主な学習活動] ○集合・あいさつ・本単元の学習内容を知る ○準備運動をする ○海の生き物に変身し、海の世界を表現する 　①海の生き物、世界をイメージして変身する 　②一人やペア、グループで表現する★学習カード ○整理運動：心と体をゆったりとほぐす ○まとめ 　①クラス全体で今日の学習を振り返る 　②次時の学習内容を知る	**2　ひと流れの動きを作って楽しもう** PINT：題材をイメージし中心場面の動きから作る。 [主な学習活動] ○集合・あいさつ・本時の学習内容を知る ○準備運動をする ○題材をイメージし、ひと流れの動きを作る 　①題材の特徴を捉え、中心場面の動きを作る 　②グループで題材を表現する　★学習カード ○心と体をゆったりとほぐす ○まとめ 　①クラス全体で今日の学習を振り返る 　②次時の学習内容を知る

授業改善のポイント

主体的・対話的で深い学びの実践に向けて

　表現運動は、自己の学習課題を見付け、その課題解決のための活動を選ぶとともに、互いのよさを生かして友達と踊る楽しさや喜びに触れる運動であり、以下の2点がポイントとなる。

①子供にとって主体的な学びとなるよう、題材の多様な感じの表現、全身で表現する運動を多く体験できているか。

②友達と関わり合って学習を進める計画になっているか。互いの考えや思いを交流させて動きづくりに取り組み、互いのよさを伝え合えているか。

　子供が見通しをもって学習に取り組めるよう「学習カード」を活用したり、一人での動き、ペアやグループでの動きを工夫する上での「ヒントカード」を活用したりする手立てが有効である。

　また、動きづくりの相談をし、互いのよさを伝えていく力も培われていく。このような対話的な学習を通して学びを深めていけるよう学習カードを活用し、学びのプロセスを振り返ることができるようにする。

単元の目標

○知識及び技能
・題材の特徴を捉え、イメージを膨らませメリハリのあるひと流れの動きを友達と工夫して作り表現できる。

○思考力、判断力、表現力等の基礎
・めあてをもち、題材の特徴を捉えた動きを友達と工夫して作って踊り、互いに表現を伝え合うことができる。

○学びに向かう力、人間性等
・友達の動きや考えを認め合い、練習や発表に協力して取り組むことができる。

3・4時	5時
[第二段階]	
グループで考え、工夫し作ったひと流れの動きを、互いに見合い、練習したり発表したりして楽しむ。	グループで考え、工夫し作ったひと流れの動きを発表し合い、互いのよさを認め合い、発表会を楽しむ。
3・4　よさを認め合い、練習や発表を楽しもう PINT：グループで動きを工夫し、練習や発表をする。 **[主な学習活動]** ○集合・あいさつ・本時の学習内容を知る ○準備運動をする ○ひと流れの動きを工夫し、練習や発表をする 　①グループごとに練習・発表する★発表カード 　②他のグループの発表を見てよさを認め合う ○心と体をゆったりとほぐす ○まとめ 　①クラス全体で今日の学習を振り返る 　②次時の学習内容を知る	**5　発表会を楽しもう** PINT：グループごとに発表し、よさを認め合う。 **[主な学習活動]** ○集合・あいさつ・本時の学習内容を知る ○準備運動をする ○グループごとに発表し、互いのよさを認め合う 　①グループごとに発表する　★学習カード 　②他のグループの発表を見てよさを認め合う ○心と体をゆったりとほぐす ○まとめ 　・一人一人学習を振り返り、めあてを意識して表現の学習に取り組めたかなど、学習カードに記録する

子供への配慮の例

①運動が苦手な子供
・題材の場面を絵や文字で描いたカード、図鑑、DVD などを活用し、題材の特徴やイメージを捉えられるようにする。
・動きの誇張や変化の付け方が苦手な子供には、動きに差を付けたり、変化を付けたりして踊っている友達の動きを見合い、真似して踊るなどの配慮をする。
・ひと流れの動きが苦手な子供には、気に入った場面を中心に、動きが急変する場面の例を複数挙げて動いてみるなどの配慮をする。

②意欲的でない子供
・授業の導入で、みんなで顔を見合わせながら軽快なリズムに乗って弾んだりして、心と体をほぐすなどの配慮をする。
・友達と関わりながら踊ることに意欲的でない子供には、友達と組んでできる簡単な動きを示し、選ぶなどの配慮をする。
・タブレット等を活用し、友達とのペアやグループでの学び合いに意欲が高まるよう配慮をする。

本時案

海の生き物に変身してみよう ①/⑤

本時の目標

本単元の学習内容・進め方を知り、題材の特徴やイメージをもっていろいろな動きを楽しむことができるようにする。

評価のポイント

海の世界を想像して題材の特徴やイメージをもち、海の生き物に楽しく変身することができたか。

週案記入例

[目標]
学習内容を知り、表現する意欲・めあてをもつ。

[活動]
イメージした動きをつくる楽しさを味わう。

[評価]
イメージする動きを表現することができたか。

[指導上の留意点]
めあてをもち、表現運動を楽しもうとする意欲を高めることを指導の重点とする。

本時の展開

	時	子供の活動
はじめ	5分	**集合・あいさつ** 1 ○本単元の学習内容・学習の進め方を知る。★学習カード1 ○海底のイメージをもち、学習するめあて・意欲をもつ。
準備運動 体ほぐし	5分	**本時の運動につながる準備運動をする** 2 ○リズム太鼓に合わせて、首、手首、足首等の運動をする。 ○軽いジョギング、スキップ、ジャンプなどの運動をする。 ○海の生き物に変身したり、様子を表現したりする運動をする。
変身タイム ①	15分	**海の世界をイメージして海の生き物に変身する** ①一人で、海の生き物に変身して楽しむ。 ②ペアで複数の海の生き物に変身して楽しむ。 3 ③グループで海の生き物や海の世界を表現して楽しむ。
変身タイム ②	15分	**海の生き物に変身し、互いに発表し合う** ①グループの中で、一人一人変身した生き物を見せ合う。 ②グループの中で、ペアで変身した生き物を見せ合う。 ③グループで相談して、みんなで同じ変身を楽しむ。 3
整理運動	2分	**運動で使った部位を中心に全身（心と体）をゆったりとほぐす** ○使った部位を意識させながらストレッチ運動をする。
まとめ	3分	**(1)クラス全体で本時の学習について振り返る** ○学習について振り返り、学習カードに記録する。 　①めあてをもち進んで楽しく運動できたか。 　②友達と協力して運動できたか。 　③全身を使って力いっぱい、安全に表現できたか。 ○友達のよかったことを発表し合う。 **(2)次時の学習内容について確認する**

1 学習の進め方・イメージづくり

・海底の様子・海の生き物などの本や映像を紹介し、子供が変身や動きづくり、ストーリーやひと流れの動きをつくる活動にイメージをもてるように工夫する。
・DVD・CD・海底を想像するような効果音・リズム太鼓・口伴奏の活用。
・全身を指先まで動かすため、床運動（裸足）のイメージで活動してもよい。

2 準備運動・体ほぐし

・体育館を「海」「海底」とし、一人一人が海の波になったり、海の生き物に変身したりする動きを取り入れ、表現運動への心と体のウォーミングアップになるよう工夫する。
・大小の波・うず潮・貝・クラゲ・ワカメ・コンブ・小魚・サメ・エイ・クジラ

（例）

| 高波・うずまき | ワカメ・コンブ | エイ | サメ |

3 変身タイム

・一人一人、自分のイメージする生き物に変身して楽しむ。
・題材の特徴をつかんで、なりきって変身して動きを工夫する。（効果音の活用）
・全身を使って、動きの大小・強弱・緩急などの変化を工夫する。

（例）
・一人で

| カニ | グンカン鳥 | クラゲ | ダイオウイカ |

・ペアやグループで群れや大きな生き物の動きを工夫して作り（変身し）楽しむ。

（例）
・ペアや
グループで

| 小魚の群れ | ジンベイザメの大群 | 恐竜 |

本時案

ひと流れの動きを 作って楽しもう

本時の目標

　題材の特徴やイメージをもち、ストーリーや ひと流れの動きをペアやグループで作りながら 表現を楽しむ。

評価のポイント

　題材の特徴やイメージをもち、進んで友達と 協力し合って楽しく表現することができたか。

週案記入例

[目標]
ストーリーや動きをつくる楽しさを味わう。

[活動]
グループで中心場面やひと流れの動きを作る。

[評価]
協力し合って動きをつくることができたか。

[指導上の留意点]
めあてをもち、グループで協力して動き作りを楽しむことを指導の重点とする。

本時の展開

	時	子供の活動
はじめ	5分	**集合・あいさつ** ○本単元の学習内容・学習の進め方を知る。 ○海底のイメージをもち、学習課題や意欲をもたせる。
準備運動	5分	**本時の運動につながる準備運動をする** ○リズム太鼓に合わせて、首、手首、足首等の運動をする。 ○軽いジョギング、スキップ、ジャンプなどの運動をする。 ○海の生き物に変身したり、様子を表現したりする運動をする。
①	15分	**海の出来事をイメージして 中心場面 の動きをつくる 1** ○グループで海の生き物や海の世界をイメージしてストーリーを考えて作る。 ○ストーリーの中心場面の動きをグループで相談して作る。
②	15分	**中心場面につながる（はじめ・おわり）の場面 の動きをつくる** ○グループで（はじめ・おわり）の動きを考えてつくる。 ○グループで（はじめ・中心・おわり）の場面の動きを、ひと流れの動きにして表現してみる。 2
整理運動	2分	**運動で使った部位を中心に全身（心と体）をゆったりとほぐす** ○使った部位を意識させながらストレッチ運動をする。
まとめ	3分	⑶**クラス全体で本時の学習について振り返る** ○学習について振り返り、学習カードに記録する。 　①めあてをもち進んで楽しく運動できたか。 　②友達と協力して運動できたか。 　③全身を使って力いっぱい、安全に表現できたか。 ○友達のよかったことを発表し合う。 ⑵**次時の学習内容について確認する**

1　中心場面の動きづくりのポイント

○グループで話し合い、一番表現したい中心場面をイメージし、ストーリーを考える。
○空想の世界の出来事をつくって楽しむ。絵本や図鑑、映像などを活用してもよい。

（例）絵本「スイミー」の話をイメージしてストーリーを考える。

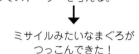

ミサイルみたいなまぐろが
つっこんできた！

・海の世界の出来事を
　空想してみよう

・中心場面の動きから作ろう

（題材の例）
ジンベイザメの大群！　グンカン鳥！　ダイオウイカ！　海の恐竜！　水中火山！　水中花火！

つっこんできたマグロ！

「○○が○○する場面を
表現したい！」

にげる小魚たち

（中心場面の動きのポイント）
場面の急変→速く鋭い動き・力強く激しい動き・大きくダイナミックな動き

（動きの工夫の例）
○場所（使い方）の工夫　○動く方向の方向　○動き（走る・跳ぶ・転がる）の工夫　○役割分担
・円・一列・直線・曲線・ジグザグ・うずまき・集まる・散らばる・ジャンプ・しゃがむ・変身役割

2　中心場面につながる（はじめ・おわり）場面の動きづくりのポイント

中心場面の動きを作ったら、はじめ・おわりを作ろう！
○表したい感じを中心に、感じの違う動きや急変する場面などを前後につけて、工夫する。
○ビデオタイムや発表タイムで見て互いのよさを認め合い、さらに動きを工夫する。

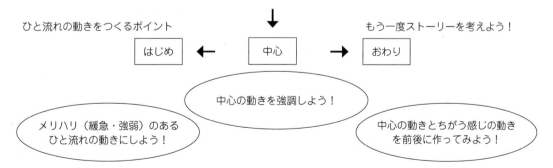

ひと流れの動きをつくるポイント

もう一度ストーリーを考えよう！

はじめ　←　中心　→　おわり

中心の動きを強調しよう！

メリハリ（緩急・強弱）のある
ひと流れの動きにしよう！

中心の動きとちがう感じの動き
を前後に作ってみよう！

（メリハリをつける工夫の例）
速い／ゆっくり・強い／弱い・直線／曲線・大きい／小さい・するどい／やわらかい

本時案

ひと流れの動きを 練習・発表しよう①

本時の目標

　グループで考えたストーリーやひと流れの動きを互いに見合い、練習したり発表したりして楽しむ。

評価のポイント

　ストーリーをイメージしながら、進んで友達と協力し合い、楽しく動きを練習したり発表したりすることができたか。

週案記入例

[目標]
ストーリーや動きをつくる楽しさを味わう。

[活動]
グループで動きを練習したり発表したりする。

[評価]
協力して練習・発表することができたか。

[指導上の留意点]
グループで協力して練習や発表を楽しもうとすることを指導の重点とする。

本時の展開

	時	子供の活動
はじめ	5分	**集合・あいさつ** ○本単元の学習内容・学習の進め方を知る。 ○海底のイメージをもち、学習課題や意欲をもたせる。
準備運動	5分	**本時の運動につながる準備運動をする** ◀**1** ○リズム太鼓に合わせて、首、手首、足首等の運動をする。 ○軽いジョギング、スキップ、ジャンプなどの運動をする。 ○海の生き物に変身したり、様子を表現したりする運動をする
① ビデオ& 練習タイム	15分	**ひと流れの動き を完成させ、ビデオに録る（タブレット）** ◀**1** ○中心場面 ○中心場面につながる（はじめ・おわり）の動き ○はじめ・中心・おわりの動きをつなげたひと流れの動き ○ビデオを見て動きを工夫する。◀**2**
② 発表& よかったタイム	15分	**グループごとに発表し合い、よさを伝え合う** ○Aグループ／発表　　＊1コートを3グループで使用 ○Bグループ／見る　　＊発表・見る・練習のローテーション ○Cグループ／練習　　＊よかったところを伝え合う
整理運動	2分	**運動で使った部位を中心に全身（心と体）をゆったりとほぐす** ○使った部位を意識させながらストレッチ運動をする。
まとめ	3分	**(4)クラス全体で本時の学習について振り返る** ○学習について振り返り、学習カードに記録する。 　①めあてをもち進んで楽しく運動できたか。 　②友達と協力して運動できたか。 　③全身を使って力いっぱい、安全に表現できたか。 ○友達のよかったことを発表し合う。 **(2)次時の学習内容について確認する**

1　練習タイム・ひと流れの動きをつくるポイント

例　「スイミー」　●まず、中心場面「○○が〜する場面を表現したい！」を強調する

	はじめ	中心	おわり

○ ストーリー
　　　　　　　　　 静 　　　➡　　　 動 　　　➡　　　 静
　　　　おだやかな海の世界　　　　突然の恐怖！　　　　再び静かな海

○題材
　コンプやワカメの林
　小魚たち
　ドロップみたいなクラゲ　➡
　水中ブルドーザーみたいなエビ
　長い体のウナギ

> ミサイルみたいなマグロに
> おそわれにげる小魚たち！
> ↓
> みんなで大きな魚を作り
> マグロを追い出す！

➡　平和な海にもどる

○その他の題材　　　　　　　ダイオウイカ　恐竜
　いそぎんちゃく　まき貝　　グンカン鳥　クジラ
　エイ　水中花　　　　　　ジンベイザメの大群　水中火山

○動き
　ゆっくりと動く　　　　　速く動く　　　　　　　ゆっくりと動く
　静かに動く　　➡　　大きくダイナミックに動く　➡　ゆったりと動く
　やわらかな表現　　　　激しく力強い表現　　　　やさしい感じの表現
　楽しそうに動く　　　　こわい・不安そうに動く　　楽しそうに動く

中心場面にはじめ・おわりをつけてひと流れの動きを作る

学習カードに記入する　　　　　　　　　　ビデオに撮ってみる

2　ビデオタイムのポイント

○ひと流れの動きを完成させ、ビデオに録る。（タブレット）
○録ったビデオをグループで見て動きを工夫する。

> 中心の動きはよくわかる？

> メリハリ（緩急・強弱）のある
> ひと流れの動きになっている？

> 中心の動きと前後の動きは
> ちがう感じになっている？

○メリハリをつける工夫の例／速さ・大小・強弱　　○場所の使い方／方向・広さ・集散

（右側縦書き）
19　表現（海底探検隊　出発！）
20　ゴール型ゲーム（フラッグフットボール）

本時案

ひと流れの動きを 4/5
練習・発表しよう②

本時の目標

　題材の特徴やイメージをもち、ストーリーやひと流れの動きをペアやグループで作りながら表現を楽しむ。

評価のポイント

　題材の特徴やイメージをもち、友達と協力し合って楽しく表現することができたか。友達のよさに気付いたか。

週案記入例

[目標]
ストーリーや動きをつくる楽しさを味わう。

[活動]
グループで動きを練習したり発表したりする。

[評価]
協力して練習・発表することができたか。

[指導上の留意点]
グループで協力して練習や発表を楽しもうとすることを指導の重点とする。

本時の展開

	時	子供の活動
はじめ	3分	**集合・あいさつ** ○本単元の学習内容・学習の進め方を知る。 ○海底のイメージをもち、学習課題や意欲をもたせる。
準備運動	5分	**本時の運動につながる準備運動をする** ○リズム太鼓に合わせて、首、手首、足首等の運動をする。 ○軽いジョギング、スキップ、ジャンプなどの運動をする。 ○海の生き物に変身したり、様子を表現したりする運動をする。
① ビデオ＆ 練習タイム	15分	**ひと流れの動きをビデオに撮り（タブレット）工夫する** ○ビデオを見て動きを工夫する。 ○はじめ・中心・おわりの場面の工夫○イメージが伝わる動き ○場の使い方○動きの速さ○動きの強弱○動きのメリハリ
③ 発表＆ よかったタイム	15分	**グループごとに発表し、よさを伝え合う** ■1■ ○Aグループ／発表　　＊第2コート：B・C・Fグループ ○Dグループ／見る　　＊発表・見る・練習のローテーション ○Eグループ／練習　　＊よかったところを伝え合う。 ■2■
整理運動	2分	**運動で使った部位を中心に全身（心と体）をゆったりとほぐす** ○使った部位を意識させながらストレッチ運動をする。
まとめ	5分	⑸**クラス全体で本時の学習について振り返る** ○学習について振り返り、学習カードに記録する。 　①めあてをもち進んで楽しく運動できたか。 　②友達と協力して運動できたか。 　③全身を使って力いっぱい、安全に表現できたか。 ○友達のよかったことを発表し合う。 ⑵**次時の学習内容について確認する**

1 発表&よかったタイムの進め方のポイント

場の使い方

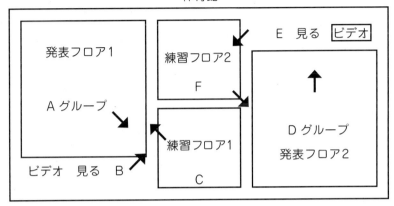

○発表フロア→見る（ビデオ）→練習フロアの流れで、3グループずつローテーションする。ビデオは設置、またはタブレットで録ってもよい。

○発表する前に、自分たちの表現のストーリー、工夫したところを伝える。
　（学習カードBに書いて渡して伝えるが、口頭でも伝える。）

○互いの発表を見て、よかったところ、よい動きを伝え合う。

○1グループの発表が終わったら、すぐに伝える。

○ビデオを見て表現、動きの工夫に生かす。

○他グループからもらった声。言葉や他グループのよさを動きの工夫に生かす。

○友達や自分たちグループのよさに気付き伝え合う。

○協力して発表や練習、伝え合いができているか、スムーズにローテーションができているか観察し、必要に応じて声をかけ支援する。

2 学習カード（グループカード）活用のポイント

○発表タイムのときに、見てくれるグループに自分たちのカードを渡す。

（例）

○ストーリー・あらすじ
イワシの大群の中に突然、空からグンカン鳥が海中に飛び込んできた

○見てほしいところ・工夫したところ
ぐるぐる回るイワシの群れの中に飛び込んでくる鳥の素早い動きをみてほしい。

○他のグループの発表を見たときには、グループのよい動き、よさを見つけて書く。

（例）

鳥の迫力のある動きがとてもよかった。
大きな声や足音、スピード感もよかった。

みんなでよく協力していた。表情や場面の変化にメリハリがあった。

突然、斜めに勢いよく走りだして場面が変わるところが、とてもよかった。

みんなが同じ動きをしたり、別々の方向に走ったりする工夫がよかった。

本時案

発表会を楽しもう

本時の目標

　グループで考え作ったストーリーやひと流れ
の動きを発表し合い、よさを認め合う。

評価のポイント

　題材の特徴やイメージをもち、友達と協力し
合って楽しく表現、発表することができたか。
互いのよさに気付いたか。

<table>
<tr><td colspan="2" align="center">週案記入例</td></tr>
<tr><td colspan="2">

[目標]
発表する楽しさを味わい、よさを認め合う。

[活動]
グループごとに発表し、よさを伝え合う。

[評価]
力いっぱい表現し互いのよさに気付いたか。

[指導上の留意点]
友達と協力して練習や発表会を楽しみ、互いのよ
さに気付くことを指導の重点とする。
</td></tr>
</table>

本時の展開

	時	子供の活動
はじめ	2分	**集合・あいさつ** ○本単元の学習内容・学習の進め方を知る。★学習カード1 ○海底のイメージをもち、学習課題や意欲をもたせる。
準備運動 体ほぐし	3分	**本時の運動につながる準備運動をする** ○リズム太鼓に合わせて、首、手首、足首等の運動をする。 ○軽いジョギング、スキップ、ジャンプなどの運動をする。 ○海の生き物に変身したり、様子を表現したりする運動をする。
発表タイム （ビデオ）	30分	**グループで考え工夫したひと流れの動きを発表し合い、互いのよさを認め合い、発表会を楽しむ** 1 ○交代で、2グループずつ練習する。（練習タイム） ○1グループずつひと流れの動きを発表する。 ○各グループからよかったところ伝える。＊ビデオで記録する ○録画したビデオを再現して楽しむ。 ○海の世界・生き物をイメージして、一人一人変身した動きを表現して楽しむ。
整理運動	2分	**運動で使った部位を中心に全身（心と体）をゆったりとほぐす** ○使った部位を意識させながらストレッチ運動をする。
まとめ	3分	**(1)クラス全体で本時の学習について振り返る** 2 ○学習について振り返り、学習カードに記録する。 　①めあてをもち進んで楽しく運動できたか。 　②友達と協力して運動できたか。 　③全身を使って力いっぱい、安全に表現できたか。 ○友達のよかったことを発表し合う。 **(2)次時の学習内容について確認する**

19　表現（海底探検隊　出発！）

1 発表会の進め方のポイント

　グループで考え工夫したひと流れの動きを発表し合い、互いのよさを認め合い、発表会を楽しむ
○交代で、2グループずつ練習する。（練習タイム）
○1グループずつひと流れの動きを発表する。（発表タイム＆ビデオタイム）
　・発表前にストーリー・工夫したところ、見てほしいところを発表前に伝える。

○各グループから発表グループのよかったところを伝える。
　・発表中・発表後に学習カードBによかったことを記録したり、発表したりしよう。
　・他グループの発表を見る観点・よさの見つけ方

　　　動き・ストーリーは？
　　　工夫・協力は？
　　　楽しんでいる？

○ビデオに記録し、録画したビデオを再現して楽しむ。
○海の世界・生き物をイメージして、一人一人変身した動きを表現して楽しむ。

2 学習のまとめ・振り返りのポイント

○グループごとに本時の学習を振り返る。

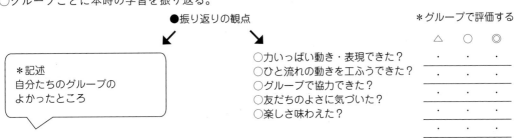

　　　　　　　　　　　　●振り返りの観点　　　　　　　　　＊グループで評価する

＊記述
自分たちのグループの
よかったところ

○力いっぱい動き・表現できた？
○ひと流れの動きを工ふうできた？
○グループで協力できた？
○友だちのよさに気づいた？
○楽しさ味わえた？

○一人一人、本時＆本単元の学習を振り返る。
（記入例）
・本時（発表会）の感想・ふり返り
　発表会では、グループで作った動きを協力してうまく表現できてうれしかった。
　友だちや他グループの工ふうしたよい動きが見られて楽しかった。
・本単元を終えた感想・ふり返り
　空想の世界の出来事、ストーリーを考えて全身で表現するのがとても楽しかった。
　友だちやグループで相談しながら動きを作るのがよかった。楽しかった。

「表現(海底探検隊　出発！)」学習カード＆資料

使用時 **第1〜5時**

本カードは第1時から第5時まで単元全体を通して使用する。表現運動に対する興味・関心や技能などの変容を見取るカードである。単元の学習内容や学習の進め方を理解し、めあてをもって動き作りに挑戦し、主体的・対話的な深い学びとするために、自分の記録だけでなく、グループ活動を通して互いのよさを認め、伝え合えるように配慮したい。

収録資料活用のポイント

①使い方

　単元のはじめに本カードA・Bを子供一人一人に配布し、子供が関心・意欲・授業の見通し・めあてをもてるようにする。学習カードBでは、他のグループのよい動きやよさに気付くこと、よさを認め伝え合うことが大切であることを説明し、授業の終わりに学習の振り返りを行うよう指示する。

②留意点

　個人カードAとグループカードBにより、子供の考えや心の変容、頑張りを見取ることができる。

　毎時間の活動の様子や振り返りの中で、運動が苦手な子供や意欲的でない子供、活動が進まないグループの姿や思いが見つかった場合には、教師から声かけやアドバイス、ヒントを伝えたり、学習カードに書き込みをしたりすることにも配慮したい。学習カードBは第3・4・5時で活用する。

💿 学習カード 4-19-1

💿 学習カード 4-19-2

「海ていたんけんたい　出発！」学習のポイント

4年　　　組　　　番　名前（　　　　　　　　　　　）

1　動きつくりのポイント

イメージをもとう！

 クラゲ ワカメやコンブ 小さな魚

海の世界を想ぞうして、海底の様々な生き物のイメージをもとう。
どんな生き物がいるだろう？まずは変身してみよう！

 全身 カニ　サメ

変身！全身を使って動いてみよう！

想ぞうした生き物になりきって変身してみよう。
頭の先から足の指先まで使って動こう。大きさやスピードを工ふうしよう。（工夫のポイント）

変身！ペアやグループで動いてみよう！　小さく・大きく・速く・ゆっくり

2　ひと流れの動きをつくるポイント　　　ストーリーを考えよう！

① **中心場面の動きから作ろう**

中心場面の動きを作ってから、はじめ・おわりを作ろう

② **中心の動きをグループで工ふうしてみよう**

③ **中心の動きとちがう感じの動きを前後に作ってみよう！**

④ **メリハリ（緩急・強弱）のあるひと流れの動きにする！**

表したい感じを中心に、感じのちがう動きや急変する場面など変化をつけて
感じをこめて、グループで協力して楽しくおどる。

⑤ **ビデオタイムや発表タイムで見てみよう！**

ビデオや、他グループからのアドバイスから、さらに動きを工ふうする。
他のグループのよさを見つけたり伝えたりする。自分たちのよさに気づく。

⑥ **発表会を楽しむ**

3　友だちや他のグループのよい動きやよさを見つけるポイント

・題材の特ちょう・イメージ、表げんしたい感じがつたわってきた
・力いっぱい心をこめて表げんしていた
・はじめ・中心・おわりのひと流れの動きを工ふうしていた
・グループで協力していた

20 ゴール型ゲーム（フラッグフットボール）

6 時間

【単元計画】

1 時	2 時
[第一段階] **今もっている力でゲームを楽しむ。**	
ゲームの規則を知る	規則を考えてゲームする
POINT：規則を理解しやすいよう、掲示を工夫する。	POINT：みんなが楽しめる規則を考え、参加意欲を高める。
[主な学習活動] ○準備運動 ○「フラッグ取り鬼ごっこ」 ○オリエンテーション 　・学習の仕方、規則 　・グループの確認と役割分担 ○試しのゲーム 　「ボール運び鬼」 ○学習のまとめ 　・後片付け、整理運動、振り返り（規則の工夫）、次時の見通し	**[主な学習活動]** ○準備運動 ○「フラッグ取り鬼ごっこ」 ○ゲーム① 　「ボール運び鬼」 ○振り返り 　・規則の工夫 ○ゲーム② 　「ボール運び鬼」 ○学習のまとめ

授業改善のポイント

主体的・対話的で深い学びの実践に向けて

　ゴール型ゲームでは、自己の課題を見付け、その解決のための活動を工夫することが大切である。フラッグフットボールは、同じゴール型のゲームと比べると、ボールを持って走ることができるため、技能的にやさしい教材といえる。

①ボール操作がランかパスしかないため、作戦の成否が他のゴール型よりもわかりやすい。そのため、作戦づくりを中心とした授業を展開できる。ゲーム後の振り返りで、作戦の成否について仲間と話し合う時間を確保する。また、子供の気付きを広げるために、教師の指導が合わせて効果的である。結果（作戦が上手くいったかどうか）→理由（成功、失敗したのはなぜか）→改善（次はどうするか）を意図して発問する。

②攻撃の度にハドル（作戦会議）があることが特徴の一つである。ハドルで、具体的な動き方や役割分担を攻撃の度に確認し合うことができる。攻撃の回数も保障されているため、チームで話し合い、修正しながらゲームを進めるとよい。

③ICT 機器を用いることで、自分の役割を果たす大切さに気付かせていく。よいプレーを動画で紹介することで、ゲームや作戦の理解を深める。

単元の目標

○**知識及び技能**

・運動の楽しさや喜びに触れ、その行い方を知るとともに、易しいゲームをすることができる。

○**思考力、判断力、表現力等**

・規則を工夫したり、ゲームの型に応じた簡単な作戦を選んだりするとともに、考えたことを友達に伝えることができる。

○**学びに向かう力、人間性等**

・運動に進んで取り組み、規則を守り誰とでも仲よく運動したり、勝敗を受け入れたり、友達の考えを認めたり、場や用具の安全に気を付けたりすることができる。

3・4時	5・6時
[第二段階] 作戦を選択（基本的なランプレー）してゲームを楽しむ。	
規則的な動きを理解する	作戦を選んで、ゲームを楽しむ
POINT：基本的な動きを理解できるよう友達との見合いを大切にする。	POINT：友達と作戦について話し合い、よりゲームを楽しめるようにする。
[主な学習活動] ○準備運動 ○「フラッグ取り鬼ごっこ」 ○ゲーム① 　「ボール運び鬼」 ○振り返り 　・効果的な攻め方 　（基本的なランプレー） 　・簡単な作戦 ○ゲーム② 　「ボール運び鬼」 ○学習のまとめ	[主な学習活動] ○準備運動 ○チームで作戦を選んで、練習 ○ゲーム① 　「ボール運び鬼」 ○振り返り 　・簡単な作戦 ○ゲーム② 　「ボール運び鬼」 ○学習のまとめ

子供への配慮の例

①運動が苦手な子供

○ゲームのルールの工夫

　パスキャッチに技能差があることを考慮し、ボールを持って走るランプレーに限定して学習を進めるようにする。また、「フラッグ取り鬼ごっこ」を単元の前半に設定し、空いているスペースに走り込む動きを習得できるようにする。

○言葉掛けの工夫

　「知識及び技能」「思考力、判断力、表現力」「学びに向かう力、人間性」のそれぞれを意識してアドバイスする。

②意欲的でない子供

○教具の工夫

　ボールの硬さに恐怖心を抱いたり、ボール操作が上手くいかなかったりする際には、柔らかいボールや軽いボールを使用することで、子供の負担を軽減していく。

○言葉掛けの工夫

　ハドルで決めた動きを実行していたり、よい動きをしていたりする子供を見取り、積極的に称賛するようにする。教師の称賛は、子供がゲームに参加する意欲を高めることにつながる。

本時案

クラスみんなで ゲームを楽しもう① 1/6

本時の目標

単元の進め方やゲームの規則を知り、今もっている力でゲームを楽しむことができるようにする。

評価のポイント

規則を知り、勝敗の結果を受け入れて、友達と仲よくゲームを楽しむことができたか。

本時の展開

	時	子供の活動
はじめ	5分	**集合・あいさつ** ○今日の学習の流れを知る。
準備運動	5分	**準備運動の意味を理解する** ○フラッグフットボールで使う部位をほぐす。 ○心を開いて、体のスイッチをONにする。
ゲーム①	6分	**「フラッグ取り鬼ごっこ」を行う** 1 ○一人１個ボールを持ち、相手ゴールめがけてボールを運ぶ。 ○「もっとやってみたい」や「楽しい」といった意欲をもたせるようにする。
オリエンテーション	7分	**学習の見通しをもつ** 2 ○フラッグの扱いについての約束を確認する。 ○フラッグを取られない方法や取り方について、気付いたことや感じたことを共有する。
ゲーム②	15分	**「スタートゾーン＆ランゲーム」を行う** ○ゲームの規則を知る。 ○ゲームがもつ楽しさを感じる。
まとめ	7分	(1)**後片付け、整理運動を行う** (2)**ゲームの振り返りを行う** 3 ○ゲームの楽しかったところを発表する。 ○ゲームをして見て困ったことを発表する。 (3)**次時の見通しをもつ** ○みんなでさらに楽しめる規則を考えていくことを知る。

1 フラッグ取り鬼ごっこ

○無理なく、全員が楽しめるゲームからスタートしよう

○クラスの子供を半分に分けて行う。フラッグを取り合う
○40秒ぐらいを目安に、フラッグを何本取ることができたかを競う。
○フラッグ２本取られても、他の友達のフラッグを取ってもよいなど、子供と規則を決める。

2 学習の見通しをもつ

○フラッグを正しく使おう

取られそうになっても自分のフラッグを手で押さえちゃいけないよ

相手から取ったフラッグは、必ず手渡しでかえそう

フラッグを取るコツは？
フラッグを取られないコツは？

フラッグを取るときは、相手をよく見てぶつからないようにしよう

仲間がフラッグを取ったら、「ナイスフラッグ！」と声をかけよう

3 ゲームの振り返り

○意図的に発問を行い、学習形態を変えながら、友達に伝える力を育もう

結果　理由
個人　チーム
全体
改善

教師の発問

1　結果
「ゲームをして楽しかったかな？」
2　理由
「どうして、楽しかったのかな？」
「どうして、楽しくなかったのかな？」
3　改善
「どうしたら、もっと楽しくなるかな？」

本時案

クラスみんなで
ゲームを楽しもう②

本時の目標

　クラス全員がゲームを楽しめるための規則を選んだり、考えたりすることができるようにする。

評価のポイント

　みんなが楽しめる規則を選んだり、発言している友達の考えを認め、受け入れようとしたりしている。

週案記入例

[目標]
クラス全員が楽しめる規則を工夫する。

[活動]
規則を考えてゲームを行う。

[評価]
みんなが楽しめる規則を選んでいる。
友達の考えを認め、受け入れている。

[指導上の留意点]
運動の得意な子も苦手な子も、みんなが楽しめるゲームを考えさえ、自分たちのゲームである意識を高めていけるようにする。

本時の展開

	時	子供の活動
はじめ	3分	**集合・あいさつ** ○今日の学習の流れを知る。
準備運動	2分	**準備運動の意味を理解する** ○フラッグフットボールで使う部位をほぐす。 ○心を開いて、体のスイッチをONにする。
ゲームにつながる運動	3分	**「フラッグ取り鬼ごっこ」を行う** ○相手をかわす動きを意識する。 ○友達と協力して相手のフラッグを取る。
ゲーム①	13分	**「スタートゾーン＆ランゲーム」を行う** **1** ○困ったことやみんなが楽しめる規則を考えながらゲームに取り組む。
振り返り①	5分	**ゲーム①を振り返る** ○ゲームを楽しむことができたか考える。 ○みんなが楽しめる規則の工夫を考え、発表する。
ゲーム②	11分	**「スタートゾーン＆ランゲーム」を行う** ○変更された規則でゲームを楽しむ。 ○得点するためにどう動くとよいか考えてゲームを楽しむ。
まとめ	8分	**(1)後片付け、整理運動を行う** **(2)ゲームの振り返りを行う** ○規則を変更してみて、ゲームが楽しくなったか考える。 ○さらに楽しくゲームを行うために、規則を変更したいことはないか考える。 **(3)次時の見通しをもつ** ○たくさん得点するにはどうしたらよいか考えていくことを知る。

1 「スタートゾーン＆ランゲーム」

○ゲームの規則を理解し、ゲームのもつ面白さを感じよう

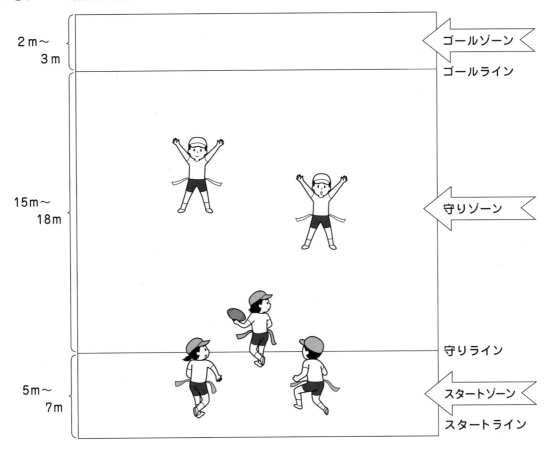

ゴールゾーン

ゴールライン

守りゾーン

守りライン

スタートゾーン

スタートライン

2m～
3m

15m～
18m

5m～
7m

【はじめの規則】
○攻め３人、守り２人、ボールは１個。
○攻めチームが、フラッグを取られずにゴールゾーンに入ることができたら１点。
　ボール持っていた人がゴールゾーンに入ることができたら３点。
○スタートは、「レディ・セット・ゴー」の合図で始める。
○１回の攻めごとに30秒程度のハドルを行う。
○４回攻めたら、攻守交替する。
○攻めチームは、スタートラインから攻め始め、一度守りゾーンに入ったらもどることはできない。
○スタートゾーンの中でだけ「手渡しパス」ができる。
○全員がゴールゾーンに入ったり、守りにフラッグを取られたりしたら攻めは終了となる。
○守りチームは、スタートゾーンやゴールゾーンに入ってプレーすることはできない。

本時案

得点する方法を
考えてゲームをしよう①

本時の目標

　得点するための動き方を考えてゲームを行う
ことができるようにする。

評価のポイント

　基本的なランプレー（ボールを持たないとき
の動き）の動きを理解している。

週案記入例

[目標]
得点するための動きを考える。

[活動]
得点をするための動きを考えてゲームを行う。

[評価]
基本的なランプレーを理解している。

[指導上の留意点]
得点できたときの動きを振り返り、価値付けるこ
とで、効果的な動きについて共有していく。

本時の展開

	時	子供の活動
はじめ	3分	**集合・あいさつ** ○今日の学習の流れを知る。
準備運動	2分	**準備運動の意味を理解する** ○フラッグフットボールで使う部位をほぐす。 ○心を開いて、体のスイッチを ON にする。
ゲームに つながる運動	3分	**「フラッグ取り鬼ごっこ」を行う** ○相手をかわす動きを意識する。 ○友達と協力して相手のフラッグを取る。
ゲーム①	11分	**「スタートゾーン＆ランゲーム」を行う** ○得点するためにはどのように動いたらよいか考えながらゲームを行う。
振り返り①	5分	**ゲーム①を振り返る** ■1 ○得点することができたかどうか振り返る。 ○どのようにして得点できたかを発表する。
ゲーム②	11分	**「スタートゾーン＆ランゲーム」を行う** ○振り返り①で共有した動きを試す。 ○さらに得点するためにはどうしたらよいかを考えながらゲームを行う。
まとめ	8分	**(1)後片付け、整理運動を行う** **(2)ゲームの振り返りを行う** ■2 ○ゲーム①よりも得点できたかどうかを考える。 ○ゲーム②で、新しく考えた得点する動き方について発表する。 **(3)次時の見通しをもつ** ○もっとたくさん得点する攻め方考えることを知る。

1 振り返り①

○効果的な攻め方を考えよう

【結果】
得点することはできたかな？

得点することができたよ！

【理由】
そっか、すごい！どうしたら得点できたの？

3人で同時に走り出したら得点できたよ。

【改善】
同時に走り出したことで守る人が誰を守ってよいか分からなくなったんだね。もっと守りをだます方法はあるのかな？

2 振り返り②

○子供の意見をもとに、よい動きを価値付け、クラス全体で共有しよう

フェイク

ボールを手渡しするふりをして、誰が持っているか分からないようにボールを隠して、相手をだます

ポイント
○タイミングを合わせて、もらうふりや渡すふりをする。
○ボールをお腹で抱えたり、上半身を使って背中で走ったりして、ボールが見えにくくする。

ブロック

ボールを持っていない人が、守りの前に立って、ボールを持って攻める味方の道をつくる

ポイント
○ボールを持っている人とブロックする人のタイミングを合わせる。
○ブロックする人は横を向いて立ち、ボールを持っている人は、その後ろを走り抜ける。

本時案

得点する方法を 考えてゲームをしよう②

本時の目標

前時で共有した得点するための攻め方を振り返り、試しながらゲームを行うことができるようにする。

評価のポイント

簡単なボール操作と基本的なランプレー（ボールを持たないときの動き）の動きを理解している。

週案記入例

[目標]
得点するための攻め方を試しながらゲームを行う。

[活動]
協力してゲームを行う。

[評価]
簡単なボール操作と基本的なランプレーを理解している。

[指導上の留意点]
個人のよい動き方から友達と協力して得点していくことをより意識させるようにする。

本時の展開

	時	子供の活動
はじめ	3分	**集合・あいさつ** ○今日の学習の流れを知る。
準備運動	2分	**準備運動の意味を理解する** ○フラッグフットボールで使う部位をほぐす。 ○心を開いて、体のスイッチをONにする。
ゲームにつながる運動	3分	**「フラッグ取り鬼ごっこ」を行う** ○相手をかわす動きを意識する。 ○友達と協力して相手のフラッグを取る。
ゲーム①	13分	**「スタートゾーン＆ランゲーム」を行う** ○チームとしての攻め方を意識する。 ○チームで得点するための攻め方を試しながらゲームを行う。
振り返り①	5分	**ゲーム①を振り返る** ○協力して得点することができたかどうか振り返る。 ○どのようにしてチームで得点できたかを発表する。
ゲーム②	11分	**「スタートゾーン＆ランゲーム」を行う** ○振り返り①で共有した攻め方を試す。 ○チームで攻め方を選んでゲームを行う。 **1**
まとめ	8分	**(1)後片付け、整理運動を行う** **(2)ゲームの振り返りを行う** ○ゲーム①よりも得点できたかどうかを考える。 ○チームで選んだ攻め方で得点できたかどうかを考える。 **(3)次時の見通しをもつ** ○作戦を選んでゲームを行うことを知る。

1 攻め方を選ぶ

○攻め方を整理して分かりやすくしたり、活用できたりできるようにしよう。

○作戦メニュー例にまとめ、チームで選べるようにしよう。

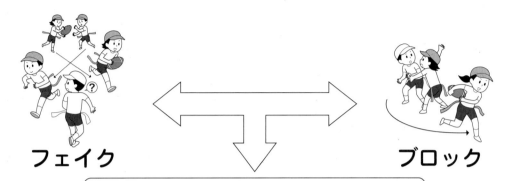

フェイク　⟷　ブロック

2つの基本的なランプレーをもとにした
作戦メニュー例

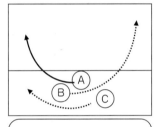

【フェイク A】
AがBに渡すふり
Aがボール保持
BがCに渡すふり

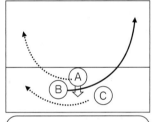

【フェイク B】
AがBに渡す
Bがボール保持
BがCに渡すふり

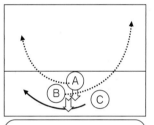

【フェイク C】
AがBに渡す
BがCに渡す
Cがボール保持

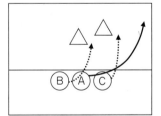

【フェイクA】
全員で右に動く
BとCがブロック
右スペースを生かす

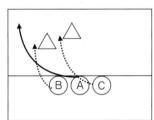

【フェイクB】
AがBに渡す
Bがボール保持
BがCに渡すふり

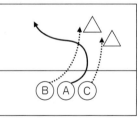

【フェイクC】
全員で右に動く
BとCがブロック
Aは途中から左へ

本時案

作戦を選んで ゲームを楽しもう①

5/6

本時の目標

ゲームの型に応じた簡単な作戦を選んで、ゲームを楽しむことができるようにする。

評価のポイント

ゲームの型に応じた簡単な作戦を選んだり、選んだ作戦についての自分の考え友達に伝えたりしている。

週案記入例

[目標]
作戦を選んでゲームを楽しむ。

[活動]
作戦を選んでゲームを行う。

[評価]
簡単な作戦を選んだり友達に伝えたりしている。

[指導上の留意点]
前時で学習した効果的な攻め方から作戦を選べるようにする。選んだ作戦が上手くいったかどうかを振り返りの重点にし、話し合いの進め方を指導していくようにする。

本時の展開

	時	子供の活動
はじめ	3分	**集合・あいさつ** ○今日の学習の流れを知る。 ○前時で共有した効果的な攻め方を確認する。
準備運動	2分	**準備運動の意味を理解する** ○フラッグフットボールで使う部位をほぐす。 ○心を開いて、体のスイッチをONにする。
ゲームに つながる運 動	5分	**「フラッグ取り鬼ごっこ」を行う** ○相手をかわす動きを意識する。 ○友達と協力して相手のフラッグを取る。
ゲーム①	11分	**「スタートゾーン＆ランゲーム」を行う** ○作戦を選んでゲームを行う。 ○作戦を試しながらゲームを行う。
振り返り①	5分	**ゲーム①を振り返る** **1** ○チームで選んだ作戦が上手くいったかどうか考える。 ○次のゲームに向けてチームで作戦を選ぶ。
ゲーム②	11分	**「スタートゾーン＆ランゲーム」を行う** ○振り返り①で選んだ作戦を試す。 ○作戦を意識してゲームを行う。
まとめ	8分	**(1)後片付け、整理運動を行う** **(2)ゲームの振り返りを行う** ○ゲーム①よりも得点できたかどうかを考える。 ○チームで選んだ作戦で得点できたかどうかを考える。 **(3)次時の見通しをもつ** ○作戦を選んだり工夫したりしてゲームを行うことを知る。

1 振り返り①

○チームで選んだ作戦が上手くいったかどうか振り返ろう。

【結果】
チームで選んだ作戦は上手く
いったかな？

【理由】
そっか、それは残念だったね。ど
うして選んだ作戦は上手くいかな
かったのかな？

【改善】
次のゲームに向けて、選んだ作戦
をどう修正していったらよいか
な？作戦を選んだ後、チームで役
割を確認するといいよ

作戦は選べたけど、上手くい
かなかったし、あまり得点が
できなかったよ

ゲームの前には作戦を選べた
けど、ゲームになるとみんな
バラバラの動きをしちゃった
かな

2 振り返り①作戦

○次のゲームに向けてチームで作戦を選ぼう。

作戦	……	作戦を選ぼう。
		どの作戦だと得点できそうかな。
役割	……	どんな役割が必要な作戦かな。
ボール保持者	……	最初にボールを持つ人は誰かな。
		スタートラインにはどう並ぶとよいかな。
パスの有無	……	パスにするかな。それとも、パスをするふりをするかな。
役割分担	……	パスをするなら、どこで誰が誰にパスをするといいかな。
		フェイクにするなら、どこで誰が誰に渡すふりをするといいかな。

作戦を選んで ゲームを楽しもう②

本時の目標

　ゲームの型に応じた簡単な作戦を選んだり工夫したりして、ゲームを楽しむことができるようにする。

評価のポイント

　ゲームの型に応じた簡単な作戦を選んだり工夫したり、作戦についての自分の考え友達に伝えたりしている。

週案記入例

[目標]
作戦を考えてゲームを楽しむ。

[活動]
作戦を考えてゲームを行う。

[評価]
簡単な作戦を選んだり工夫したりしている。

[指導上の留意点]
守りが上達してくることにより、作戦が上手く実行できないことが増える。個人やチームに応じて、積極的にアドバイスをしていくことが重要である。

本時の展開

	時	子供の活動
はじめ	3分	**集合・あいさつ** ○今日の学習の流れを知る。
準備運動	2分	**準備運動の意味を理解する** ○フラッグフットボールで使う部位をほぐす。 ○心を開いて、体のスイッチを ON にする。
チーム練習	5分	**作戦を選んで練習をする** **1** ○作戦を選んだり工夫したりする。 ○前時の振り返り（よかったことや改善すること）を生かして練習をする。 ○練習で試しながら、よい作戦を選択できるようにする。
ゲーム①	11分	**「スタートゾーン＆ランゲーム」を行う** **2** ○ハドルで作戦を選びながらゲームを行う。 ○作戦が上手くいったか確認しながらゲームを行う。
振り返り①	5分	**ゲーム①を振り返る** **2** **3** ○チームで選んだ作戦が上手くいったかどうか考える。 ○次のゲームに向けて、選んだ作戦を修正する。
ゲーム②	11分	**「スタートゾーン＆ランゲーム」を行う** ○チームで作戦を選んだり工夫したりしてゲームを行う。 ○作戦を意識してゲームを行う。
まとめ	8分	(1)**後片付け、整理運動を行う** (2)**ゲームの振り返りを行う** ○ゲーム①よりも得点できたかどうかを考える。 ○チームで選んだ作戦で得点できたかどうかを考える。

1 チーム練習

○基本的な動きをもう一度確認しよう。
○ゲームで実行する作戦を選び、役割分担をして動いて試そう。

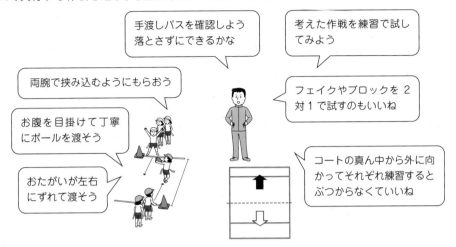

手渡しパスを確認しよう
落とさずにできるかな

考えた作戦を練習で試し
てみよう

両腕で挟み込むようにもらおう

フェイクやブロックを 2
対 1 で試すのもいいね

お腹を目掛けて丁寧
にボールを渡そう

おたがいが左右
にずれて渡そう

コートの真ん中から外に向
かってそれぞれ練習すると
ぶつからなくていいね

2 ゲーム中や振り返り

○個々のよさや作戦のよさを価値付けよう。
　「称賛」することを中心にしながら、「知識及び技能」「思考力、判断力、表現力」「学びに向かう力、人間性」のそれぞれを意識してバランスよく力が付くようにアドバイスする。

「知識及び技能」	「思考力、判断力、表現力」	「学びに向かう力、人間性」
・おとりになったおかげで、友達が活躍できたよ。	・ゲームに出ていないときには、友達の動きをよくみよう。	・友達の考えのよいところはないか、見付けられるといいね。
・ブロックで道を作れたのがよかったね。	・一番得点しやすかった作戦を友達に伝えてみよう。	・自分の考えと同じところと違うところを整理してごらん。

3 振り返り①

○単元後半など、守りが上達してなかなか作戦が上手く実行できないときには、規則の工夫をしてみよう。

考えられる規則の工夫
　○コートの横幅を少し広げる。
　○トスパス（近くの味方に下からボールをゆっくり投げる）を取り入れる。
　○スクリメージライン（ランプレーで進んだ場所から次の攻撃を始める位置）を設け、コートを
　　1点ゾーン、2点ゾーンなどに分ける。

「フラッグフットボール」学習カード＆資料

使用時 第1〜6時

本カードは、第1時から第6時まで、単元全体を通して使用する。学習課題に合わせて、あくまでも個人で振り返りをしていくカードである。単元前半を規則の工夫、単元後半を作戦の選択と大きく2つに分けている。チームで作戦を確認する場合には、コート図などが書かれているチームカードを用意するとよい。

収録資料活用のポイント

①使い方

授業のはじめに本カードを子供一人一人に配布する。ゼッケンと同じ色の画用紙の右側に張っていくとよい。左側には、はじめの規則や約束を貼る。2時間目以降は、上だけ糊付けして貼り重ねていけるようにしていく。

②留意点

子供の実態によっては、書くことに慣れていないことがある。記入するために多くの時間がかからないよう配慮し、できるだけ運動の時間を確保したい。書く内容を調節したり、学習カードの記入の仕方についても、指導を行う必要がある。学習課題に合わせ、記述の内容を授業の始まりに紹介すると効果的である。

学習カード 4-20-1

学習カード 4-20-2

ポイントになる動き

4年　　　組　　　番　名前（　　　　　　　　　　　　）

ハンドオフ

○ボールは両うでで、上と下からはさみこむ。
○タイミングを合わせる。
○おなかでかかえてボールをもらったのかわからないようにする。

フェイク

○ボールを持っていなくてもさい後まで持っているフリをする。
○わたすフリをするときはぶつからないように気をつける。
○わたす人が前でもらう人が後ろのほうが見えにくい。

ブロック

○かべをつくる方向を仲間としっかり決める。
○かべをしんじてまよわず走る。
○かべの位置を工ふうして、仲間に近づかせない。
○タイミングを合わせる。

2つの基本的なランプレーをもとにした作戦メニュー例

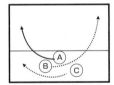

【フェイクA】
AがBにわたすふり
Aがボールほ持
BがCにわたすふり

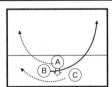

【フェイクB】
AがBにわたす
Bがボールほ持
BがCにわたすふり

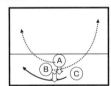

【フェイクC】
AがBにわたす
BがCにわたす
Cがボールほ持

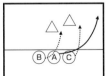

【フェイクA】
全員で右に動く
BとCがブロック
右スペースを生かす

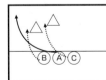

【フェイクB】
AがBに渡す
Bがボール保持
BがCに渡すふり

【フェイクC】
全員で右に動く
BとCがブロック
Aはと中から左へ

編著者・執筆者一覧

[編著者]

藤﨑　　敬（ふじさき・けい）　　　　　元東京都小学校体育研究会会長
　　　　　　　　　　　　　　　　　　　NPO 法人　健康・体育活性化センター理事長
山田修司（やまだ・しゅうじ）　　　　　東洋大学教職支援アドバイザー

[執筆者] ＊執筆順、所属は令和 2 年 3 月 1 日現在

[執筆箇所]

藤﨑　　敬	（前出）		はじめに、第 1 学年年間指導計画
山田　修司	（前出）		第 1 学年における指導のポイント、単元 3
菊地　由記	杉並区立桃井第三小学校主任教諭		単元 1 、8
藤田　　健	江戸川区立春江小学校副校長		単元 2
谷井　泰介	足立区立栗原小学校主幹教諭		単元 4
菅野　　至	杉並区立杉並第七小学校副校長		単元 5
丸田　樹理	板橋区立高島第六小学校養護教諭		単元 6
大竹　悠介	中央区立久松小学校主任教諭		単元 7
長谷川　功	東三鷹学園三鷹市立第一小学校主幹教諭		単元 9
田中　茂樹	品川区立豊葉の杜学園主幹教諭		単元10
片倉　　徹	北区立田端小学校主任教諭		単元11
本澤　克洋	世田谷区立千歳台小学校副校長		単元12
塚本　博則	東京学芸大学附属小金井小学校主幹教諭		単元13
濱田　　哲	台東区立石浜小学校主幹教諭		単元14
角田　成隆	足立区立足立小学校校長		単元15
富岡　将人	足立区立足立小学校主幹教諭		単元16
西島　秀一	世田谷区立松原小学校主任教諭		単元17
髙木　敬一	東三鷹学園三鷹市立第一小学校主任教諭		単元18
小川　深雪	文京区立林町小学校校長		単元19
小野　光典	国分寺市立第七小学校主幹教諭		単元20

『イラストで見る全単元・全時間の授業のすべて　体育　小学校 4 年』付録 DVD について

・各フォルダーには、以下のファイルが収録されています。
　①　板書の書き方の基礎が分かる動画（出演：成家雅史先生）
　②　授業で使える短冊類（PDF ファイル）
　③　児童用の学習カード・資料
　④　付録イラストデータ（Png ファイル）
・DVD に収録されているファイルは、本文中では DVD のアイコンで示しています。
・これらのファイルは、必ず授業で使わなければならないものではありません。あくまで見本として、授業づくりの一助としてご使用ください。また、付録イラストデータは本書と対応はしていませんので、あらかじめご了承ください。

【使用上の注意点】
・この DVD はパソコン専用です。破損のおそれがあるため、DVD プレイヤーでは使用しないでください。
・ディスクを持つときは、再生盤面に触れないようにし、傷や汚れ等を付けないようにしてください。
・使用後は、直射日光が当たる場所等、高温・多湿になる場所を避けて保管してください。
・PDF ファイルを開くためには、Adobe Acrobat もしくは Adobe Reader がパソコンにインストールされている必要があります。
・PDF ファイルを拡大して使用すると、文字やイラスト等が不鮮明になったり、線にゆがみやギザギザが出たりする場合があります。あらかじめご了承ください。

【動作環境　Windows】
・〔CPU〕Intel® Celeron® プロセッサ360J1. 40GHz 以上推奨
・〔空メモリ〕256MB 以上（512MB 以上推奨）
・〔ディスプレイ〕解像度640×480、256色以上の表示が可能なこと
・〔OS〕Microsoft Windows10以降
・〔ドライブ〕DVD ドライブ

【動作環境　Macintosh】
・〔CPU〕Power PC G4 1.33GHz 以上推奨
・〔空メモリ〕256MB 以上（512MB 以上推奨）
・〔ディスプレイ〕解像度640×480、256色以上の表示が可能なこと
・〔OS〕Mac OS 10.12（Sierra）以降
・〔ドライブ〕DVD コンボ

【著作権について】
・DVD に収録されているファイルは、著作権法によって守られています。
・著作権法での例外規定を除き、無断で複製することは法律で禁じられています。
・DVD に収録されているファイルは、営利目的であるか否かにかかわらず、第三者への譲渡、貸与、販売、頒布、インターネット上での公開等を禁じます。
・ただし、購入者が学校での授業において、必要枚数を子供に配付する場合は、この限りではありません。ご使用の際、クレジットの表示や個別の使用許諾申請、使用料のお支払い等の必要はありません。

【免責事項】
・この DVD の使用によって生じた損害、障害、被害、その他いかなる事態についても弊社は一切の責任を負いかねます。

【お問い合わせについて】
・この DVD に関するお問い合わせは、次のメールアドレスでのみ受け付けます。　tyk@toyokan.co.jp
・この DVD の破損や紛失に関わるサポートは行っておりません。
・パソコンやアプリケーションソフトの操作方法については、各製造元にお問い合わせください。

イラストで見る　全単元・全時間の授業のすべて

体育 小学校 4 年
〜令和 2 年度全面実施学習指導要領対応〜

2020（令和 2 ）年 3 月 1 日　初版第 1 刷発行
2021（令和 3 ）年 4 月20日　初版第 2 刷発行

編 著 者：藤﨑　敬・山田　修司
発 行 者：錦織　圭之介
発 行 所：株式会社東洋館出版社
　　　　　〒113-0021　東京都文京区本駒込 5 丁目16番 7 号
　　　　　営 業 部　電話 03-3823-9206　FAX 03-3823-9208
　　　　　編 集 部　電話 03-3823-9207　FAX 03-3823-9209
　　　　　振　　替　00180-7-96823
　　　　　U　R　L　http://www.toyokan.co.jp

印刷・製本：藤原印刷株式会社

装丁デザイン：小口　翔平＋岩永　香穂（tobufune）
本文デザイン：藤原印刷株式会社
イラスト：岡澤　香寿美（株式会社イオック）
DVD 制作：秋山　広光（ビジュアルツールコンサルティング）
　　　　　　株式会社オセロ／原　恵美子

ISBN978-4-491-04006-6　　　　　　　　　Printed in Japan